社会保障法第33号
日本社会保障法学会編

現代生活保護の法的検討／障害者の所得保障

2018

法律文化社

目　次

はじめに………………………………………………… 片桐　由喜　1
　事務局より，感謝を込めて

◆第71回大会◆

シンポジウム
現代の生活保護の法的検討

報告趣旨の説明………………………………………… 尾藤　廣喜　5
生活保護法改正と申請権保障………………………… 小久保哲郎　13
外国人の生活保護受給権……………………………… 奥貫　妃文　28
生活保護基準と行政裁量……………………………… 豊島　明子　43
稼動能力活用規定をめぐる法的問題………………… 吉永　　純　58
ケースワークの法的構造……………………………… 丸谷　浩介　73
質疑応答

◆第72回大会◆

シンポジウム
障害者の所得保障

シンポジウムの趣旨…………………………………… 福島　　豪　97
障害年金の給付水準…………………………………… 百瀬　　優　101
障害年金の権利保障と障害認定……………………… 福島　　豪　115
障害者の就労支援と所得保障………………………… 廣田久美子　131
障害者の利用者負担のあり方………………………… 橋爪　幸代　145
障害者の所得保障——総括——……………………… 新田　秀樹　160
質疑応答

個別報告

企業年金制度における「受託者責任」……………………… 川村　行論　173
　　──イギリス法からの示唆──

＊　　　　　　　＊　　　　　　　＊

追　　悼
小川政亮先生の生涯と研究──人権と尊厳を掲げて── ………… 井上　英夫　187

書　　評
台豊著
　『医療保険財政法の研究』（日本評論社，2017年）…………… 新田　秀樹　199
松本勝明著
　『社会保険改革』（旬報社，2017年）……………………………… 田中秀一郎　203

判例回顧
社会保険系 ………………………………………………… 川久保　寛　206
社会福祉系 ………………………………………………… 常森　裕介　210

学会関連情報
立法紹介 …………………………………………………… 地神　亮佑　214
学術会議だより …………………………………………… 丸谷　浩介　215
出版案内
学会事務局からのお知らせ
学会誌編集委員会からのお知らせ

SUMMARY

編集後記

はじめに

事務局より，感謝を込めて

片 桐 由 喜

（小樽商科大学）

　2018年度，日本社会保障法学会は大きな転機を迎える。大会がこれまでの春と秋の年2回，各1日開催から年1回2日間開催となるのである。この学会改革は2015年5月，理事会における加藤智章代表理事（当時）の発議により始まった。

　加藤代表理事のリーダーシップのもと，改革の実現に向けて「第1次 今後の学会誌発行や学会開催のあり方に関する検討委員会（以下，あり方検討委員会）」（水島郁子委員長），「第2次 あり方検討委員会」（新田秀樹委員長）が構成された。第1次あり方検討委員会は何をどのように変えるべきかを列挙，指摘し，かつ，実現までのロードマップを示した。続く第2次あり方検討委員会は，第1次あり方検討委員会の指摘を受けて規約改正など具体的な作業を進め，年1回開催に対応した学会体制の基盤を整備した。足かけ3年にわたる準備を経て，2018年5月から学会の新しいスタイルが始まる。

　この間，学会のために献身的に尽力する上記あり方検討委員会の委員諸氏や理事たちの学会存立を支える熱意と叡智に接してきた。彼らは日本社会保障法学会を良い学会にしたいという思いを共有し，ただ，その思いだけのために多くの時間と労力を費やして，新しい学会の基盤を作り上げた。

　さらに理事会やあり方検討委員会が提示した改革案は総会の承認を得ることが必要であるところ，数次にわたる総会で会員から快く承認をいただいた。大きな改革を成し遂げるには会員の協力が何より不可欠であると実感し，会員の学会に対する信頼に応えた学会運営でなければならないとの思いを強くした。

　事務局長としての3年半，学会運営の一端を拙いながらも担ってきた。それ

まで当たり前に受け止めてきたことの1つ1つが、執行部（代表理事、事務局長、企画委員長、そして、編集委員長）による手作業のような営みの結果であることを知った。社会保障法学会が比較的、小規模なので、このようなアナログ対応が可能であるともいえる。だからこそ、私たちの学会は会員同士の距離が近く、「顔のわかる」組織であると、あらためて理解した。

たとえば、名簿改訂にあたり、法律系学会のどれほどの学会が名簿を作成しているかを調べたところ、現在では名簿を作成しない学会が少なくないことがわかった。それでも当学会が名簿を刊行した背景には、「顔のわかる」会員間に存する信頼関係がある。また、大会終了後に懇親会がない学会も珍しくない中、当学会が大会のたびに必ず懇親会を準備するのは、シンポジウムの場でも、グラスを片手に持つ場でも、同じスタンスで虚心坦懐に議論できる文化を私たちが持つからであろう。このような社会保障法学会の成り立ちや文化は事務局長を務めたからこそ、意識できることであった。このような機会を与えていただいたことに感謝している。

ところで、日本労働法学会もまた2018年度から年1回方式となる。この間、同学会とは情報の交換と共有を密にし、歩調を合わせて進めてきた。その作業を通して、同学会の学会としての層の厚さを再認識し、合わせて、彼らから効率的、合理的な学会運営の仕組みを学んだ。社会保障法学会にとって労働法学会は今なお、頼りになる存在であり、同学会との学術と実務の両面にわたる連携、協同は、これからも不可欠である。

事務局長としての私は失敗ばかりで理事、および、会員の皆さんにはご迷惑と心配のかけ通しであった。それにもかかわらず、不出来な私が事務局長を務めることができたのは、1つには歴代の事務局（長）が綿々と書き記してきた詳細な記録のおかげである。これは学会の歴史書であると同時に、学会運営のバイブルである。

しかしなにより、加藤代表理事（当時）、17期、18期の企画委員長、編集委員長、理事各位、そして会員の皆さんのご協力と支援がなければ、到底、事務局長を務めることはできなかった。

この場を借りて、皆様に心より感謝申し上げます。

◆第71回大会◆

シンポジウム
現代の生活保護の法的検討

第71回大会

於：2017年5月27日（土）　京都産業大学

シンポジウム
現代の生活保護の法的検討

　〈司会者〉　　　　　　　　　　　　　　　　　　　尾藤廣喜（京都弁護士会）
　　　　　　　　　　　　　　　　　　　　　　　　　木下秀雄（龍谷大学）

　〈報告テーマおよび報告者〉
　報告趣旨の説明　　　　　　　　　　　　　　　　尾藤廣喜（京都弁護士会）
　生活保護法改正と申請権保障　　　　　　　　　小久保哲郎（大阪弁護士会）
　外国人の生活保護受給権　　　　　　　　　　　奥貫妃文（相模女子大学）
　生活保護基準と行政裁量　　　　　　　　　　　豊島明子（南山大学）
　稼動能力活用規定をめぐる法的問題　　　　　　吉永　純（花園大学）
　ケースワークの法的構造　　　　　　　　　　　丸谷浩介（九州大学）
　質疑応答

　＊以上の報告者・司会者の所属は，報告時点のものである。

報告趣旨の説明

尾 藤 廣 喜
（京都弁護士会）

I　日本社会保障法学会の検討経過

　日本社会保障法学会として，生活保護法を全体として法的に検討するのは，1992年の「生活保護制度の今日的課題」のテーマでの検討以来のことである。その後，学会は，2005年に「現代のホームレス施策の動向と公的扶助法の課題」，06年に「社会保障法と自立」，08年に「雇用・社会保障法制の交錯と新展開〜ドイツ・ハルツ改革に見る示唆〜」，「生活保護受給者に対する自立支援プログラムの意義と問題点」，12年に「震災と社会保障」の個別テーマで検討は行ったが，これらは，あくまでも個別課題の問題点が検討されたにすぎなかった。

　そのため，今回の各報告では，92年以降，今日に至るまでのさまざまな社会状況の変化，貧困の深化と格差の拡大，裁判例の蓄積，さらには，立法の動向などを踏まえて，それぞれの項目について法的問題を検討し，課題を提起することとした。とりわけ，生存権保障のため極めて重要な制度でありながら，行政裁量の幅が広いとされている生活保護制度について，重要な論点毎に，憲法，生活保護法の定めから，どう解釈し，運用していくことが可能なのかについて検討することとした。

II　1992年以降の生活保護制度をめぐる主な動き

　そこで，まず，各報告内容を有機的に理解するために，1992年以降の生活保護制度をめぐる主な動きについて，振り返ってみることとする。

シンポジウム　現代の生活保護の法的検討

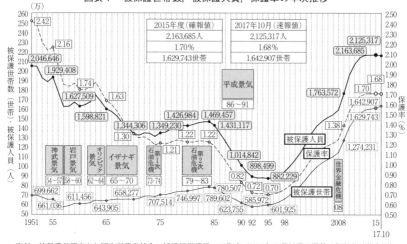

資料：被保護者調査より厚生労働省社会・援護局保護課にて作成（2012年3月以前の数値は福祉行政報告例）

1　貧困の深化・格差の拡大と生活保護受給者数の急激な増加

　かつて，日本にはもはや貧困はないといわれた時期があったが，その日本において「餓死」する人がいるということ自体，ある意味で衝撃的であった。しかし，日本における「餓死者」の数は1992年に21人，95年に58人，98年に78人，2001年に62人，03年に93人と増加し，その後も，06年に57人，09年に58人，12年に31人，15年に59人と減少はしているが，未だにあとを絶たない（いずれも「厚生労働省人口動態統計」による）。

　また，生活保護制度の利用者数の推移をみると，図表1のとおりであり，95年の88万2229人を最小数とし，その後は増加の一途をたどり，05年に147万5838人，10年に195万2073人，そして11年7月には205万0495人と制度発足以来最多数となった。そして，15年3月の217万4331人をピークにその後は微減の傾向を示し，17年10月には212万5317人となっている。

　一方，1世帯当たりの平均所得金額は，94年の664万2000円から15年には545万8000円と激減している（「厚生労働省国民生活基礎調査」による）。このため，貯蓄なし世帯の推移を見ても92年には9.3％だったものが，16年には48％と急増

している（「金融広報中央委員会家計の金融行動に関する世論調査」による）。

　また，貧困率は91年には13.5％（子どもについては12.8％），2000年には15.3％（同14.5％），06年には15.7％（同14.2％），さらに，12年には16.1％（同16.3％）と悪化している（「厚生労働省国民生活基礎調査」による）。

　さらに格差の程度を示すジニ係数をみても，93年に0.439（所得再分配後は0.365），99年に0.472（同0.381）であったものが，05年に0.526（同0.387），11年に0.553（同0.379），14年に0.570（同0.376）と徐々に拡大している（「厚生労働省14年所得再分配調査結果」による）。

　このような貧困の広がりを背景に，生活保護受給者は急激に増大しており，社会保障制度の中で生活保護の持つ役割は，ますます大きくなってきている。これは，赤字財政という財政的圧力の下で，自助努力が強調され，制度の継続性などを理由として，社会保障制度の保障内容が大きく後退したこと，さらには，この間労働環境が悪化し，非正規雇用の割合が増え，労働者への分配率が低下し，賃金収入の格差が開く一方で平均的な収入が低下してきたことなどから，生活保護制度に過大な負担がかかっていることに大きな原因がある。但し，最近の生活保護受給者数は，微減の傾向にある一方，受給世帯数は164万2614世帯（17年12月現在：対前年同月比0.1％増）と依然として増加しており，高齢世帯の受給割合も52.9％（17年12月現在）と増加している。

　なお，最近の生活保護受給者数が微減の傾向にある原因としては，有効求人倍率の改善など労働環境の改善の面よりも，むしろ生活扶助基準の引き下げなどの要素が大きいと判断される。

2　「水際作戦」「硫黄島作戦」「沖合作戦」と呼ばれる事態の進行

　そうした生活保護受給者数の増加傾向が続く事態を受けて，保護の実施機関としては，貧困の深化と格差拡大への対応策として，本来は生活保護制度による健康で文化的な最低限度の生活保障の充実をこそ図るべきであるが，むしろ現場では，生活保護の申請・利用を制限しようとする「水際作戦」[1]，「硫黄島作

---

1)　生活保護の申請窓口において，さまざまな理由で申請を受付けず門前払いすることにより拒否すること。保護の申請の「水際」で申請させないという方策をとるところか↗

戦」そして「沖合作戦[3]」といわれる行為が横行しているとの指摘すらなされるようになってきた。

つまり，保護の申請権が実態として現場で保障されているのかどうかが問題とされてきたのである。さらに，より根本的には，生活保護制度の運用において，ケースワークがどのような意義を持つか，そしてそのあり方についても大きく問われるようになってきたのである。

例えば，2005年から3年連続で発生した北九州市の餓死・自殺事件は，「水際作戦」と「硫黄島作戦」がまさに表面化した事件であった。また，17年1月に明らかになった小田原市の生活保護担当職員が「保護なめんな」「不正受給はクズだ」との言葉が入ったジャンパーを着用して保護利用者の家庭を訪問していた事件（小田原市「保護なめんな事件」）は，生活保護担当の職員がどのような意識の下で制度の運用にあたっていたのかという現場のケースワーク意識とそのあり方が改めて問われた事件であった。

3　生活保護裁判「第3の波」の展開

一方，この間の市民の権利意識の高まりと申請権保障以外の分野においても，さまざまな生活保護制度の解釈・運用上の問題が発生し，その結果，1990年代以降，生活保護制度のあらゆる分野で，裁判が提起されるようになる。

朝日訴訟は，憲法25条に基づく保護基準のあり方をめぐって初めて生活裁判が提起されたという意味で「生活保護裁判第1の波」といわれる。

また，藤木訴訟は，生活保護における世帯認定のあり方という各論の裁判として提起されたという意味で「生活保護裁判第2の波」といわれている。これ

＼ら，このように呼ばれている。

2)　生活保護の申請窓口においては受け付けるものの，その後，稼働能力の極端な活用や扶養の強制を求めるなどさまざまな圧力をかけることによって，保護の辞退に導くこと。太平洋戦争末期に「硫黄島」において日本軍が採用した米軍を上陸させ，内陸部で一人一人を殺害する作戦と同様に，申請は受け付け，その後，さまざまな無理な要求して，保護の辞退に導くことからこのように呼ばれている。

3)　生活保護の申請窓口にすら近づけず，保護をあきらめさせられるか，他の制度の利用に導かれるかという手法で，保護申請に至らなくすること。「水際」にすら近づけない点で，申請権の保障上問題の多い手法であるといわれている。

に対して，90年代以降の生活保護制度の違法・不当な運用について，数多くの制度利用者が原告となり，一つ一つの運用の問題点についてその是正をせまり，被害の回復を求めて提訴された裁判は，「生活保護裁判第3の波」といわれている。

このような形で争われた主な「生活保護裁判第3の波」をあげれば，以下のとおりである。

① 「資産」の保有が問題となった事件　保護費を原資とする預貯金と法4条1項の資産（加藤訴訟）（秋田地判平5・4・23判時1459号48頁）。保護費を原資とする学資保険と法4条1項の資産（中嶋訴訟）（最判平16・3・16判時1854号25頁）。自動車借用を理由とする保護廃止（増永訴訟）（福岡地判平10・5・26判時1678号72頁）。心身障害者扶養共済制度条例に基づく年金と法4条1項の資産（高訴訟）（最決平15・7・17）。障害者の自動車保有と保護廃止（枚方身体障害者自動車保有事件）（大阪地判平25・4・19賃社1591・1592号64頁）。

② 保護廃止の要件が問題となった事件　「居住実態不明」を理由とする保護廃止（柳園訴訟）（京都地判平5・10・25判時1497号112頁）。実現困難な指導指示の違反を理由とする保護廃止（違法増収指導事件）（最判平26・10・23裁時1614号4頁，大阪高判平27・7・17）。

③ 外国人の生活保護受給権が問題となった事件　非定住外国人に対する医療扶助の国庫負担金の支給を認めなかったことについての住民訴訟（ゴドウィン訴訟）（最判平9・6・13）。永住外国人の生活保護受給権（大分永住外国人申請却下事件）（最判平26・7・18賃社1622号30頁）。

④ 稼働能力の活用が問題となった事件　ホームレス状態にある人への生活保護適用と稼働能力の活用（林訴訟）（最判平13・2・13賃社1294号21頁）。ホームレス自立支援システムと稼働能力活用（新宿七夕訴訟）（東京高判平24・7・18賃社1570号42頁）。稼働能力の活用の要件と保護申請却下（岸和田訴訟）（大阪地判平25・10・31賃社1603・1604号81頁）。

⑤ 法63条の適用が問題となった事件　申請権侵害後の障害年金遡及支給と法63条（遡及障害年金63条返還請求事件）（大阪高平25・12・13賃社1613号49頁）。自立更生費用の検討と法63条（大野城市63条返還及び住宅扶助特別基準設定事件）

シンポジウム　現代の生活保護の法的検討

（福岡地判平26・3・11賃社1615・1616号112頁）。

4　反貧困運動の広がりと餓死，孤立死の頻発そして生活保護バッシング

　このような裁判の動きとは別に，2007年には，反貧困ネットワーク，生活保護問題対策全国会議という運動団体がそれぞれ設立され，反貧困運動・生活保護運用改善運動は大きな広がりをみせるようになった。

　さらに，12年2月から4月にかけては，マスコミで「餓死，孤立死」の事件が数多く報道され，生存権を保障する生活保護制度の機能強化の必要性が強調された。しかし，一方で，同年4月から，お笑いタレントの母親への「扶養問題」を契機として，いわゆる「生活保護バッシング」の報道がなされ，生活保護制度に不正受給が蔓延しているとか，生活保護基準が高すぎるなどの主張がなされ，保護の「見直し」が喧伝されるようになった。

　そして，このような「生活保護バッシング」報道を背景に，12年8月には，社会保障制度改革推進法が成立し，その附則の中で生活保護制度の見直しを早急に行うことが盛り込まれた。

5　生活保護法「改正」と生活困窮者自立支援法の成立

　このように，不正受給問題の強調，増え続ける保護費についての対策の必要性，稼働年齢層の受給増などへの対応の必要が強調され，2013年12月には，生活保護法「改正」が行われたが，この「改正」については，改正条文が制度の権利性の確立，これまで指摘された制度運用上の問題点とどのように関連しており，真の「改正」になるのかについて，緻密な法的検討が求められている。

　また，法「改正」とあわせて成立した生活困窮者自立支援法については，新しいセーフティネットの機能を強める役割があるとの積極的な評価がなされる一方，生活保護制度の利用から意図的に遠ざける「沖合作戦」を助長するものではないかとの批判もなされている。

6 老齢加算，母子加算の廃止，生活扶助基準の引き下げと生活保護裁判第4の波

一方，この間，生活扶助基準の引き下げの一環として，2004年から老齢加算，母子加算が削減・廃止され，これに対する違憲訴訟である「生存権裁判」が全国10地裁，原告約120人で提起され，東京地裁での提訴分の最高裁判決（最判平24・2・28民集66巻3号1240頁）をはじめ，福岡，京都，秋田，新潟，広島，青森，兵庫地裁提訴分のいずれについても，上告棄却，上告不受理の判決，決定が出されている。

さらに，13年8月から3年間にわたる670億円の生活扶助基準の引き下げがなされ，これに対する違憲訴訟（いのちのとりで裁判）も全国29地裁，原告約960人で提訴されている。

ここでは，生活保護扶助基準のあり方，基準の決定についての行政裁量の内容が改めて問われている。

「生存権裁判」「いのちのとりで裁判」は，いずれも，生活保護扶助基準のあり方を改めて問う裁判として「生活保護裁判第4の波」といわれている。

Ⅲ 生活保護をめぐる新たな展開

1 住宅扶助基準の引き下げ，冬季加算の引き下げ，定期的な資産申告の求め

2015年7月からは，住宅扶助基準が引き下げられ，同年11月（一部地域では10月）からは，冬季加算も引き下げられた。また，保護世帯について，定期的に預貯金，不動産などの所有する資産の申告が求められるようになった。

2 扶助基準のさらなる引き下げ，加算の見直し，医療扶助の規制，生活保護法・生活困窮者自立支援法のさらなる「改正」

また，2018年10月から，3年間で，平均1.89％，最大5％，年間160億円の生活扶助基準の引き下げ，児童養育加算（3歳未満）の月額1万5000円から1万円への減額，母子加算の平均月額2万1000円から1万7000円への減額などが，18年度予算案に盛り込まれることとなった。一方，生活保護世帯の子ども

の大学進学については一時金の支給によって，支援する制度も盛り込まれた。

　また，生活保護法「改正」では，医師の意見の下ではあるが，ジェネリック（後発）医薬品使用を原則化するなどの案が検討されている。また，「貧困ビジネス」の温床となっている無料低額宿泊所について，事前届出制とするとともに，施設の最低基準を設けるなど，規制を強化することとしている。

　このように，社会保障制度全体のあり方が問題とされている中で，相次ぐ基準の引き下げによって，果たして憲法で保障された「健康で文化的な最低限度の生活」が保障されているといえるのか，また，医療保障の内容として，生活保護の利用者に「ジェネリック（後発）医薬品使用の原則化」を求めることは許されるのかなどが，今改めて問われている。

生活保護法改正と申請権保障

小 久 保 哲 郎

（大阪弁護士会）

　2013年12月，制度史上最大の生活保護改正法が成立し，2014年7月から施行されている。2013年5月に閣議決定された生活保護法24条1項2項の改正案は，保護の申請を申請書の提出によらなければならないとし，厚生労働省令で定める書類を申請書に添付しなければならないとするものであった。そのため，「違法な"水際作戦"を合法化するものである」との厳しい批判が各方面から沸き起こり，与野党4党（民自公み）による修正案が成立するに至った。修正後の同条は1項2項ともに但し書きで例外規定を置いただけでなく，1項では，「保護の申請」と「申請書の提出」という2つの行為を概念的に分離し，後者は前者に時間的に遅れてもよいとの解釈が可能となった。また，同条2項の「厚生労働省令で定める書類」については省令で規定されず同条項が空文化するという異例の展開となった。

　国会審議の過程等においては，「法改正によっても，申請時の従来の取扱いは何ら変わらない」ことが繰り返し確認されたが，「従来の取扱い」とは何か，必ずしも明確に整理されているとはいえない。そこで，本稿では，特に生活保護法24条と申請権をめぐる問題に絞り，申請行為の有無，行政の情報提供（教示助言）義務の内容，義務違反の効果等について，これまでの裁判例の動向を踏まえ，その到達点と課題を確認したい（文中指摘する判例は本文末尾に列記している）。

シンポジウム　現代の生活保護の法的検討

I　口頭申請について

1　口頭申請の有無の判断方法

　生活保護の申請は非要式行為とされており[1]，改正法24条 1 項も書面による申請を保護の要件としていないから，口頭による申請も認められ得る。一方で，申請行為は実施機関に審査応答義務を課すものであるから（法24条 3 項），申請行為があるというには，申請意思を内心に留めず実施機関に対して表示することが必要である。申請を口頭で行うことを特に明示した場合に申請行為が認められることは当然であるが（判例 3），これに止まらず，「申請意思が確定的に表示されている」といえればよいので（判例10），「『申請する』という直接的な表現によらなくとも申請意思が表示され，申請行為があったと認められる場合」もある（判例 9）。市民の側から行政（担当窓口）に接触を求めてきたということは，「申請がしたい，あるいは，受給申請が可能な給付制度があるなら申請がしたい」という意思の表明であると考えるべきであり[2]，窓口での具体的な言動から包括的利用意思の表明が認められれば[3]，柔軟に申請行為を認定することが必要である。

　また，「市民が，自らが受給することを欲する制度について具体的に特定をしたうえで質問等をなした場合[4]」には，仮に申請書の提出に至っていなかったとしても申請行為があったと認定できることが多いと思われる。それを越えて，福祉事務所の対応が不適切であるがゆえに申請を断念したような場合には，敢えて申請行為の存在を擬制せずとも端的に教示助言義務違反による申請権侵害を問題にすれば足り，この点にこそ教示助言義務違反を論じる意義があ

---

1)　小山進次郎『生活保護法の解釋と運用〔改訂増補〕』（中央社会福祉協議会，1951年）164頁。
2)　長尾英彦「行政による情報提供——社会保障行政分野を中心に」中京46巻 3 ・ 4 号（2012年）95頁。
3)　木下秀雄「生活保護における行政の助言教示義務と市民の申請権——三郷市生活保護国家賠償請求訴訟意見書」賃社1586号（2013年）38頁。
4)　山下慎一「社会保障法における情報提供義務に関する一考察」福岡60巻 2 号（2015年）244頁。

ると解される[5]。

2 口頭申請ありの場合の審査・応答義務違反の効果

(1) 審査請求, 取消・義務づけ訴訟

保護の申請から30日以内に決定通知がないときは, 申請者は, 保護の実施機関が申請を却下したものとみなし（法24条7項）, 審査請求を申し立てることができる（法64条）。かかる審査請求に対する裁決又はみなし棄却裁決を経れば, みなし却下決定の取消訴訟を提起することができ（法69条）, その際には併せて保護開始決定の義務づけ訴訟も提起できる。この場合, 請求が認容されれば, 本来支給されるべきであった保護費が保護費として支給されることとなる。

(2) 国家賠償訴訟

本来, (1)の審査請求は申請からどれだけ時間が経過していても可能であるが, 敢えて審査請求手続を介したうえで提訴するのは実務的に迂遠でもある。したがって, 多くの場合は, 後述の教示義務違反による申請権侵害の場合と同様, 審査・応答義務違反による申請権侵害として, 得べかりし保護費相当額等の損害の賠償を求めることとなるものと思われる。併せて, 精神的苦痛に対する慰謝料, 弁護士費用も請求できる。慰謝料, 弁護士費用は, (1)の取消・義務付け訴訟と併せても請求できる。

II 実施機関の情報提供義務について

1 法的根拠

(1) 憲法25条と当該社会保障給付の性格や重要性

いわゆる永井訴訟の京都地裁判決は, 「憲法25条が宣明する福祉国家の理念や, これに立脚した立法者の意思は, 保護対象者に求められた給付が, 飾り物に終わらず実際にもすべてに給付されることを期待しており, 受給資格者が洩れなく給付を受けることこそが, 基本的に公益にかなう」とする（判例1）。このように, まずは, 憲法25条が保障する生存権やこれを具体化する諸制度の立

---

5) 判例9, 判例10, 判例11も同様の考え方に立って判断している。

法者意思，当該社会保障給付の重要性にこそ，行政機関の情報提供義務の根拠が求められるべきであり，同旨の判例[6]，学説[7]も少なくない。とりわけ，請求があって初めて給付が開始される仕組みを採用している制度においては，請求権の存在を知らなければ権利そのものが画餅に帰するのであるから，適切な情報提供がなされることは請求権の保障と表裏をなす不可欠の前提といえる[8]。

(2) 行政と社会保障を必要とする市民の情報の非対称性

上記に加え，①社会保障給付の内容や手続が極めて複雑であって，これを的確に理解するには高度の専門性が必要であること[9]，②社会保障給付を取り扱う行政機関は高度の専門性を備えている（少なくとも，そうでなければならない）こと[10]，③社会保障給付を利用する市民の側は，一般に障害，疾病，高齢等の困難のために知識や情報に乏しいこと[11]からすれば，行政職員による適切な情報提供が要請される。強弱はあるが判例もこれらの要素を指摘している。

---

6) 判例9は「生活保護は，憲法25条に定められた国民の基本的人権である生存権を保障し，要保護者の生命を守る制度」であること，判例8は「身体障害者福祉の理念からして障害基礎年金の受給権が極めて重要な権利である」ことを指摘している。なお，運賃割引制度に関する判例7は，憲法13条の趣旨から身体障害者に移動の自由が保障されることを指摘している。

7) 長尾・前掲注2）86頁。山下・前掲注4）256頁。

8) 判例8は「（障害年金制度が）受給権者の請求に基づく裁定主義を採用していること」，判例13は「請求を前提とする社会保障制度の下においては，受給資格がありながら制度の存在や内容を知らなかったために受給の機会を失うものが出るような事態を防止し，制度の趣旨が実効性を保つことができるよう……当該制度の周知徹底を図り，窓口における適切な教示等を行う責務」があることを指摘する。

9) 判例8は「障害基礎年金の受給要件に関する法令の規定が複雑かつ難解であること」，判例13は「社会保障制度が複雑多岐にわたっており，一般市民にとってその内容を的確に理解することには困難が伴う」ことを指摘する。

10) 判例4は「職員としては……支給可能性のある給付が何であり，受給資格としてどのような要件が定められており，相談者の場合には，どのような問題点があるのかを常に念頭において……相談にあたることが……要求されている」こと，判例8は「職員が国民年金に関する事務の窓口担当者として，控訴人とは比較にならないほどの豊富な障害基礎年金の支給要件に関する情報を保有していること」，判例13は「（社会保障制度の窓口では）来訪者の側でも具体的な社会保障制度の有無や内容等を把握するに当たり上記窓口における説明や回答を大きな拠り所とすることが多い」ことを指摘する。

11) 判例1は「社会保障の受給者は，主として社会的弱者であり，特に……障害者家庭にある者に対して，抜け目のなさや注意深さを求める期待可能性がない」こと，判例12は「福祉事務所に相談に訪れる者の中には……正しい知識を有していないため，第三者の援助がなければ保護の開始申請ができない者も多い」ことを指摘する。

この点，消費者取引上の説明義務においても，両当事者間の地位と情報量の較差から専門家たる金融機関等が非専門家たる顧客に対して信義則上一定の態度をとることが要求されることが指摘されているが[12]，説明義務の発生根拠としては自己決定権侵害が挙げられ[13]，顧客の自己決定に積極的に介入して好ましい方向に誘導することまでは要求されないとされている[14]。生活の基盤は別途担保されていることを前提とする消費者取引とは異なり，社会保障給付における説明義務は，適切な給付がなされなければ人としての生存そのものが脅かされるという場面において問題になるから，必要とする給付に結びつくよう，専門家たる行政により積極的な援助が求められる点に大きな差異がある。

2 情報提供義務の内容

行政（職員）の情報提供に関しては，判例においても，周知徹底，広報，説明，教示，質問，聴取，申請意思確認，助言，援助等の様々な表現が見られるが，それぞれの位置づけや関係については必ずしも明らかではない。そこで，行政（職員）がいかなる場面においていかなる義務を負うのか，その相互の関係はどうかについて整理を試みる。

(1) 広報義務（周知義務）と教示援助義務

社会保障行政の市民に対する情報提供義務（広義）は，「不特定多数の潜在的な受給資格者に対して行政機関として行うべき広報義務（周知義務）」と「行政窓口を訪れた特定の受給資格者に対して担当行政職員として行うべき教示援助義務」の2つに大きく分けられる[15]。

前者については，制度の存在と内容を広く一般的かつ継続的に広報するものであり，主として広報誌，パンフレット（しおり），HP等の媒体を通じて行うこととなるが，何をどのようになすべきかは必ずしも明確ではない。そのた

---

12) 潮見佳男「最近の裁判例にみる金融機関の説明・情報提供責任」金融法務事情1407号（1995年）12頁。

13) 潮見佳男「投資取引と民法理論（二）——証券投資を中心として」民商118巻1号（1998年）14頁。

14) 潮見・前掲注12）13頁，17頁。

15) 長尾・前掲注2）86頁。木下秀雄「社会保障法における行政の助言・教示義務——永井訴訟控訴審判決を手がかりに」賃社1457・1458号（2008年）31頁。

め，行政機関には比較的広範な裁量が認められ，全く何の広報も行っていない場合や法令等によって何をなすべきかがある程度明確になっているのにそれがなされていない場合に裁量権の逸脱濫用（違法性）が認められると考えられる[16]。

これに対し，原則として対面での口頭のやり取りとなる後者については，具体的場面において行政担当職員として何をなすべきか（何をなすべきでないか）は明確であることが多いため，法令等による義務の特定が不要であることはもちろんのこと，誤教示や不適切な教示が許されないのは明らかであるから裁量判断の問題ではないと解すべきである[17]。

(2) 教示援助義務の内容

窓口を訪れた特定の受給資格者に対して担当職員として行うべき情報提供の内容としては，①必要な情報を提供する狭義の情報提供義務（説明義務・教示義務），②相談者の状況を正確に把握するために必要な質問をする聴取義務（申請意思確認義務を含む），③申請を促したり必要な資料の収集等を援助する助言援助義務の3つの要素に整理できると考える。

そして，それぞれの要素の内容や関係には，先に述べた社会保障行政に関する情報提供であるからこその特性が存在する。すなわち，社会保障窓口における相談者は，高齢，障害，疾病，ひとり親等の困難を抱え，制度について詳しく知らないことが一般であり，読み書きをはじめとする理解力に乏しい場合も少なくない。また，物質的に余裕がなく心理的には追い詰められた状態にあり，こうした特性に対する格別の配慮が要請される[18]。特に，生活保護利用世帯のうち26.4％は障害・傷病世帯であり（2016年11月速報値），障害認定を受けていない潜在的な障害者も含めると生活保護窓口には日常的に多くの障害者が訪

---

16) 判例2はドイツ法のような明文規定がないことを理由に広報，周知徹底の法的義務性を否定したが，同判例も官報掲載のほか一切の広報活動を行わない場合には違法性が認められるとしている。また判例6，判例7では割引制度の広報周知の在り方が争われ身体障害者福祉法9条4項2号が定める情報提供義務の射程範囲が問題となったが，これを柔軟に解釈するか否かで結論が分かれた。

17) 原告の請求を容容した裁判例のほとんどが裁量判断に言及しておらず，唯一裁量判断の枠で論じた判例13も特段の理由を示すことなく教示義務違反即裁量逸脱としている。

18) 吉永純「生活保護申請と面接の在り方——三郷市生活保護国家賠償請求訴訟意見書」賃社1586号（2013年）46頁。

れる。この点，「障害を理由とする差別の解消の推進に関する法律」が2016年
4月1日から施行されているが，同法5条は，行政機関に対し，障害による
「社会的障壁」を除去するための「合理的配慮」を行う努力義務を課してい
る。そして，同法6条に基づく「基本方針」は，「法が対象とする障害者は，
いわゆる障害者手帳の所持者に限ら」ず（第2，1(1)），「合理的配慮は，……
双方の建設的対話による相互理解を通じて……柔軟に対応がなされるもの」と
し，「分かりやすい表現を使って説明をするなどの意思疎通の配慮」等を例と
して挙げている（第2，3(1)）。したがって，2016年4月以降は，障害者差別解
消法上の要請に応えているかという観点からの検討も必要となる。

　(a)　狭義の情報提供義務（説明義務・教示義務）

　情報提供（説明・教示）は，当該相談者が理解できなければ意味がないか
ら，平易なわかる言葉でなされなければならない。視覚障害者に対して墨字の
パンフレットを渡しても無意味であるのと同様に，必要な事項が記載された
「しおり」等を渡したからといって当然に説明したことにはならない。[19]

　(b)　質問・聴取義務

　社会保障制度には資産，収入基準等の複雑多岐な要件があるから，要件該当
性の判断に必要な情報を相談者の側で取捨選択して職員に提供することは不可
能である。したがって，相談者から的確な要求や情報提供がされなかったから
といって行政機関は免責されない。窓口職員は，単に一方的に情報提供をする
だけではなく，要件該当性の判断に必要な範囲で相談者のプライバシーに踏み
込んで的確な質問をするなどして情報を収集し，相談者が置かれた状況を正確
に把握する必要がある。この点，かつては受給を欲する制度について具体的に
特定して質問していないことをもって相談者に不利に考慮する判例も存在した
が[20]，現在，このような考え方は完全に克服されているといえる[21]。

----

19)　横浜地判平27・3・11賃社1637号42頁は，「指示をするからには，受け手が理解でき
　　るよう指示内容を可能なかぎり明確にすべきであるが，しおりを交付しただけでは，
　　……指示内容が明確であるとはいいがたい」と判示している。
20)　判例2，判例4。
21)　判例9は「必要に応じて保護申請の意思の確認の措置を取る申請意思確認義務」，判
　　例12は「相談者の言動，健康状態に十分に注意を払い，必要に応じて相談者に対し適切
　　な質問を行う」義務，判例13は「必要に応じ，不明な部分につき更に事情を聴取し，↗

シンポジウム　現代の生活保護の法的検討

(c)　助言・援助義務

(a)の情報提供と(b)の情報収集を繰り返すことによって，相談者に受給資格が認められることが概略的にであれ把握できれば，申請をするよう促し助言する義務が生じる[22]。特に，急迫性ある場合に職権保護義務を負う生活保護の実施機関（法7条）は，要保護性があると認められた場合には申請を援助し制度利用に結びつける努力をより一層求められる[23]。

(d)　小　　括

以上のとおり，担当職員は，①情報提供（説明・教示）⇔②情報収集（質問・聴取）⇔③申請の助言・援助を適切に繰り返すことによって受給資格者を社会保障給付の受給に結び付けていかなければならない。すなわち，説明・教示，質問・聴取，助言・援助義務を負うこととなる（これを一括して「教示援助義務」という）。そして，上記①②③の過程を適切に繰り返していれば，受給資格のある相談者は，通常，申請意思を示し制度利用につながることになる。とすれば，受給資格があるのに制度利用につながっていない場合には，適切な①②③の過程が踏まれていないことが強く推認される。そこで，相談者の側で受給資格があったことを主張立証すれば，行政側で適切な①②③を行ったことを主張立証しない限り，行政側の義務違反が推認されるという形で事実上の立証責任の転換が認められるべきである。

3　教示援助義務違反が問題となる場面とその法的効果

(1)　申請権侵害の場合

多くの場合は，制度そのものの利用に結びつくか否かの場面（生活保護であれば保護開始申請の場面）で問題となるが，制度利用開始後に通院移送費等の一時扶助の申請（保護変更申請）の場面で問題となることもある（判例11）。この場合には，教示援助義務違反による申請権侵害を理由とする国家賠償請求を行うこととなり，①本来給付されたはずの社会保障給付費に相当する財産的損害

　あるいは資料の追完を求める」法的義務の存在を認定している。
22)　判例9は「申請を援助指導する申請援助義務」，判例12は「保護の開始申請手続を援助する」義務の存在を認定している。
23)　小山・前掲注1）165頁。

の賠償，②精神的苦痛に対する慰謝料，③弁護士費用を請求できる。

　(2)　辞退廃止の場合

　生活保護の辞退による廃止の場面で，辞退の有効要件を満たす前提として適切な教示等がなされたのかという形で問題となることもある（判例 5，判例 9）。国家賠償請求による慰謝料のみ請求認容されている例が多いが，社会保障給付費相当の財産的損害や弁護士費用について請求することもできるはずである。

　(3)　法63条返還の場合

　資力があるにもかかわらず保護を受けたが，その後，遊休不動産が売却できた等で当該資力が現実化した場合，生活保護法63条に基づき費用返還請求（63条返還）を受けることとなる。大阪高判平25・12・13賃社1613号55頁は，生活保護相談時の教示援助義務違反（いわゆる「水際作戦」）が63条返還の額に影響する場合があることを示唆している。

　また，本来，63条返還においては，必要経費や「当該世帯の自立更生のためのやむを得ない用途」にあてられる費用（自立更生費）について，比較的柔軟に当該金額を控除することができるが（生活保護手帳別冊問答集問13-5），この点について福祉事務所が生活保護利用者に説明しないまま安易に全額返還決定をする運用が横行している。近時，自立更生費の有無を検討せずに返還額を決定したのは裁量権の逸脱・濫用であるとする裁判例が次々と言い渡されている[24]が，こうした控除の制度についての教示援助義務違反をもって返還額決定の裁量権逸脱・濫用を導く構成もあり得ると考えられる。

　(4)　法78条について

　収入があったのに敢えてこれを申告しなかった場合には，いわゆる不正受給として，生活保護法78条に基づき費用徴収請求がされる。適正に収入の申告をすれば，必要経費や，勤労に伴う基礎控除（1万5000円までは全額。その後収入額に応じて増加），未成年者控除（1万1400円）等のほか，相当広汎な自立更生費の控除が認められるが（次官通知第8-3），かかる説明をしないまま安易に法78条

---

24)　福岡地判平26・2・28賃社1615・1616号95頁。福岡地判平26・3・11賃社1615・1616号112頁。東京地判平29・2・1賃社1680号33頁。

シンポジウム　現代の生活保護の法的検討

を適用して全額返還決定をする運用が横行している。しかし，適切な教示等を受けていれば適正に申告をしていたといえる場合には，各種控除制度に関する教示援助義務違反の存在をもって，法78条の不正の意図を否定することもできると考えられる。[25]

Ⅲ　生活困窮者自立支援法との関係

1　はじめに

2013年12月6日，改正生活保護法とともに生活困窮者自立支援法が成立し，2015年4月1日から施行されている。同法の制定にあたっては，同法が目的とする「生活困窮者の自立の促進」（1条）が就労自立に偏り，本来生活保護を必要とする人が生活保護窓口の手前の生活困窮者自立相談支援（「困窮者相談」）窓口で排斥され「水際作戦」ならぬ「沖合作戦」が展開されるのではないか，との懸念が表明された。[26] 実際，財政当局が生活困窮者自立支援法は生活保護費を抑制するためのものであることを露骨に認めていることからすれば，[27] かかる懸念は杞憂とはいえない。

困窮者相談事業の実施責任は市と福祉事務所を設置する町村にあるが（3条1項），事業事務の全部又は一部を社会福祉法人等に委託することができるとされている（4条2項，施行規則9条）。2016（平成28）年度実績では，自治体直営（37.5％）よりも委託（51.3％）の方が多く「直営＋委託」も9.7％ある。受託先としては，社会福祉協議会（79.2％）が圧倒的に多く，NPO法人（14.3％），社会福祉協議会以外の社会福祉法人（8.4％）と続く。[28] そこで，本節で

---

25) 横浜地判平27・3・11賃社1637号41頁は，高校生のアルバイト収入についても届出義務があることを口頭で念を押して説明しておくのがあるべき対応であったことなどから，法78条に基づく返還決定を取り消した。

26) 森川清「生活困窮者自立支援法は，生活困窮者を支援するのか」賃社1590号（2013年）4頁。

27) 財政制度審議会「平成27年度予算の編成等に関する建議」（2014年12月25日）31頁は，「生活困窮者自立支援制度……の政策効果が生活保護受給者の減少として確実に表れているか，事後的にしっかりと検証を行う必要がある。」としている。

28) 厚生労働省社会・援護局地域福祉課生活困窮者自立支援室「平成28年度生活困窮者自立支援制度の実施状況調査集計結果」6頁。

は，本来生活保護制度の利用を必要とする者が，困窮者相談窓口における不適
切な対応によって制度利用を阻害された場合に行政機関や相談受託機関がどの
ような責任を負うか，その責任に直営の場合と委託の場合で差があるか，につ
いて検討する。

2　自治体直営の場合

　困窮者相談窓口は，総合相談窓口であって相当広範な制度に関する知識を要
求されるため，あらゆる社会保障制度等についての教示援助義務を負わせるこ
とは不可能を強いることになるとの考えもあり得よう。

　しかし，法3条1項は，市及び福祉事務所を設置する町村に「その他の関係
機関……との緊密な連携を図りつつ，適切に生活困窮者自立相談支援事業……
を行う責務」を課しているところ，厚生労働省社会・援護局保護課長と地域福
祉課長連名の2015（平成27）年3月27日付「生活困窮者自立支援制度と生活保
護制度の連携について」と題する通知は，「必要な者には確実に保護を実施す
るという生活保護制度の基本的な考え方に基づき，生活保護が必要と判断され
る場合には，福祉事務所と連携を図りながら適切に保護につなぐことが必要で
あ」り，「（自立相談支援機関は）福祉事務所と……緊密に連携し，生活保護が必
要であると判断される者は確実に福祉事務所につな……ぐこととする。」とし
ている。

　したがって，自治体直営の困窮者相談窓口職員は，生活保護業務を所管する
福祉事務所職員と同様に，生活保護を必要とする相談者に対して適切な教示援
助を行い確実に福祉事務所につなぐ職務上の法的義務を負うものと解すべきで
ある。とすれば，困窮者相談窓口職員に教示援助義務違反があって相談者が生
活保護を受給できなかった場合には，慰謝料のみならず，保護費相当額の財産
的損害　弁護士費用についても，当該自治体が賠償義務を負うものと解され
る。

3　受託事業者の場合

　それでは社会福祉協議会等の受託事業者の職員に教示援助義務違反があった

場合，どのように考えるべきか。

(1) 判例・学説の状況

国家賠償法1条1項にいう「公権力の行使」の意味については，①文字通り権力的な命令・強制を伴う行為をいうとする狭義説，②権力的な命令・強制に限らず，私経済作用を除く公務員の行為を広く含むとする広義説，③私経済作用を含むすべての公務員の行為をいうとする最広義説があるが，②の広義説が通説・判例であるとされている[29]。そして，②の広義説においても，(1)公的事務の委託であれば直ちに公権力の行使に当たるとする説[30]，(2)優越的な意思の発動たる公権力の行使が委託された場合とそれ以外に二分し，後者の場合には国・公共団体による「指揮・監督」がある場合にのみ公権力の行使に当たるとする説[31]，(3)国・公共団体の関与・影響力の程度により区別する説[32]があるとされている[33]。

(2) 最高裁平成19年1月25日判決とその射程範囲に対する評価

同判決は，愛知県の委託を受けた社会福祉法人が運営する児童養護施設に入所した児童が別の児童から暴行を受けて高次脳機能障害等の後遺症を負った事案において，県の国家賠償責任を認める一方，法人の使用者責任を否定した。

同判決が，上記②の広義説に立つものであるとの評価に争いはないが，(1)児童養護施設における養育監護が公的事務であることから直ちに「公権力の行使」該当性を認めたものと評する見解[34]と，それに加えて，(2)本来都道府県が有する公的な権限を委譲された児童養護施設の長が都道府県のために権限を行使することから「公権力の行使」該当性を認めたものと評する見解[35]がある。

---

29) 武田真一郎・判評585号13頁（判時1978号〔2007年〕175頁）等。
30) 田村和之『保育所行政の法律問題〔新版〕』（勁草書房，1992年）168頁。菊池馨実「判批（浦和地熊谷支判平2・10・29）」賃社1131号（1994年）33頁。
31) 堀勝洋「判批」季刊社会保障研究29巻2号（1993年）186頁。
32) 交告尚史「国賠法1条の公務員──福祉行政における民間委託に着目して」神奈川30巻2号（1995年）265頁以下。
33) 東京大学判例研究会（横田光平）「最高裁民事判例研究」法協125巻12号（2008年）2789頁。
34) 武田・前掲注29)。岡田正則・賃社1445号（2007年）70頁。稲葉一将・速報判例解説（法学セミナー増刊2007年10月）67頁。豊島明子・ジュリスト1354号（平成19年度重要判例解説）56頁。

(3) 検 討

「公権力の行使」該当性を認めるにあたって，委託された公務に強制的契機が含まれていることや，委託先に公的な「権限」が委譲されていることを不可欠の要素であると考えれば，困窮者相談事業は，そもそも強制的権力的作用ではないし，受託事業者に何らかの権限を与えた法令も存在しないことから，「公権力の行使」該当性は否定されることとなろう。

しかしながら，困窮者相談事業は，受託の場合でも役所や公的施設が相談場所とされている場合も多く，相談者の側からすれば直営か委託かの区別などつかないことからすれば，たまたま窓口が受託事業者であるか否かによって自治体の責任の有無が左右されるというのは不合理である。また，学校教育のような私人の私的活動としても実施されるようなものであっても「公権力の行使」に含まれることからすれば，当該事務自体が権力的・強制的契機を含むことが「公権力の行使」該当性判断の不可欠の前提とされるべきではない。

そもそも，「公権力の行使」にあたるか否かは，賠償責任の所在を決定するにあたって，国家賠償法 1 条 1 項を適用するか民法を適用するかの基準であり，受託者である私人の行為を国・公共団体に帰責するための実質的な理由があれば，「公権力の行使」該当性が肯定されてしかるべきである。[37] とすれば，①委託を受けた事務の目的・性質・内容（本来，国・地方公共団体が行うべき事務であるか），②事務に要する資金の原資（国・地方公共団体から支弁されているか），③当該私人と国又は公共団体との関係の緊密性（当該私人が国又は公共団体の指揮監督など強い影響力を受けているか）[38] 等を総合考慮して，国・公共団体が賠償責任を負うべき実質的な理由があると評価できる場合には「公権力の行使」該当性が認められるものと解すべきである。[39] 前記最高裁判決も，自治体と児童

---

35) 増森珠美・最高裁判例解説61巻 4 号1362頁，ジュリスト1365号124頁。秋元美世・社会保障判例百選〔第 4 版〕225頁。判例時報1957号60頁（匿名コメント）。野田崇「判例研究・民間児童養護施設への入所措置と国家賠償責任」法学論叢165巻 3 号136頁。東京大学判例研究会・前掲注33）。

36) 前掲注28) 6 頁によれば，委託が51.6％あるにもかかわらず，実施場所は委託先施設内（37.4％），役所・役場内（56.2％），公的施設内（8.9％）となっている。

37) 野田・前掲注35) 140頁，143頁。

38) 交告・前掲注32) 97頁。

シンポジウム　現代の生活保護の法的検討

養護施設との関係の緊密性を肯定する要素として当該事例に限って「権限の委譲」を摘示したに過ぎないとみるべきである。[40]

　しかるところ，困窮者相談事業は，①市及び福祉事務所を設置する町村に本来的な実施責任があり（生活困窮者自立支援法3条1項），自治体のHPや広報誌等において広報されていること，②その実施に要する費用は国から4分の3の補助を受けて市等が支弁するものとされていること（同法7条1号，9条1項1号），③厚生労働省の通達やマニュアル等に基づいて全国一律に実施され，受託事業者は相談件数や内容等を自治体に報告し，適宜自治体の指導を受けながら事務を遂行しており，相談者の側も自治体の事業であると通常受け止めていること等からすれば，受託事業者の行為には，「公権力の行使」該当性が認められるものと考えられる。

　したがって，受託事業者職員に教示援助義務違反があった場合にも，直営の場合と同様に，委託自治体が，得べかりし財産的損害，精神的損害（慰謝料）及び弁護士費用を賠償すべき責任を負うものと解すべきである。

Ⅳ　おわりに

　社会保障行政が教示援助義務を負うことについては既に判例が確立しつつあるといえるが，今後は，さらなる判例の蓄積をふまえて野洲市のような条例を制定する地方自治体が増え，生活保護法本体に教示援助義務の具体的内容が明記されることが期待される。[42] 併せて，誤解を招くおそれが残る改正生活保護法24条1項2項は削除されるべきである。

---

39)　渡辺剛男「公権力の行使にあたる公務員の意義」鈴木忠一・三ヶ月章監修『新・実務民事訴訟講座6』（1983年，日本評論社）58頁。西埜章『措置入所児童の後遺症等の不法行為責任』民商136巻6号（2007年）53頁。増森・前掲注35）最高裁判例解説1381頁。
40)　東京大学判例研究会・前掲注33）。
41)　滋賀県野洲市くらし支え合い条例（2016年10月施行）23条は「市は，その組織及び機能の全てを挙げて，生活困窮者の発見に努めるものとする」と規定し，24条1項は「市は，生活困窮者を発見したときは，その者の生活上の諸課題の解決及び生活再建を図るため，その者又は他の者からの相談に応じ，これらの者に対し，必要な情報の提供，助言その他の支援を行うものとする」と規定している。
42)　日弁連・生活保護改正要綱案（2008年11月18日）参照。

【文中引用判例】

（判例１）京都地判平３・２・５判タ751号238頁，（判例２）大阪高判平５・10・５訟月40巻８号1927頁，（判例３）大阪高判平13・10・19賃社1326号68頁，（判例４）大阪高判平17・６・30賃社1402号44頁，（判例５）広島高判平18・９・27賃社1432号49頁，（判例６）さいたま地判平20・６・27賃社1513号28頁，（判例７）東京高判平21・９・30判タ1309号98頁，賃社1513号19頁，（判例８）東京高判平22・２・18判時2111号12頁，賃社1524号39頁，（判例９）福岡地小倉支判平23・３・29賃社1547号42頁，（判例10）さいたま地判平25・２・20賃社1585号52頁，（判例11）神戸地判平25・３・22賃社1590号54頁，（判例12）大阪地判平25・10・31賃社1603・1604号81頁，（判例13）大阪高判平26・11・27判時2247号32頁。

外国人の生活保護受給権

奥 貫 妃 文

（相模女子大学）

I　はじめに

　本稿は，日本における外国人の生活保護受給権の法的性質について，これまで
の学説ならびに判例を踏まえつつ，再検討することを目的とするものである。
2014（平成26）年7月18日の大分外国人生活保護訴訟の最高裁判決は，本稿の
テーマについての大きな司法判断となったが，なお多くの課題を積み残している。
　2008（平成20）年のいわゆるリーマンショック，その後の東日本大震災に
よっていったん減少したものの，現在，在留外国人人口は増加の一途を辿って
いる（図表1）。なかでも生活基盤を日本に置き，定住・永住志向を持って在留
する外国人の増加は，統計上も明らかである。国際結婚[2]に伴い，世帯内で複数
の国籍を有する「多国籍家族」，「多文化家族」[3]と呼ばれる世帯も多く見受けら

---

1)　法務省報道発表「平成29年6月末現在における在留外国人数について（確定値）」
　　2017年10月12日（http://www.moj.go.jp/content/001238032.pdf）。
2)　厚生労働省「平成28年度人口動態統計特殊報告『婚姻に関する統計』」によると，全
　　婚姻件数に占める一方が外国人である婚姻件数の構成割合は，2013（平成25）年以降横
　　ばいで3.3％となっている。
3)　「多文化家族」とは，異なる文化的なバックグラウンドを持った家族のことであり，
　　代表的なものとして日本人と外国籍の人による国際結婚があるが，外国人配偶者が日本
　　国籍を取得した家族も，文化的ルーツが異なるという意味で多文化家族に該当すると言
　　える。また，中国人と韓国・朝鮮人，フィリピン人とブラジル人などの外国人同士の国
　　際結婚家庭も含まれる。多文化家族についての文献として，川村千鶴子編著『3.11後の
　　多文化家族──未来を拓く人びと』（明石書店，2012年）参照。なお余談であるが，韓
　　国では，韓国人と外国人による国際結婚により構成された「多文化家族」の構成員が安
　　定的な家族生活を営むことができるようにすることを目的とした「多文化家族支援法」
　　が2008年に制定された。白井京「韓国の多文化家族支援法──外国人統合政策の一環と
　　して」外国の立法238号（2008年）153-161頁参照。

れるようになった。かような社会情勢の変化において，昭和29年通知（1954年）以来の「外国人は生活保護受給権を有しない。あくまでも行政措置により事実上の保護の対象となりうるにとどまる」という判断枠組を踏襲しつづけること，そして，多様な背景を有する外国人を一括することへの妥当性について，疑問を呈しつつ論じるものである。

II　戦後日本における外国人の生存権をめぐる取り扱い

1　日本在留外国人の現況ならびに在留管理政策

まずは現在の日本における在留外国人の現況を，最新の統計に基づいて簡単に紹介しておく。図表2によると，直近の在留外国人数は247万1458人で，前年末に比べ8万8636人（対前年末比3.7％増）の増加となっている。国籍別では，最も多いのが中国，次いで韓国となっている。最近の傾向としては，4位のベトナムと6位のネパールの急増が顕著であるが，おそらくこれは，政府の留学生ならびに外国人技能実習制度の受入促進政策を反映したものと思われる[4]。

なお，在留資格別をみると，「永住者」が73万8661人（対前年末比1.6％増）と最も多く，次いで「特別永住者」が33万4298人（同1.4％減）と続いている。この数値から，在留外国人の定住，永住志向の高まりが看取できる。

2　外国人と生存権

生活保護法の制定根拠である日本国憲法25条を見ると，生存権の享有主体として「国民」という文言が用いられている。憲法学においては，憲法の保障する基本的人権は，権利の性質上日本国民固有の権利と解されるものを除き広く

---

4)　留学生に関しては，関係省庁（文部科学省，外務省，法務省，厚生労働省，経済産業省，国土交通省）により2008（平成20）年「留学生30万人計画」が始まった（文部科学省ウェブサイト：http://www.mext.go.jp/b_menu/houdou/20/07/08080109.htm）。技能実習制度は，これまで重度なる労働環境の劣悪ぶりが明るみになりその都度対策が取られてきたが，制度は更なる拡大を見せている。直近では，2017（平成29）年11月1日「外国人の技能実習の適正な実施及び技能実習生の保護に関する法律」（「技能実習法」）が施行されている。

図表1　在留外国人の推移（総数）

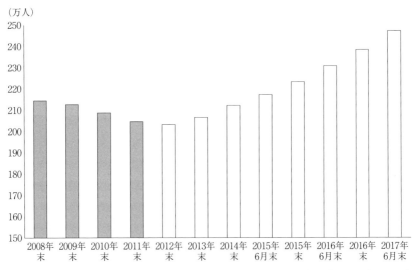

出典：法務省報道発表「平成29年6月末現在における在留外国人数について（確定値）」（2017年10月12日）

外国人にも保障されるとする「権利性質説」が、通説・判例となってきたこと[5]は周知のことである。

　かつては、外国人に対する生存権の保障は、その者の属する国が第一次的に責任を負うべきであり、外国人には生存権は保障されないとする「否定説」[6]が主流であった。塩見訴訟の最高裁判決[7]においては、「憲法25条の健康で文化的な最低限度の生活は極めて抽象的・相対的な概念であって、具体的にどのような立法措置を講ずるかの選択決定は立法府の広い裁量権にゆだねられている。限られた財源の下で福祉給付を行うにあたり、日本国民を在留外国人より優先的に扱うことも許される」と判断された。

---

5)　マクリーン事件（最大判昭53・10・4民集32巻7号1223頁）。
6)　宮沢俊義『憲法Ⅱ〔新版〕』（有斐閣、1971年）242頁、堀勝洋「不法残留の外国人による生活保護の申請を却下した処分が違法ではないとされた事例（宋訴訟第一審判決）」季刊社会保障研究32巻3号（1996年）345頁、同『社会保障法総論〔第2版〕』（東京大学出版会、2004年）151頁。
7)　塩見訴訟（最判平元・3・2判時1363号68頁）。

図表2 国籍・地域別在留外国人数の推移

国籍・地域	2008年末	2009年末	2010年末	2011年末	2012年末	2013年末	2014年末	2015年6月末	2015年末	2016年6月末	2016年末	2017年6月末	構成比(%)	対前年末増減率(%)
総　数	2,144,682	2,125,571	2,087,261	2,047,349	2,033,656	2,066,445	2,121,831	2,172,892	2,232,189	2,307,388	2,382,822	2,471,458	100.0	3.7
中　国	644,265	670,683	678,391	668,644	652,595	649,078	654,777	656,403	665,847	677,571	695,522	711,486	28.8	2.3
韓国・朝鮮	580,760	571,598	560,799	542,182	－	－	－	－	－	－	－	－	－	－
韓　国	－	－	－	－	489,431	481,249	465,477	462,864	457,772	456,917	453,096	452,953	18.3	-0.0
フィリピン	193,426	197,971	200,208	203,294	202,985	209,183	217,585	224,048	229,595	237,103	243,662	251,934	10.2	3.4
ベトナム	40,524	40,493	41,354	44,444	52,367	72,256	99,865	124,820	146,956	175,744	199,990	232,562	9.4	16.3
ブラジル	309,448	264,649	228,702	209,265	190,609	181,317	175,410	173,038	173,437	176,284	180,923	185,967	7.5	2.8
ネパール	11,556	14,745	17,149	20,103	24,071	31,537	42,346	48,403	54,775	60,689	67,470	74,300	3.0	10.1
米　国	51,704	51,235	49,821	49,119	48,361	49,981	51,256	51,523	52,271	53,050	53,705	54,918	2.2	2.3
台　湾	－	－	－	－	22,775	33,324	40,197	45,209	48,723	50,908	52,768	54,358	2.2	3.0
タ　イ	36,360	35,812	38,240	41,316	40,133	41,208	43,081	44,175	45,379	46,690	47,647	48,952	2.0	2.7
ペルー	56,350	55,607	52,385	51,471	49,255	48,598	47,978	47,800	47,721	47,670	47,740	47,861	1.9	0.3
その他	220,389	222,778	220,212	217,511	261,074	268,714	283,859	294,609	309,713	324,762	340,299	356,167	14.4	4.7
（参考）外国人登録者数	2,217,426	2,186,121	2,134,151	2,078,508										

（参考）

		構成比(%)	対前年末増減率(%)
男　性	1,184,896	47.9	4.4
女　性	1,286,562	52.1	3.1
総　数	2,471,458	100.0	3.7

○対象者

2011年末の統計までは、当時の外国人登録者数のうち、現行の出入国管理及び難民認定法第19条の3に規定する「中長期在留者」に該当し得る在留資格をもって在留する者及び「特別永住者」の数である。

2012年からは、「中長期在留者」及び「特別永住者」の数である。

○国籍・地域

在留カード又は特別永住者証明書（以下「在留カード等」という）の国籍・地域欄の表記である。

（注1）「韓国」「朝鮮」

朝鮮半島出身者及びその子孫等で、韓国籍をはじめいずれかの国籍があることが確認されていない者と「韓国」の表記がなされている韓国籍を有する者を合わせて、2011年末の統計までは、外国人登録証明書の「国籍等」欄に「朝鮮」の表記がなされているが、2012年末の統計からは、在留カード等の「国籍・地域」欄に「韓国」に、「朝鮮」の表記がなされている者を「朝鮮」に計上している。

（注2）「台湾」

台湾当局の権限ある機関が発行した旅券等を所持する者は、2012年7月8日までは外国人登録証明書の「国籍等」欄に「中国」の表記がなされているが、同年7月9日以降は、在留カード等の「国籍・地域」欄に「台湾」の表記がなされており、2012年末の統計からは「台湾」の表記がなされた在留カード等の交付を受けた者を合計に計上している。

出典：法務省報道発表「平成29年6月末現在における在留外国人数について（確定値）」（2017年10月12日）

シンポジウム　現代の生活保護の法的検討

しかし，現在は，外国人に対する生存権保障を一律に排除するのではなく，外国人の類型・態様によって生存権の保障が及ぶか否かを判断する「外国人態様説」が有力となっているといえる。また，生存権は，人類すべてに保障されるべき普遍的権利であり，国籍や在留資格の如何を問わず，社会の構成員全てを包摂して保護をなすべきと説く見解もある。

3　旧生活保護法から現行生活保護法へ

1946（昭和21）年に施行された旧生活保護法には「国籍条項」が存在しなかったが，他方で勤労意欲のないものや素行不良のものには保護を行わないという欠格事項が設けられ，保護の対象は限定的であった。それに対して，1950（昭和25）年に施行された現行生活保護法においては，25条の生存権に基づく法律であることを明文化し，保護受給権を認め，不服申立制度を法定化したが，権利保障の明確化と引き換えに，「国民」という文言が新たに付されることとなった。

ただ，法文上「国民」の文言があることをもって，イコール「国籍条項」ありと解することには疑問が残る。法文上「国民」との記載があったとしても，実際の適用においては日本国籍を有する者に対象を限定しない法律は存在する。代表的なものとして国民年金法を挙げることができるが，現在国民年金制度は，権利があるというにとどまらず，外国人であっても20歳以上であるならば加入が義務付けられている。

かような状況に鑑みれば，生活保護法における「国民」の解釈についても同様な考え方が可能な余地があるものと思われる。併せて前述の「外国人態様

---

8)　芦部信喜『憲法学Ⅱ　人権総論』（有斐閣，1994年）137頁。

9)　高藤昭「外国人に対する生活保護法の適用について──ゴドウィン訴訟第一審判決を契機として」社會勞働研究42巻3号（1995年）29-30頁。

10)　旧生活保護法1条，2条（昭和21年10月1日施行）

　第一條　この法律は，生活の保護を要する状態にある者の生活を，國が差別的又は優先的な取扱をなすことなく平等に保護して，社會の福祉を増進することを目的とする。

　第二條　左の各號に一に該當する者には，この法律による保護は，これをなさない。

　一　能力があるにもかかはらず，勤勞の意思のない者，勤勞を怠る者その他生計の維持に努めない者

　二　素行不良な者

説」に立てば，永住・定住的要素の強い外国人を，生活保護法における「国民」に含めて解釈できる可能性はあるのではないかと考える。

4　社会保障関連法規の国籍条項の撤廃

1986（昭和56）年の難民条約批准に伴い，国民年金法，児童手当法，国民健康保険法等に存在した国籍条項は順次撤廃されていった。しかし，生活保護法については削除が見送られた[11]。

5　昭和29年通知[12]に基づく「準用」ならびに平成2年厚生省口頭指示

昭和29年通知では，外国人は生活保護法の適用対象とはならないとしつつ，「当分の間」生活に困窮する外国人に対しては，一般国民に対する生活保護の決定実施の取扱に準じて必要と認める保護を行うものとされた。ここでいう「当分の間」とは，サンフランシスコ講和条約を機に法務省民事局長が発出した通達（「平和条約の発効に伴う朝鮮人，台湾人等に関する国籍及び戸籍事務の処理について」1952年4月19日民事甲438号法務府民事局長通達）による旧植民地出身者の国籍剥奪を背景に，在日コリアンを中心とする多くの在留外国人に対するいわば「応急措置」的意味を込めたものと解されている。

そして，1990（平成2）年には，厚生省の口頭指示が出され，生活保護の対象となる外国人は，生活保護法「別表第2」の在留資格を有する外国人（永住者，日本人の配偶者等，永住者の配偶者等，定住者，特別永住者及び認定難民とされている）に限定されることとなった。

6　外国人への生活保護実施に関する実態調査

総務省行政評価局が2013（平成25）年8月から2014（平成26）年8月までの間

---

11)　この件について当時の国会で質問が出た際に，衆議院外務委員会政府担当者は「現行のままでも難民条約の批准には何ら支障がないし，実質的には日本国民と同じ保護をしている」と答弁している（1981年5月27日答弁）。これが現在に至るまで尾を引いているわけである。

12)　厚生省社会局長通知「生活に困窮する外国人に対する生活保護の措置について」1954年5月8日付社発382号。

シンポジウム　現代の生活保護の法的検討

に実施した実態調査[13]によると，生活保護を受給する被保護外国人世帯数は，2011（平成23）年度で約4.3万世帯で増加傾向にある。また，被保護外国人の保護率について，外務省が「人種差別撤廃条約」の政府報告の中で算定しているように，世帯主が外国人である生活保護世帯に属する人員数を生活保護対象の在留資格を保有する外国人登録者数で除して算定すると，その保護率は約53.4‰と，日本人も含めた被保護者全体の保護率16.2‰の約３倍の水準となる。ただし，これをもって「外国人の方が安易に生活保護を受給している」といった言説に結び付けるのは短絡に過ぎる。むしろ，外国人の労働環境が概して日本人労働者よりも劣悪で不安定であり，国内労働市場からの排除を受けやすいことの裏付けとみるのが，実態に即しているものと思われる。

　なお，生活保護を受給する外国人の世帯類型を国籍別にみると，「韓国・朝鮮」の国籍保有者では「高齢者世帯」，「中国」の国籍保有者では「傷病者世帯」，「フィリピン」の国籍保有者では「母子世帯」，「ブラジル」の国籍保有者では「その他の世帯」が最多となっており，国籍による特色が明確に出ていることにも注目すべきである。

Ⅲ　大分外国人生活保護訴訟

　次に，永住外国人を含む外国人の生活保護法適用の有無について判断を下した初の最高裁判決である，大分外国人生活保護訴訟[14]の検討に移る。

---

13)　総務省行政評価局「生活保護に関する実態調査結果報告書」2014年８月。

14)　本判決の評釈として以下列挙する。三輪まどか「永住外国人と生活保護法の適用」社会保障判例百選〔第５版〕（2016年）160-161頁，永野仁美「外国人への生活保護法の適用又は準用を否定した事例（生活保護開始決定義務付け等請求事件）」季刊社会保障研究50巻４号（2015年）464-472頁，早川智津子「永住者の在留資格を有する外国人と生活保護法上の受給権」季労248号（2015年）183-192頁，渡辺豊「永住外国人に対する生活保護法の適用」新・判例解説 Watch（2015年）323-326頁，福田素生「永住的外国人も生活保護法の準用による法的保護の対象になるとし，同法４条３項に基づく急迫保護を開始すべきだったとして保護申請を却下した処分を取消した事例」季刊社会保障研究48巻４号（2013年）457-464頁，奥貫妃文「大分外国人生活保護訴訟最高裁判決の検証」賃社1622号（2014年）16-24頁，同「外国人の生活保護の法的権利に関する考察──福岡高裁判決（福岡高判平23・11・15）の意義と課題」賃社1561号（2012年）10-25頁。

外国人の生活保護受給権（奥貫）

図表3　第1審および第2審の請求事項および判決

請求事項	訴訟の種類	請　　求	第1審判決	第2審判決
① 本件却下処分の取消し	取消訴訟	主位的請求	ⅰ：生活保護法に基づく保護却下処分の取消しを求める部分と，ⅱ：行政措置として行われた保護申請却下処分の取消しを求める部分とに分割した上で，ⅰにつき棄却，ⅱにつき却下。	ⅰ：生活保護法に基づく保護却下処分の取消しを認容。ⅱについては却下。
② 生活保護開始の義務付け	義務づけ訴訟	主位的請求	却　下	却　下
③ 生活保護法による生活保護の実施	当事者訴訟	予備的請求（第1次）	棄　却	棄　却
④ 生活保護法による生活保護受給の地位確認	当事者訴訟	予備的請求（第2次）	棄　却	却　下
⑤ 通知に基づく生活保護の実施　※第2審で追加	当事者訴訟	予備的請求（第3次）		棄　却
⑥ 通知による生活保護受給の地位確認　※第2審で追加	当事者訴訟	予備的請求（第4次）		却　下

注記：被告（大分市）は，敗訴した「ⅰ：生活保護法に基づく保護却下処分の取消し」の部分について上告。
出典：筆者作成

1　事実の概要

　永住者の在留資格をもつ中国国籍の78歳（提訴当時）のX（原告）は，日本で生まれ育ち，中国に行ったことは一度もない。Xは中国国籍のAと1954（昭和29）年に婚姻し2人で飲食店を経営していたが，1978（昭和53）年頃Aが体調を崩して仕事を辞めたため，以後は，Xの義父所有の駐車場とA所有の建物の賃料収入等で生活していた。

　2004（平成16）年9月頃よりAは認知症のため入院し家を出ていた。その

後，2006（平成18）年4月頃以降，Aの弟BがX宅に転居してきたが，それ以来，XはBから頭を叩かれたり，暴言を吐かれたりしたうえ，預金通帳や届出印を取り上げられたため，Xは家を出て，2008（平成20）年以降入院していた。

2008（平成20）年12月15日，生活に困窮したXは，大分市福祉事務所長（以下，処分行政庁）に対し生活保護申請をしたが，処分行政庁は，XおよびA名義の預金残高が相当あることを理由に，同月22日付けで本件申請を却下した（以下，本件却下処分）。

2009（平成21）年2月6日，Xは本件却下処分を不服として大分県知事に対して審査請求をしたものの，知事は同年3月17日に，行政不服審査法上，不服申立ての対象は「処分」とされているところ，外国人に対する生活保護は法律上の権利として保護されたものではなく，本件却下処分は「処分」に該当しないとして，本件審査請求は不適法でありこれを却下する旨の裁決をした（以下，本件裁決）。

Xは，被告（大分市）に対し，主位的請求として，①本件却下処分の取消し（取消訴訟），および②保護開始の義務付け（義務付け訴訟）を請求し，さらに，予備的請求として，③生活保護法上の保護の給付（当事者訴訟），さらに予備的請求として，④生活保護法上の保護を受ける地位の確認（当事者訴訟）を請求した（図表3参照）。

2 第1審判決[15]

裁判所は，まず，在留期間を超過した状態にあるいわゆる「非正規滞在外国人」の原告の生活保護権をめぐる中野宋訴訟最高裁判決[16]を引用したうえで，「（憲法25条）の趣旨にこたえて具体的にどのような立法措置を講ずるかの選択決定は立法府の広い裁量に委ねられている」，「永住資格を有する外国人を保護の対象に含めるかどうかが立法府の範囲に属することは明らか」とするととも

---

15) 大分地判平22・10・18賃社1534号22頁。
16) 最判平13・9・25判時1768号47頁。なお本件はあくまでも判決文でいうところの「不法残留」の外国人に限定したうえでの判断であり，その射程は他の類型の外国人には及ばないと解されている。

に，堀木訴訟[17]を引用したうえで，「その立法府の選択決定は，それが著しく合理性を欠き明らかに裁量の逸脱・濫用とみざるを得ないような場合を除いては，違憲の問題は生じない」とした。生存権保障の責任は第一次的にはその者の属する国家が負うべきとし，永住資格を有する外国人を保護の対象に含めなかった生活保護法の規定が憲法25条に反するとはいえないと判断した。

外国人の保護申請は「生活保護法に基づく保護の開始申請」と「生活保護法に基づかない任意の行政措置としての生活保護の開始を求める趣旨の申請」の双方の趣旨を含むとし，却下決定はいずれの申請も却下したものであると判断したうえで，法を根拠としない行政措置には処分性はないとし，また，外国人への生活保護の実施の法的性質は「贈与」であるとし，本件では贈与の拒絶に当たる申請却下がなされたから，贈与契約は成立しておらず，原告に生活保護受給権はないとして，請求を棄却した。

3　第2審判決[18]

大分市福祉事務所長の生活保護法による保護申請却下処分を取り消すとの結論により，原判決が取り消され，その余の訴えは却下および棄却された。

生活保護法が「少なくともその立法当時」は生活保護受給権者の範囲を日本国民に限定していたことを前提に，昭和29年通知以来，外国人に対する生活保護が日本国民とほぼ同様の基準，手続により認められてきたことを踏まえ，難民条約加入及びこれに伴う国会審議を契機として，一定の範囲の外国人（永住的外国人）に対し，日本国民に準じた生活保護法上の待遇を与えることを立法府と行政府が是認し，これによって生活保護を受ける地位が法的に保護されるに至ったものと構成し，外国人も生活保護法の準用による法的保護の対象になると判断した。

4　最高裁判決

「本件通知（筆者注：昭和29年の厚生省社会局長通知のこと）は行政庁の通達であ

---

17)　最大判昭57・7・7民集36巻7号1235頁。
18)　福岡高判平23・11・15賃社1561号36頁。

シンポジウム　現代の生活保護の法的検討

り，それに基づく行政措置として一定範囲の外国人に対して生活保護が事実上実施されてきたとしても，そのことによって，生活保護法1条及び2条の規定の改正等の立法措置を経ることなく，生活保護法が一定の範囲の外国人に適用され又は準用されるものとなると解する余地はな」い。

「旧生活保護法は，その適用の対象につき『国民』であるか否かを区別していなかったのに対し，現行の生活保護法は，1条及び2条において，その適用の対象につき『国民』と定めたものであり，このように同法の適用の対象につき定めた上記各条にいう『国民』とは日本国民を意味するものであって，外国人はこれに含まれないものと解される。そして，現行の生活保護法が制定された後，現在に至るまでの間，同法の適用を受ける者の範囲を一定の範囲の外国人に拡大するような法改正は行われておらず，同法上の保護に関する規定を一定の範囲の外国人に準用する旨の法令も存在しない。したがって，生活保護法を始めとする現行法令上，生活保護法が一定の範囲の外国人に適用され又は準用されると解すべき根拠は見当たらない」。

「本件通知を根拠として外国人が同法に基づく保護の対象となり得るものとは解されない。本件通知は，その文言上も，生活に困窮する外国人に対し，生活保護法が適用されずその法律上の保護の対象とならないことを前提に，それとは別に事実上の保護を行う行政措置として，当分の間，日本国民に対する同法に基づく保護の決定実施と同様の手続きにより必要と認める保護を行うことを定めたものであることは明らかである」。

「外国人は，行政庁の通達等に基づく行政措置により事実上の保護の対象となり得るにとどまり，生活保護法に基づく保護の対象となるものではなく，同法に基づく受給権を有しないものというべきである」。

「なお，原判決中上記請求に係る部分以外の部分（被上告人敗訴部分）は，不服申立てがされておらず，当審の審理の対象とされていない」。

IV 検 討

1 行政措置と司法統制

　まずは，外国人の生活保護に関する行政措置における司法統制の関係について改めて考察してみたい。最高裁は，昭和29年通知に基づく外国人への生活保護の実施の性質について，「行政措置による事実上の保護の対象」と位置づけるにとどまり，生活保護法に基づく受給権を有するものではないと結論づけた。その根拠として，生活保護法の対象を一定の範囲の外国人に拡大するような法改正は行われておらず，当該外国人に同法が適用または準用されると解する根拠が見当たらないということを挙げている。[19]

　しかし，昭和29年通知の文言を見ると，「当分の間，生活に困窮する外国人に対しては，一般国民に対する生活保護の決定実施の取扱に準じて左の手続により必要と認める保護を行うこと」としており，実質的に60年以上もの間，本件通知に基づく生活保護行政が実施されてきたという揺るぎ難い事実がある。この継続性，安定性というものを最高裁は軽視しているのではないかと思わざるを得ない。

　なお，本通知内の「運用指針問6」では，日本国籍保持者と外国籍者との間で，「保護の内容等については，別段取扱上の差等をつけるべきではない」とも記されている。すなわちこれは，厚生省社会局つまり国が，地方公共団体に宛てて「日本国籍保持者が適用される生活保護法による保護内容と同じ内容を外国籍者にも保障すること」を指示したものだと読み取れる。[20]

　上記の点から考えると，昭和29年通知の存在を生活保護法から厳然と切り離

---

19)　なお，本判決の判決文で用いられている「準用」という言葉は，従来の外国人の生活保護の実施に際して用いられる「準用」（すなわち「適用」とは別の効果が生じる行政通達によるものとして把握する）とは根本的に異なる意味（「適用」と同じ効果を生じさせるものとして把握する）であることに注意が必要である（永野・前掲注14）論文467頁）。

20)　2000（平成12）年の地方分権一括法の制定により，生活保護事務は機関委任事務から法定受託事務に代わり，国の包括的指揮監督権は廃止されたが，昭和29年通知は制定当初の「国（厚生省社会局）から地方公共団体（都道府県知事）宛て」という形式を変えていない。

し，法解釈を避けた最高裁の姿勢はあまりにも形式的，消極的に過ぎるのではないかと思わざるを得ない。

また，判旨通りに「行政措置」を実施する場合であったとしても，行政の完全な自由裁量権の下に置かれると解することは不適当であると考える。行政の裁量権の行使を統制するうえにおいて，権利濫用禁止原則，平等原則，比例原則，配慮義務といった，行政法関係における基本的な機能を有する法理に基づかなければならない。

なお，昭和29年通知には，「不服申立できない」と記してはあるが，裁判ができないとは言っていない。昭和29年通知とは，国から地方への指示により，保護の内容等については日本人と差をつけるべきでないとして厳密に実施されているもので，しかも60年近く継続して安定しているものである。かような通知に基づく外国人への生活保護行政を，司法が「行政庁の通達等に基づく行政措置により事実上の保護の対象となり得るにとどまり」として判断をしないのは疑問が残る。なお，生活保護制度に関するものではないが，中央労基署長（労災就学援護費）事件においては，要綱に基づく制度の不支給に処分性を認めている[21]。本件においても，外国人に対する生活保護行政分野の実態について，司法が判断すべき事柄ではなかっただろうか。

2 要綱給付としての準用の可能性

「準用」が長きにわたる継続性と安定性を有する制度として定着しており，実際の扱いにおいて要保護状態にある日本国籍保持者と差がない実態を重視したうえで，生活保護法と昭和29年通知はもはや一体のものとなって，「要綱」としての外部効果を有すると解する余地もあるのではないだろうか。この点について，たとえ「準用」が処分性を伴わない要綱給付であると考えたとしても，生活保護法を行為準則として，平等原則や比例原則に則って行政裁量の制限がなされうるとの見解があるが[22]，筆者も同意するところである。

---

21) 最判平15・9・4判時1841号89頁。
22) 清水泰幸「生活保護法『準用』の法的性質と当事者訴訟における確認の利益──平成22・10・18大分地裁判決の検討」賃社1562号（2012年）20-22頁。

これまで述べてきたように，外国人に対する生活保護実施の実態は，日本人のそれに対するものと何ら変わるところがない。生活保護開始後の指導・指示に従う義務，これに従わない場合の保護の廃止（生活保護法27条，62条），支給された保護費の返還（同63条）や不正受給に対する制裁（同78条，刑法246条）等異なる点はないのであり，こうした実態を軽視すべきではなかろう。

3　むすびにかえて──「国民」の定義もしくは射程範囲の捉え直し

現行の生活保護法が制定されてから現在に至るまで，生活保護法1条や2条の文言を見直す法改正はなされていないことは事実である。

しかしながら，生活保護法において，改正がなされなかった理由は，昭和29年通知により，実質的に自国民と同じ取扱いで生活保護の措置を実施し，予算上も自国民と同様の待遇をしていたので，生活保護法を見直さなくても難民条約等への加入に支障がないと考えられたことによることは明らかである。

この点，福岡高裁判決が，「生活保護法が『少なくともその立法当時』は生活保護受給権者の範囲を日本国民に限定していたことを前提に，昭和29年通知以来，外国人に対する生活保護が日本国民とほぼ同様の基準，手続により認められてきたことを踏まえ，難民条約加入及びこれに伴う国会審議を契機として，一定の範囲の外国人（＝永住的外国人）に対し日本国民に準じた生活保護法上の待遇を与えることを立法府と行政府が是認し，これによって生活保護を受ける地位が法的に保護されるに至ったもの」と解したことは，実態に則した判断であると考える。

ちなみに，老齢加算の減額・廃止決定の取消を請求した京都老齢加算訴訟の[23]原告のうち1名が永住者の在留資格をもつ外国人（韓国・朝鮮籍）であったが，第一審判決では，「国籍を理由に本件処分の処分性が否定されることはなく，審査請求の前置に欠けるところもない。また，国が永住者に生活保護を実施してきたこと，原告が永住者として生活保護を受けてきたこと等の経緯などに照らせば，原告の国籍を理由に，本件の原告Cの各請求につき，原告適格が否定されることもない。」との判断をくだしており，他の日本国民の原告ら

---

23)　京都地判平21・12・14裁判所ウェブサイト裁判例情報掲載。

と全く同じ扱いをしていることは注目すべきことである。従来の外国人の生活保護準用に対する見解とは異なるものであり、いわば「生活保護制度における内外人平等原則」の言語化とも思われる。結局のところ、本件訴訟は最高裁判決においては、当該原告の国籍について言及されることがなかったのであるが、大分訴訟との整合性において重大な課題を残したものといえる。[24]

外国人を生活保護制度から明確に排除しようとする意図のもとで、これまで生活保護法の改正がなされなかったわけではない。したがって、法令の見直しがなされていないことをもって、直ちに外国人への生活保護法の適用または準用を否定する根拠とはならない。さらにいえば、生活保護法を変えることなく、現行法の「国民」に外国人も含まれると解釈する余地は十分あるものと考える。

【追　記】

本報告において、フロアから実に多くの質問が寄せられた。本テーマの関心の高さを実感した次第である。なお、質問で複数寄せられたのが、「難民条約や社会権規約、世界人権宣言等国際条約との関係」についてであったが、報告時間の制約上、国際条約の検討は対象外とせざるを得なかった。質問を下さった方々にこの場を借りて、御礼申し上げると共に、今後の研究課題として取り組んでいくことを付け加えておきたい。

---

24)　最判平26・10・6賃社1622号40頁。

生活保護基準と行政裁量

豊 島 明 子
（南山大学）

I　はじめに

　生活保護法（以下，「法」）の下，厚生労働大臣に授権された生活保護基準（以下，「保護基準」）の設定をめぐり，これまで，「健康で文化的な最低限度の生活」水準を満たしているか，また，これを定める大臣の裁量権行使がいかなる場合に違法となるかが論じられてきた。朝日訴訟がその原点であることは，言うまでもない。近年，2004年度から 3 カ年にわたり段階的に行われた老齢加算廃止や，2013年 8 月から以後 3 カ年にわたる生活扶助基準引き下げ等，保護基準の見直しが進む一方，保護基準設定裁量の司法審査において判断過程審査の手法が用いられ，判例に新たな動きが見られる。本報告は，このような現状を踏まえ，大臣の保護基準設定裁量の法的統制のあり方を司法審査の観点から検討する。論題の中心は，保護基準設定裁量の司法審査であるが，保護基準の法的規律のあり方についても，この論題に関わる限りで触れることとする。

---

1)　判断過程審査は，判断過程統制とも呼ばれ，裁量判断の結果ではなく過程に着目した審査を行う手法である。その特徴を端的に示す橋本博之「行政裁量と判断過程統制」同『行政判例と仕組み解釈』（弘文堂，2009年）149-150頁は，行政決定に係る考慮要素を解釈論的に抽出した上で，それらの考慮のされ方に着目しながら，当該決定に至る判断形成過程の合理性につき追行的に審査するという解釈技術的特色を持つ裁量統制手法」とする。

II 判例の展開

1 行政裁量の司法審査を見る視点

本節では，保護基準設定裁量の司法審査について，判例の展開を確認する。まず，その前提事項として，行政裁量の司法審査について，その一般的な在り様を整理しておきたい。

行政庁の裁量判断の適否が争われる際，その司法審査は通常，①裁量権の性質確定，②裁判所による審査手法の選択（その際，司法審査の密度も決せられていると思われる），③②の審査手法の当該事案への当てはめ，の順に行われ，これが裁量審査の一般的な基本構造である。したがって，保護基準設定裁量に対する司法審査を論じる際には，この①〜③の各要素を見る視点が重要となる。

このうち②の審査手法は，従来，審査の手法と密度とを連動させて捉える傾向があった。つまり，審査密度としては，大別して，最小限審査・中程度の審査・最大限審査の３段階があり，各段階に適合する審査手法が措定された。最小限審査は，審査密度が最も低く，審査手法としては「社会観念（または社会通念）上妥当を欠く（または著しく妥当を欠く）」場合に裁量権逸脱濫用による違法を認める，いわゆる社会観念審査が念頭に置かれた。一方，最大限審査は，審査密度が最も高く，判断代置審査がここに置かれる。判断代置審査は，裁判所が，行政と同じ立場に立っていかなる行為をすべきであったかを見出し，その結論と現にされた行政活動とを対比して双方が同一なら適法，異なれば違法と結論づける手法であり，全面的審査とも呼ばれる。そして，これらの中間にあるのが中程度の審査であり，従来ここに，判断過程審査が位置づけられた。

しかし，このような審査密度の３段階と審査手法を連動させる従来のモデルは崩れつつある。その要因の一つは，裁判所が様々な事案で判断過程審査を用

---

2) 小早川光郎『行政法講義 下Ⅱ』（弘文堂，2005年）195-199頁参照。
3) さらに，社会観念審査の変容も，その要因の一つと言える。これは，社会観念審査を比例原則や判断過程審査と結合して用いる判例が，審査密度を向上させていることによる。榊原秀訓「行政裁量の『社会観念審査』の審査密度と透明性の向上」紙野健二・白藤博行・本多滝夫編『室井力先生追悼論文集 行政法の原理と展開』（法律文化社， ↗

いるにつれてその手法が多様化した結果，判断過程審査における審査密度が流動化してきたためである。こうして現在，判断過程審査は，少なくとも，①形式的考慮要素審査（要考慮事項の不考慮，考慮すべきでない事項の考慮を審査），②実質的考慮要素審査（要考慮事項の考慮比重の歪みを審査），③判断過程合理性審査（調査・審議過程の過誤・欠落を審査）の３類型に整理できる。[4]

2　朝日訴訟と堀木訴訟の最高裁判決が用いた裁量審査

朝日訴訟最高裁判決（最大判昭42・5・24。以下，「朝日訴訟最判」）は，「健康で文化的な最低限度の生活」の「具体的内容」は「多数の不確定的要素を綜合考量してはじめて決定できる」とし，「いわゆる生活外的要素」として判決が列挙したような「諸要素を考慮することは，保護基準の設定について厚生大臣の裁量のうちに属すること」であるとし，「その判断……は，法の趣旨・目的を逸脱しないかぎり，……違法の問題を生ずることはない」と判示していた。

では，堀木訴訟最高裁判決（最大判昭57・7・7。以下，「堀木訴訟最判」）はどうであったか。[5] 堀木訴訟最判は，「健康で文化的な最低限度の生活」の「具体的内容」は，「その時々における文化の発達の程度，経済的・社会的条件，一般的な国民生活の状況等との相関関係において判断決定されるべきもの」とし，これ「を現実の立法として具体化するに当たっては，国の財政事情を無視……でき」ず，「多方面にわたる複雑多様な，しかも高度の専門技術的な考察とそれに基づいた政策的判断を必要とする」と判示していた。

このような朝日・堀木訴訟の両最判からは，以下の特徴が確認できる。まず，朝日訴訟最判は，多様な考慮要素の考慮につき広い裁量を認めており，堀木訴訟ほどではないが，低い審査密度を採用する。一方，堀木訴訟最判は，多様な考慮要素の考慮を要するとした点は朝日訴訟と同様であるが，各考慮要素

＼2012年）117-138頁参照。
4）　この３類型の名称は，論者により区々であるが，本報告は，村上裕章教授の整理に依拠した。同「判断過程審査の現状と課題」法時85巻2号（2013年）10-16頁等参照。
5）　ここで堀木訴訟最判を扱うのは，行政裁量に係る事件ではないが，憲法25条の具体化に係る裁量審査の事件としての共通点を持ち，後に見る老齢加算訴訟最高裁判決でもこれが参照されたため（その適否は別として），ここでその特徴を確認する趣旨である。

について特段の序列をつけない朝日訴訟とは異なり，「相関関係」の観点や「国の財政事情」の比重を高めているように見える点で，憲法25条の具体化に係る判断過程についてやや踏み込んだ枠づけをするとともに，憲法25条を具体化する裁量権の性質について，専門技術性と政策性の双方に言及し，裁量権逸脱濫用について「著しさ」や「明白性」を求めた。他方，朝日訴訟最判は，広い裁量を認めつつも，「現実の生活条件を無視して著しく低い基準を設定する等」と述べて裁量判断の結果次第で違法となる余地を肯定した。以上の点から，堀木訴訟最判は，立法裁量の事案であったという事情も手伝ってか，極めて低い審査密度での審査にとどまったと考えられる。

3　老齢加算訴訟最高裁判決における裁量審査

　次に，老齢加算訴訟の最高裁判決（最判平24・2・28および最判平24・4・2。以下，前者を「東京事件最判」，後者を「福岡事件最判」，両判決を総称して「老齢加算訴訟最判」）における審査の在り様を確認する。老齢加算訴訟最判を，先に整理した裁量審査の基本構造に照らすと，以下の特徴が確認できる。第1に，堀木訴訟と同様，裁量権の専門技術性と政策性を認めている。第2に，やや複雑な構造であるが，次の2つの審査手法が組み合わされている。東京事件最判に即して言えば，その第1は，「改定後の生活扶助基準の内容が高齢者の健康で文化的な生活水準を維持するに足りる……とした……大臣の判断に，最低限度の生活の具体化に係る判断の過程及び手続における過誤，欠落の有無等の観点からみて」裁量権逸脱濫用があるか，第2は，「加算の廃止に際し激変緩和等の措置を採るか否か……の方針及びこれを採る場合において現に選択した措置が相当……とした……大臣の判断に，被保護者の期待的利益や生活への影響等の観点からみて」裁量権逸脱濫用があるか，である。前者は判断過程合理性審査に相当し，後者は結果に着目した審査に相当するとも言えようが，その際「期待的利益」や「生活への影響」に着目することから考慮要素審査の範疇にあると捉えられ，総じて，判断過程審査が用いられたと言える。

　さらに，老齢加算訴訟最判は，老齢加算訴訟福岡事件控訴審判決（福岡高判平22・6・14）と比べると，その特徴がより鮮明となる。同判決は，実質的考

慮要素審査を用いて，大臣の判断過程における重要な要考慮事項として，①「老齢加算の廃止という方向性」，②「本件ただし書」の内容，③「激変緩和措置」を挙げ，これらを大臣が本来あるべき比重に即して考慮したかを審査した。他方，最高裁は，判断の過程と手続における過誤欠落の有無と，被保護者の期待的利益や生活への影響等の観点から見た裁量審査を行った。その際，「統計等の客観的な数値等との合理的関連性」と「専門的知見との整合性の有無等」を審査すべきとし，私見によれば，これらの事項が導き出される根拠を「それまで……の経緯等」に見出したがゆえに，審査密度を十分に高められなかった。

Ⅲ　裁量審査の論点

1　裁量の性質論

Ⅱ1のとおり，裁量審査のあり方を左右する入り口問題に，裁量権の性質の把握がある。この点について老齢加算訴訟最判は，大臣の裁量権を専門技術的かつ政策的な性質であるとした。老齢加算訴訟最判が審査密度を高められなかった要因は，この点にも見出されよう。ただし，このように裁量権に専門技術性と政策性の双方を認めうるとしても，両性質の相互関係については検討を要する。なぜなら，保護基準が現在の日本社会における人間の健康で文化的な生活の最低限の水準を画する基準である点に鑑みれば，その判断においては，専門技術性の占める比重の方が相対的に大きいと解するのが相当だからである。

2　あるべき審査手法

保護基準を決める行政判断は，多様な要素を考慮して行うべきものであるから，その裁量審査の方法として判断過程審査を用いること自体は至極当然であろう。しかしその際，いかなる判断過程審査を用いるかは問題である。上述の

---

6)　この点は，豊島明子「行政立法の裁量統制手法の展開——老齢加算廃止訴訟・福岡事件最高裁判決を念頭に」法時85巻2号（2013年）29-34頁において指摘した。

ように老齢加算訴訟最判は，加算の要否の判断については判断過程合理性審査を，廃止に係る手段選択の判断については考慮要素に着目した審査を，それぞれ用いたが，福岡事件控訴審のように，下級審においては審議会の検討過程を踏まえた実質的考慮要素審査による判断を行うものも存在したからである。

　これらを踏まえると，いかなる判断過程審査を用いるかは，少なくとも，保護基準に係る行政判断において採られた意思決定過程の構造に即して決められるべきであり，その際には，いかなる審査密度を備えた審査を行うべきかにも留意が必要であろう。審査密度の水準が不適切なままでは，老齢加算訴訟最判のように，大臣の判断の追認との懸念を拭いきれないからである。[7]

3　審査密度向上の裏づけ

　さて，すでに裁量審査における審査密度の適切な設定が重要である旨を述べたが，裁判所は行政活動の適否を当不当ではなく適法違法の次元で審査するのであるから，当然ながら，審査密度の設定にはその法的裏づけが必要となる。この点について，行政法学説では次のような見解が示されてきた。その一つは，「裁判所は，……判断代置の方法を取るか，最小限審査のみとするか，それとも中程度の審査によるかという，審査手法の使い分けを行っている。……これらの審査方法の選択に当たっては，一般に，立法規定の体裁や，制度全体の趣旨や，当該処分の関係者に対する効果ないし影響の態様等々が考慮されているように見える」[8]とするものである。また，「当事者の基本的人権や重大な権利利益に係わるような行政の裁量的決定においては裁判所の積極的な審査が求められ，このような場合には最高裁も，実質的社会観念審査の枠組みで，考慮要素の選択や判断過程の合理性について深く審査する傾向にある」[9]とするも

---

　7)　塩野宏『行政法Ｉ〔第6版〕』（有斐閣，2015年）109頁は，「本件においては，判断過程の統制といっても，形式的審査に限定しているので……，結局のところは，行政権の判断の追認にとどまるとの批判をまぬかれないように思われる」と言う。他方，常岡孝好「判批」民商148巻2号（2013年）58頁は，老齢加算訴訟福岡事件最判について，堀木訴訟最判のような「不合理の顕著性及び明確性を必ずしも要求しておらず，その分，審査密度の若干濃い審査手法である」と言う。

　8)　小早川・前掲注2）198頁。

　9)　曽和俊文『行政法総論を学ぶ』（有斐閣，2014年）211頁。

のもある。

これらの見解も踏まえると，保護基準設定裁量の審査密度については，少なくとも次の３つの論拠による密度向上が要請されよう。第１は，それが生存権保障に係る事項であること，第２に，引き下げ改定においては，最高裁も述べたように，特に期待的利益の配慮が求められること，である。そして，「最低限度の生活の需要を満たすに十分なものであ」ること（法８条２項），必要即応の原則（法９条），および不利益変更禁止原則（法56条）の諸規定も，審査密度向上の論拠たりうる。[10]以上の３点に基づけば，前述の審査密度のうち，少なくとも中程度の審査が求められるとの解釈論は，成立しえよう。

4　判断過程における考慮要素

判断過程審査は，裁判所が，行政の判断過程における要考慮要素（要考慮事項）を抽出・選定し，判断過程における考慮遺脱や他事考慮がないか，考慮すべき比重に応じて考慮したかを審査する手法であり，考慮要素の抽出・選定や考慮比重が明確化されるほど，審査密度向上へと至る手法である。ここで重要なのは，判断過程審査における要考慮要素が「解釈論的に抽出」[11]されるべきものであり，本来，法によって導かれねばならないとされてきた点である。

この点について老齢加算訴訟最判は，すでに見たように，「経緯等に鑑みると」と述べ，従来の保護基準設定の際にそのように行われてきたという歴史的事実ないし慣行に照らし，審査の「観点」を導いた。しかし，判断過程審査の本来的な形からすれば，まずは法８条２項に基づき，判断過程における要考慮要素が見出されるべきであった。すなわち，同条項から出発し，「年齢」，「性別」，「世帯構成」，「所在地域」，その他保護の種類に応じて考慮すべき「必要な事情」といった諸要素，また，最低限度の生活需要を満たすに「十分」であること，これを「こえるものでないこと」も，併せて考慮されなければならない。したがって，まずは法に基づき求められる考慮要素を解釈論的かつ個別具

---

10) たとえ９条や56条を個々の保護の決定・実施を規律するにすぎず保護基準には直接適用されないと解する場合でも，これらが法に置かれた趣旨は無視しえないと思われる。
11) 橋本・前掲注１）149-150頁参照。

体的に明らかにし，それらが適切に考慮されたかが審査されるべきであったと思われる。この点について，老齢加算訴訟最判は，法の解釈としていかなる考慮要素を導きうるかの具体的検討をせず，「専門委員会」が用いた特別集計等の統計や資料等に基づく判断過程[12]に「統計等の客観的な数値等との合理的関連性や専門的知見との整合性に欠けるところはない」とし，大臣の「判断の過程及び手続に過誤，欠落があると解すべき事情はうかがわれない」と結論づけたにとどまった。この点に関しては，法9条が「個人又は世帯の実際の必要の相違を考慮」すべきとする点のほか，法12条1号が「衣食その他日常生活の需要を満たすために必要なもの」とする点も留意されるべきであろう[13]。

　以上の検討の結果，老齢加算訴訟最判は，判断過程審査を用いた点においては審査手法に関して判例の積極的展開があったと評価しうる反面，審査密度の点では従前の判例の水準に比してさほど進展がなかったと言わざるをえない。このような判例状況が支配する中，現在，生活扶助基準の引き下げをめぐり，全国各地で訴訟が提起されている。また，今後もさらなる基準改定が見込まれる現実もある。そこで次に，2013年8月から行われた生活扶助基準引き下げも射程に入れて，保護基準設定裁量の司法審査に関するさらなる検討を進める。

IV　生活保護基準改定の判断過程

1　生活扶助基準引き下げの判断過程
　2013年8月から実施された生活扶助基準の引き下げについて，新聞報道や審

---

12)　具体的には，「無職単身世帯の生活扶助相当消費支出額を比較した場合，いずれの収入階層でも70歳以上の者の需要は60ないし69歳の者のそれより少ないこと」，「70歳以上の単身者の生活扶助額〔老齢加算を除く〕の平均は，第〈1〉―5分位の同じく70歳以上の単身無職者の生活扶助相当消費支出額を上回っていたこと」等が考慮された過程である。

13)　法8，9条および12条1号の「規定の趣旨」を「より具体的な『最低限度の生活の需要』を要考慮事項として位置づけること」にあると説く，前田雅子「保護基準の設定に関する裁量と判断過程審査」曽和俊文ほか編『芝池義一先生古稀記念　行政法理論の探究』（有斐閣，2016年）331頁参照。また，「生活実態ないし需要がどのように考慮されたかが（その調査不尽も含め）問われるべき」ことを説く，前田雅子「判批」『ジュリスト臨時増刊・平成24年度重要判例解説』（有斐閣，2013年）40頁も参照。

議会の記録等をもとに，その経過を確認すると，およそ以下のとおりである。

　まず，2012年12月の第46回衆議院議員総選挙での自由民主党マニフェストにおいて「生活保護費（給付水準の原則1割カット）」という政策目標が掲げられ，この選挙で自由民主党は圧倒的勝利をおさめ，第2次安倍政権（2012年12月26日〜）が発足した。その後，具体的な引き下げの検討は，社会保障審議会生活保護基準部会（以下，「基準部会」）において行われ，2013年1月18日には「社会保障審議会生活保護基準部会報告書」がとりまとめられ，そこでは，第1—10分位との比較による検証がなされていた。そして2013年1月27日，「平成25年度厚生労働省予算案」が発表され，「生活扶助基準について，社会保障審議会生活保護基準部会の検証結果を踏まえた年齢・世帯人員・地域差の3要素による影響を調整するとともに，平成20年以降の物価下落を勘案して見直す。その際，生活保護受給者や地方自治体への周知等に要する期間を考慮し，平成25年8月から3年程度で段階的に行うなどの激変緩和措置を講じる（国費への影響額は3年間で約670億円程度）」ことが明らかにされた。ここでは，先行する基準部会での検証結果のほか，2008年以降の物価下落も考慮され，また，激変緩和措置についても検討された。この「物価下落」は，「生活扶助相当CPI」と呼ばれる資料により算定された物価動向が考慮されたものである。

　この結果として行われた生活扶助基準引き下げにおける考慮要素は，第1に，基準部会が一般低所得者世帯の消費実態と比較した検証結果（いわゆる「ゆがみ調整分」），第2に，厚労省が独自に算定した物価下落率（いわゆる「デフ

14）　自由民主党は，過半数（241議席）を大きく上回り，290議席台に達した。
15）　報告書は，「平成21年全国消費実態調査の特別集計等のデータを用いて，国民の消費動向，特に一般低所得世帯の生活実態を勘案しながら，生活扶助基準と一般低所得者世帯の消費実態との均衡が適切に図られているか否か等について，検証を行った」とする。
16）　CPI（Consumer Price Index）は，総務省が作成し公表する消費者物価指数（家計の消費構造を一定のものに固定し，これに要する費用が物価の変動によりどう変化するかを指数値で示したもの）であるのに対し，「生活扶助相当CPI」は，総務省の消費者物価指数を基に，全ての消費品目から①生活扶助以外の他扶助で賄われる品目（家賃，教育費，医療費等），および②原則として保有が認められておらずまたは免除されるため被保護世帯において支出が想定されない品目（自動車関係費，NHK受信料等）を除いて算出した消費者物価指数（生活扶助に相当する品目を対象とする消費者物価指数）である。

レ分調整」）であった。そして，総額670億円の引き下げの内訳は，「ゆがみ調整分」相当額が90億円，「デフレ調整分」相当額が580億円と説明されている。ただし，基準部会の検証結果に基づく数値は「2分の1」に圧縮して適用されており，これについて厚労省は「激変緩和」のための対応である旨を説明しているとの事情が，新聞報道等[17]により伝えられている。

2 審議会手続の位置

また，老齢加算廃止に至る判断過程からは，国の予算編成過程と「専門委員会」の関係も問題となる。予算編成過程が専ら政策裁量に基づく判断過程であるとすれば，政策裁量と専門技術裁量の比重が問題になると思われる。そして，生活扶助基準引き下げに焦点を当てると，基準部会が厚労大臣の判断過程においていかなる位置を占めるか，という問題も浮上する。その位置づけ方次第では，判断過程における要考慮要素（または重要な考慮要素）であるはずの「報告書」の過小考慮の問題が生じうる。この問題提起が正当であるとすれば，大臣が「デフレ調整分」として考慮した物価下落率の考慮は，重要でない考慮要素（または考慮すべきでない考慮要素）の過大考慮（または他事考慮）の懸念も生じうる。また，「生活扶助相当CPI」の算定方法については，統計それ自体の判断過程への疑義がすでに指摘されている[18]。またさらに，基準部会の検証結果が「2分の1」だけ考慮された点については，他事考慮（または要考慮事項の過小考慮）の懸念も生じうる。仮にこのように言えるとすれば，以上の諸点により裁量権逸脱濫用が認められ，この生活扶助基準の引き下げは違法で

---

17) 北海道新聞2016年8月23日は，「北海道新聞が情報公開制度を利用して入手した内部資料によると，厚労省はこの基準部会の数字を『2分の1』に圧縮して実施した。数値をそのまま適用して是正すると，減額幅が10％を超える世帯が出るため，激変緩和のため半分にしたと説明する。」と報じた。この点については，本田良一「戦後最大の生活保護基準の引き下げはどう決定されたのか——厚労省内部資料から見えた舞台裏」世界2017年4月号231-242頁も参照。

18) 生活扶助相当CPIが総務省の計算方法とは大きく異なるために物価下落率が過剰に大きく算出された旨を指摘する，白井康彦『生活保護削減のための物価偽装を糺す！』（あけび書房，2014年）参照。また，本田・前掲注17) 237頁は，「デフレ分」の考慮について，「そもそも保護基準に物価下落率を反映させることは妥当なのか」と疑問を述べる。

あるとする立論も，成立しうるように見える。

　ただし，このような立論を行うには，大臣の判断過程における審議会手続の法的位置づけが問題であろう。現行法上，保護基準設定手続は何ら法制化されておらず，何の規範的前提もなしに，大臣の判断過程において審議会手続が用いられたことのみをもって，審議会の意思を十分考慮すべきとまでは言い難いからである。しかし，保護基準設定裁量の性質について，前述のように専門技術性の比重を大きく捉えるべきとの立場を採ると，その法的根拠の有無はともかく，現実に審議会手続が用いられた法的意味をそれ相応に見出し，当該手続を経て審議会が示した見解については判断過程における要考慮要素としての比重を相対的に大きく捉えることも可能となろう。この点について，老齢加算訴訟福岡事件最判は，原審とは対照的に，「そもそも専門委員会の意見は，厚生労働大臣の判断を法的に拘束するものではなく，また，社会保障審議会（福祉部会）の正式の見解として集約されたものでもなく，その意見は保護基準の改定に当たっての考慮要素として位置付けられるべきものである」とした。これは，審議会手続の法的位置づけの比重を軽く見る一方，政策性の比重を相対的に重く見た結果であったと考えられる。

V　生活保護基準と専門性・民主性

1　基準設定に係る手続的規律

　現在，保護基準設定に係る実体的要件としては直接には法 8 条 2 項があるのみであり，基準設定に係る手続的規律も極めて不備な状況がある。このような法状況は，それほどに大臣の裁量権が広範であることの証左とも言えようが，しかし，いみじくも最高裁が指摘したように，この裁量権は専門技術的かつ政策的な性質を併有するのであるから，その法的実現のためには，少なくとも専門技術性確保のための制度設計が，必要不可欠な法的要請となると思われる。

　この点に関しては，専門技術的裁量の司法審査の事件として最高裁がすでに判断過程合理性審査を用いて審査していた原子炉設置許可と教科書検定の場合にはいずれも手続的規律が法令上定められていたことに鑑みると，そこにおけ

シンポジウム　現代の生活保護の法的検討

る専門技術性の内容は異なるものの，行政の裁量権に専門技術性が認められる場合には，法令上一定の手続的規律を行うことが求められ，その裁量判断の結果として重要な権利利益への影響が及びうる場合であれば，それはなおさらであろう。ここには，審議会の設置根拠，権限事項，審議会手続の立法化をめぐる諸課題が見出される。これらの課題に関してはさらなる検討を要するが，法令上何らの手続的規律もないままに専門技術性が容認されてきた保護基準設定裁量は，行政の有する裁量権の中でも，相当に特異な性質を持つ裁量権であるとの認識から出発することが肝要であるとさえ思われる。

　また，保護基準設定手続の欠如の問題に関連して，行政手続法第6章の意見公募手続を適用除外する運用がなされてきた現状に対する批判的学説が存することも，ここで付言しておきたい。[20]

2　基準改定手続と予算編成過程

　老齢加算廃止へと至る過程がそうであったように，保護基準は厚生労働大臣により定められるとはいえ，その判断過程では，財務省との間での折衝過程が経られる。これは，保護基準設定が予算措置を伴う行政決定である以上当然のことと言えるが，保護基準設定裁量に判断過程審査を適用する場合，厚労大臣の権限事項に係る予算編成過程をいかに扱うべきかという論点を浮上させる。

---

19)　伊方原発訴訟最高裁判決（最判平4・10・29）は，原子炉設置許可の違法性について，当時の核原料物質，核燃料物質及び原子炉の規制に関する法律24条2項が内閣総理大臣に原子力委員会への意見聴取義務を定め，これを尊重して判断すべき旨を定めていたことを踏まえ，裁量権の科学技術的な意味合いでの専門技術性を前提とした審査を行った。また，家永教科書検定第三次訴訟最高裁判決（最判平9・8・29）は，文部大臣（当時）の判断を「学術的，教育的な」意味合いでの専門技術的裁量と捉え，これを前提とした審査を行った。当時，教科書検定の審査基準と手続は省令と告示に規定され，そこにおける法律の委任の不備をめぐる問題は存したものの，法令上，実体および手続の双方について一定の規律が及んでいた。

20)　原田大樹『例解行政法』（東京大学出版会，2013年）266頁は，保護基準が行政手続法39条4項3号に該当すると取り扱われていることについて，「同号は補助金要綱等を念頭に置いたもので，予算が国会の議決を経ていることから国会の意思を重視する趣旨で定められているものとされる……。生活保護給付は予算に基づく給付と異なり，法律で請求権として構成され，国庫負担義務も法定されている（生活保護法75条1項）。こうした点からすれば，生活保護基準を行政手続法の意見公募手続の適用除外とする現在の運用には疑問がある」とする。

この点を考えてみると，予算編成は政策裁量問題と見て差し支えないとすれば，この過程における手続（＝審議検討の内容や手順）を判断過程審査を用いて追行的に審査することは困難と言うほかないであろう。そうすると，厚労大臣固有の判断過程（この過程は，その大半が専門技術的裁量に属する判断過程として把握されよう）については判断過程審査を用いて審議検討過程を丸ごと追行的に審査するとともに，この過程とは別に行われた，厚労大臣が財務省との間での折衝を経て行うに至る最終判断の結果（ここでは手続ではなく結果）につき審査を及ぼすことは，裁量審査の枠内でも可能であると思われる。

このとき，もしも審議会手続の法的規律が存するならば，審議会の結論（報告書）と大臣の最終判断との齟齬や乖離について審査する方法が開かれうるであろう。そうすると，その審査手法は，少なくともこの部分に関する限り，実質的考慮要素審査（報告書が提示した事項の不考慮または過小考慮，報告書で示された重要な事項の過小考慮，報告書において相対的に重要視されていない事項の過大考慮による裁量権逸脱濫用の審査）を用いることができ，審査密度向上へと繋がりうると思われる。

ただし，以上のような立論は，大臣が有する裁量権のうち専門技術性の側面が政策性の側面よりも優るとの前提に立たなければ成立しない議論であり，これへの異論も想定されよう。しかしながら，前述のように，これが健康で文化的な最低限度の生活の水準を決するものである以上，保護基準設定において専門性の観点が重視されるべきこと自体は，さほど無理な立論とは言い難い。

3　生活保護基準と法治主義

最後に，保護基準の法的規律についても若干の論及を行いたい。すでに，学説上，保護基準について現行法の水準を超える法定化を進めるべきとする立場は，支配的であると言っても過言ではない。[21] 前述のように，司法における審査

---

21)　前田雅子「生存権の実現にかかわる行政裁量の統制」社会問題研究46巻2号（1997年）5-7頁，菊池馨実『社会保障法制の将来構想』（有斐閣，2010年）188-189頁，阿部和光『生活保護の法的課題』（成文堂，2012年）256-258頁，木下秀雄「最低生活保障と生活保護基準」日本社会保障法学会編『新・講座社会保障法3　ナショナルミニマムの再構築』（法律文化社，2012年）153-154頁参照。

シンポジウム　現代の生活保護の法的検討

密度向上には様々な克服すべき課題があり，今後も基準改定が進められようとしている現実に鑑みると，これらの学説を踏まえ，保護基準に係る法律の規律密度を向上させるべく，より一層の立法論の追求も求められている。

　これまで学説が提示してきた立法論の要点は，第1に，基準設定の際の要考慮事項の法定化，第2に，基準設定手続の基本事項の法定化，第3に，保護基準の法律事項化，第4に，手続過程の公開であると言える。このうち，保護基準設定裁量の専門技術性を重視し，これを法的規律としても具体化する必要性を述べてきた本報告の立場からすると，要考慮事項の法定化は，保護基準設定裁量の専門技術性を法的に確たるものとし，厚労大臣の裁量権行使に一定の法的枠付けを課すものとして欠かせない。また，保護基準設定手続の法定化も，これと同様の趣旨で，重視されるべきものである。ただし，保護基準それ自体の法律事項化については，保護基準における法治主義を徹底し，基準設定過程の公開性を高めるとともに国民による民主的統制を強めるものとして評価しうる反面，法律事項化の在り様によっては，これにより目指される専門性と民主性の関係が問題となろう。これは，保護基準設定過程における実体と手続の両面において備わるべき専門性と民主性の整序をめぐる論点として捉えられる。この点に関わって，最低生活水準を判定する専門機関の決定を保護基準決定機関が尊重する仕組みの必要を説く学説は[22]，専門性の重視と並んで，「国民諸階層の代表の参加を保障するシステム」が望ましいことを説いている。ここにおいてもすでに，専門性と民主性という法的価値の整序をめぐる論点が見出される。また，民主性確保の手段として，議会での立法手続のほかに，国民の参加を保障する行政手続としていかなる制度設計を構想するかといった個別具体的論点も見出されよう。保護基準における法治主義の過小という現状から脱却すべきことは今や当然であるとして，その際，専門性と民主性の確保のために具体的にいかなる法的規律を置くべきかに関しては，ひき続きの検討課題とされなければならない。

---

22)　阿部・前掲注21）257頁は，「行政的に中立の第三者機関と国民諸階層の代表の参加を保障するシステムの下で行うのが望ましい」とし，「専門知識を動員するとともに，国民的合意形成を具体的に図る方式が考えられなければならない」と述べている。

VI　おわりに

　本報告では，保護基準設定裁量の専門技術性の側面を重視すべきとの立場から，現在の判例における課題を示すとともに，司法審査のあり方を模索した。また，このような本報告の主旨に関わる限りで，保護基準の法的規律の整備・充実を図るべきことについても，僅かながらその方向性を提示した。専門技術性重視の方向は，現在の保護基準設定裁量についての判例の到達点とそれが抱える限界を克服する一つの道筋であると思われるが，そのような角度から，大臣の裁量権行使の法的限界を明らかにするための司法審査論のさらなる深化が求められている。

　ただし，その際，行政裁量レベルの議論に終始してよいかという根本問題もある。本来，行政裁量統制論以前に論ずべきは，違憲審査の可能性を開く議論であるべきであろう。本報告ではもっぱら行政裁量統制論について論じたが，それは，憲法論を決して回避したり軽視したりするものであってはならないことを申し添えたい。

　また，保護の水準を下げる方向での行政判断が進行する現実に即して立論した関係で，基準引き下げへの対抗としての議論に終始する結果となり，これまでの保護の水準をより質的に向上させるような積極的な構想については一切触れることができなかった。この点についても，Ⅴ3で触れた保護基準に係る立法論とともに，今後に残された課題としたい。

稼働能力活用規定をめぐる法的問題

吉 永 　 純

（花園大学）

I　報告の趣旨

　本報告は，生活保護法の稼働能力活用要件について，近時の判例の動向を踏まえ，稼働能力活用要件を権利障害規定と解した上で，生活保護の実務運用指針である保護の実施要領の具体的な改定案を示すものである。

　稼働能力活用要件については，2013年10月の第64回秋季大会のシンポジウム「失業・求職者の生活保障制度の検討」において，田中明彦会員が「失業・半失業の常態化と生活保護法の課題」と題して，稼働能力活用要件を検討している。本報告は田中報告と趣旨が重なるが，以下の点で意義があると考える。[1]

1　判例のさらなる集積と規範の定着

　第64回大会以降も判例のさらなる集積と規範の定着がみられる。保護受給中の稼働能力活用事案について，静岡地判平26・10・2（賃社1623号39頁）で原告が勝訴し，その控訴審である東京高判平27・7・30（賃社1648号27頁）でも原告が勝訴し確定した。これで，近時の稼働能力活用をめぐる5つの訴訟のうち，4つの訴訟で原告の勝訴が確定し，1つは原告の勝利的和解となった。[2]もとも

---

1)　田中明彦「失業・半失業の常態化と生活保護法の課題——稼働能力活用要件に関する検討を中心に」社保29号（2014年）123-137頁。

2)　5つの訴訟とは次の5つである。①東京地判平23・11・8賃社1553・1554号63頁。控訴審の東京高判平24・7・18（確定）賃社1570号42頁〔新宿訴訟〕。②大津地判平24・3・6（確定）賃社1567・1568号35頁〔長浜訴訟〕。③大阪地判平25・10・31（確定）賃社1603・1604号81頁〔岸和田訴訟〕。④那覇市で保護利用中であった高血圧，脊柱管狭窄症の60代女性が，福祉事務所の就労指導（週5日以上1日4時間以上就労すること）違反を理由に保護が停止された事件において（平成23年6月21日那覇地裁へ↗

と生活保護の裁判例がそれほど多いとは言えない日本で，稼働能力という同じ論点での裁判例が相次ぎ，しかも生活保護の申請者もしくは受給者の勝訴判決等が続き，確定していることは注目に値する。

2 不安定雇用の増大，「半失業」の常態化

近時，有効求人倍率の上昇等雇用状況が好転したと言われているが，雇用形態では非正規雇用が4割を占め，年収200万円未満の低賃金労働者が依然として1000万人を越えるなど不安定度が増しており，実質賃金は停滞傾向にある。このような状況の下では，生活保護を利用しながらの就労という形態はなお，必要性が高い。

3 生活保護におけるワークファースト的運用と生活困窮者自立支援法の施行

これに対して生活保護の運用においては，2013（平成25）年5月16日社会・援護局長通知「就労可能な被保護者の就労・自立支援」以降，「保護開始後6カ間の集中的な就労支援」や，給料が低額であってもいったん就労を求めるなど，ワークファースト的運用の強化が見られる。

他方で，生活困窮者への政策的対応として2015年度に生活困窮者自立支援法が施行された。今後，生活困窮者自立支援制度が定着していけば，稼働年齢層の生活困窮者の掘り起こしが進み，要保護者の発見につながることは確かであり，その場合生活保護に確実に結び付けることが支援においても重要となる。

4 行政運用における根強い問題事例

こうした政策動向の下で，稼働能力に関わっては，行政運用において問題事例が，後を絶たない。

提訴），平成25年7月裁判所は本件保護停止処分と，その前提である指導指示内容が法27条2項，3項に違反するとの心証を示した上で和解（被告による本件処分の取消，原告の訴え取下げ）を勧めたところ，那覇市はこれを受入れるとともに原告には稼働能力がなく当分の間就労指導しない旨決定し，平成25年9月30日に本件保護停止処分を自ら取り消した。原告も訴えを取り下げ，裁判は終結した。大井琢「違法な就労指導指示に基づく保護停止処分に対する執行停止と自庁取消」賃社1601・1602号（2014年）91-95頁。⑤本文中の静岡地判とその控訴審である東京高判である〔静岡訴訟〕。

例えば，大阪市に於いては，保護申請時に，福祉事務所が保護申請者に対して１か月にわたり就労についての「助言指導」を行った上で，稼働能力の活用要件充足性を判断するというガイドラインに基づく運用を行い，収入もないまま求職活動を行わせている[3]。また，47歳の元ホームレス男性に対する稼働能力不活用を理由とする保護廃止処分直後に，その男性が自殺した東京・立川市の事件がある[4]。さらに，四日市市において，糖尿病でインシュリン投与を要する62歳男性に対して稼働能力不活用を理由に保護廃止処分が行われた[5]。

5 最近の保護動向——保護世帯は高齢者以外は減少，保護人員は減少傾向

最近の生活保護の動向の特徴としては，高齢者世帯が保護世帯の半数を超える一方で，高齢者以外の世帯が，2013年２月のピーク時から約９万世帯減少している。しかし，２で述べた雇用状況や，３で述べた政策動向をみると，高齢者以外の世帯の減少を手放しで喜ぶわけにはいかない。

私見によれば，最近の保護基準の引下げ（2013年８月から生活扶助費が7.3%，最大10%引き下げられ，住宅扶助費は，2015年７月から大都市部・２人世帯では月7000〜8000円程度引下げ）により，生活保護を受けにくくなったこと（これは保護が廃止されやすくなったことでもある）による影響が大きいと思われる。

以上のような生活保護をめぐる諸状況を踏まえると，判例の定着した規範を生かし，保護の稼働能力活用要件にかかる実施要領を改正し，生活保護制度の有効活用を図ることは喫緊の課題である。

---

3) このガイドラインによる指導の結果，稼働能力不活用と判定され保護申請を却下された要保護者が審査請求によって却下処分が取り消される認容裁決を得ている。吉永純「稼働能力」同『生活保護「改革」と生存権の保障——基準引下げ，法改正，生活困窮者自立支援法』（明石書店，2015年）157-163頁。
4) 2017年４月12日「東京新聞」Web版，朝刊（2017年12月29日閲覧）。
5) この事件では弁護士の奔走により男性の住まいが確保されるとともに，廃止処分を福祉事務所が自ら取り消した。芦葉甫「四日市インスリン事件——就労指導指示違反に基づく生活保護廃止処分」賃社1660号（2016年）54-60頁。

Ⅱ　稼働能力活用要件の経緯——新法制定から林訴訟を経て，現行実施要領に至るまで

1　新法制定時の解釈とその後の運用

(1)　無差別平等原理と欠格条項の撤廃

　周知のように，新法では無差別平等原理が徹底され，旧生活保護法に規定されていた「能力があるにもかかわらず，勤労の意思のない者，勤労を怠る者その他生計の維持に努めない者」には保護をしないという欠格条項（旧法2条）が撤廃された。また保護の対象には失業も含むとされた。[6]

(2)　稼働能力の活用を要件として規定（新法4条1項）

　他方で，新法4条1項に，稼働能力の活用が要件として規定された。特に4条1項の「利用し得る能力」と「活用する」ことをどう解釈するかが問題となった。立法担当者は，「利用し得る能力」については，「現在直ちに発揮できることであって総じて利用するかしないかが何等特別の条件の成就をまつことなく，当人の意思だけで左右できること」とし，「活用する」とは，「何等かの意味において最低生活の維持に積極的に役立っていること」とした。[7]つまり「利用し得る能力」については，現に利用できなければならないという意味での，保護の現在性が強調された。しかし，後者の「活用する」の解釈については，これを文字通り，現に就労をしていると解すると，失業状態のとき，つまり収入が途絶して生活費が一番必要なときに保護を利用できなくなることになり，最後のセーフティネットとしての生活保護の意味が失われてしまう。それゆえ，失業や半失業（失業と就労が断続的に続いたり，就労しているが収入が最低生活費未満）であっても，就労に向けた努力をしていれば能力活用要件を充足すると解釈すべきことになる。

(3)　1950（昭和25）年施行通知

　ところが，新法施行時の通知（昭和25年5月20日厚生省発社第46号事務次官通知）

---

6)　小山進次郎『改訂増補　生活保護法の解釋と運用〔復刻版〕』（全国社会福祉協議会，初版1950年・復刻版1975年）125頁。

7)　同前，121頁。

では，生計の維持に努めない者等は，「急迫した事情がある場合には，一応先ず保護を与え，然る後，適切な指導，指示その他の措置をすべき」（下線，筆者）とされた。つまり，急迫時に限り保護を適用するという解釈が示された。これだけを見ると旧法よりも厳しい運用となる。

(4) 生活保護手帳・別冊問答集（1993年版）

しかし，資本主義社会である以上失業は必ず起こり得るから，行政運用上は，生活保護手帳・別冊問答集（1993年版）にあるように，「あらゆる努力をはらってもなおかつ勤労収入を上げることができない場合には本人が能力の活用に努力している限りにおいて保護の要件を満たす」とされてきた。ただ，「あらゆる努力」というと，最大限の努力ということになり，福祉事務所の判断が過重に厳しくなる余地を残すものなっていた。

2 林 訴 訟

こうした行政解釈のもとで，ホームレスへの生活保護適用をめぐって稼働能力活用要件が裁判で初めて争点となったのが林訴訟である。

(1) 名古屋地判平 8・10・30判時1605号34頁

同判決は，初めて，稼働能力，その活用意思，活用の場という 3 要素を示し，具体的な稼働能力を前提にし，申請者の具体的な生活環境のなかで実際にその稼働能力を活用できる場，を問題にするという具体的な判断により，原告は「能力を活用していないとはいえない」と認定し，稼働能力要件充足性を肯定して，原告が勝訴した（下線，筆者）。

(2) 名古屋高判平 9・8・8判時1653号71頁

しかし，同じ判断枠組みである 3 要素説によりながら，控訴審である本判決は，真摯な態度で求人先と交渉すれば就労可能性はあったとし，また就労の場についての有効求人倍率等による抽象的な判断により原告敗訴となった。

最高裁も「上告人が実際にその能力を活用できる場がなかったとはいえない」とし，控訴審判決は「是認し得ないものではなく，その過程に所論の違法があるとはいえない」として，原判決を支持した[8]。

---

8) 最判平13・2・13賃社1294号。なお行政訴訟は上告人死亡により終結している。

(3) 林訴訟の意義

林訴訟は，結果としては原告敗訴で終わったが，当時の福祉事務所の現場において「住居がない者は生活保護を適用しない」というような運用がまかり通っていた下で，ホームレスであっても保護受給資格があることを認め，稼働能力活用要件を具体化する契機となった。

3　その後の行政運用と2008年保護の実施要領に稼働能力活用の項を創設

ところが，1990年代のバブル崩壊後野宿者（ホームレス）の増加，また2008年のリーマンショックによる「派遣切り」等による「その他世帯」の急増等のために，生活保護において，稼働年齢層への対応がさらに迫られることになる。

まず，次の一連の通知が発出された。また「生活保護制度の在り方に関する専門委員会報告書」等政府の研究会等によっても稼働能力活用要件の判断について当時の行政運用が批判され，改善策が提言された。[9]

(1) 平成15年 7 月31日保護課長通知「ホームレスに対する生活保護の適用について」

本通知により，居住地がないことや稼働能力があることのみをもって保護の要件に欠けるものではないことが，改めて示された。

(2) 平成16年12月15日「生活保護制度の在り方に関する専門委員会報告書」

本報告書では，稼働能力活用要件について，判例においては前述の稼働能力に係る 3 要素により判断することとされているが，行政運用においては「実際には，その評価方法や位置づけが必ずしも明確でなく，ともすれば身体的な稼働能力の有無や年齢のみをもってこれを判断する傾向もみられる」と，当時の行政運用を批判した上で，稼働能力の活用については「総合的評価が必要であり，その客観的評価のための指針を策定することが必要」とされ，「稼働能力自体は可変的であり」，「自立支援プログラムへの参加状況等に基づいて『稼働能力の活用』要件を満たしているかどうかについて随時評価する」ことが提言

---

9) 社会保障審議会福祉部会「生活保護制度の在り方に関する専門委員会」同省ホームページ参照。

された。この報告書は，就労支援も含めた自立支援プログラムの創設を提唱したもので，今日の生活保護制度や運用を考える上で，重要な報告書である。

(3) 平成18年3月31日保護課長通知「生活保護行政を適正に運営するための手引」

本通知では，保護受給中の生活保護法27条に基づく指導指示の内容として，「稼働能力のある者に対する指導指示」の手順が示された。この手引きでは，稼働能力ある者の保護を前提に「自立に向けた努力」が判断指標とされ，指導指示書の例として「職業安定所へ行き，職業のあっせんを受ける等，自立に向けて努力すること」など，求職活動の努力を求めることとされた。

Ⅲ　稼働能力の活用に関する保護の実施要領の新設 (2008年度)

このような経緯を経て，2008（平成20）年度から，保護の実施要領に，稼働能力活用についての規定が新設された（本報告の末尾に掲載）。

1　本通知の特徴および問題点

(1)　3要素それぞれの問題点

まず3要素中の「稼働能力」は通知上は資格やキャリア等の要素も含めた総合的な判断が求められている。しかし，行政運用では，検診命令書における病状やそれに基づく医師の簡易な判断，例えば「軽労働，軽い労働可」などの記載を重視し，依然として身体状況に偏重した判定がなされる傾向にある。

次に，「活用意思」は，「真摯に求職活動を行ったかどうか」がメルクマールとなるため，「週3回ハローワークに通って下さい」など，形式的，非現実的指導になり，その達成状況によって稼働能力活用要件の充足性を判定する傾向になりがちであり，3要素では一番問題が大きい要素である。

さらに，「就労の場」では，有効求人倍率が判定要素となるため，倍率が1以上であれば，「仕事があるはず」として，保護申請者の置かれている具体的な実状に噛み合わない判断に陥る傾向がある。

(2)　3つの要素の関係

３つの要素の関係では，稼働能力は，活用意思，就労の場の前提となるから，稼働能力がなければ，活用意思，就労の場は，問われないことになる。

活用意思と就労の場の関係については，活用意思がなければ，就労の場を考慮することなく不活用となるのかどうかは，この通知だけでは判断できない。

ただ，就労の場がなければ，活用意思があっても，不活用とはならないのならば，結局は，就労の場の存否が決め手ではないかと考えられる。

また，活用意思というものは単独で存在するのではなく，就労の場とは相関関係にある。つまり，どういう仕事に就きたいか，どのような仕事ができるかによって，活用意思も変わってくるし，意思も具体的になってくる。さらに，具体的に就職できそうな場があれば，意思も固まってくるとも言えるだろう。

したがって，活用意思について，それが「真摯」でなければ，就労の場の判断を待つことなく，稼働能力を活用していないと判定することには無理がある。

2　通知の評価

本通知の全体の評価については，森川清が指摘するように「３要素説の内容は，①林訴訟・地裁判決，②同高裁判決，③処理基準（通知）と徐々に変容されており，似て非なるものとなっている」と言わざるを得ない[10]。すなわち，通知によれば，活用意思を「真摯さ」という物差しによって測るならば，「意思を具体的に量も求め」ることになる。また就労の「場を抽象的に判断するのならば」，活用意思と，就労の場は，判定基準になり得ず，「稼働能力の有無だけで判断するのと同じ」となるからだ。このことが，現場の運用において，現行の通知が出されて以降も行政側の恣意を許容する要因になっていると思われる。

---

10)　森川清『改正　生活保護法——憲法25条実現のための A to Z』（あけび書房，2014年）81頁。

シンポジウム　現代の生活保護の法的検討

Ⅳ　近時の判例の動向（東京地判平23・11・8他）

　2008年3月上記通知新設後，新宿でホームレス状態にあった男性の生活保護申請却下処分の当否が争われ，近時の判例のリーディングケースとなったのが東京地判平23・11・8である。

1　原告の困窮状態，要保護性の確認

　本判決は，まず「原告は，……生活保護法4条1項所定の『生活に困窮する者』に該当する」として，原告の困窮状態，要保護性を確認している。すなわち，原告が最低生活を下回る状態にあること，および資産などの活用すべき財産がないことが前提となっており，そうした状況の下での能力活用の在り方，稼働能力不活用による保護からの排除ができるのかを問うものであり，正当な課題認識が示されている。

2　一般的規範（判断枠組み）

　一般的規範として，「当該生活困窮者が，その具体的な稼働能力を前提として，それを活用する意思を有しているときには，当該生活困窮者の具体的な環境の下において，その意思のみに基づいて直ちにその稼働能力を活用する就労の場を得ることができると認めることができない限り，なお当該生活困窮者はその利用し得る能力を，その最低限度の生活の維持のために活用しているものであって，稼働能力の活用要件を充足するということができる」とした。能力と環境についての具体性を前提とし，就労の場については，その意思のみに基づいて直ちに活用できる場があるかどうかを問題にしていることが特徴である。

3　3要素について

(1)　稼働能力

　岸和田訴訟判決が，稼働能力の存否だけではなく，「稼働能力がある場合に

はその程度についても考慮する必要があり，かかる稼働能力の程度について
は，申請者の年齢や健康状態，申請者の生活歴，学歴，職歴等や，申請者の有
している資格等を総合的に勘案して判断すべき」としている点も留意すべきで
ある。能力の「程度」を考慮することにより，通知のような「客観的」判断か
ら，より具体的な判断に近づくと考えられる。現場では，「若いから」とか，
「病気ではないから」というような感覚的，抽象的理由で即「仕事があるはず
だが，仕事をしていない」＝稼働能力不活用という短絡的判断が見受けられる
が，岸和田判決はそのような判断を排するものである。

(2) 活用意思

意思については，「真正なもの」であれば足りるとして，「一般的な社会的規
範に照らして不十分な又は難のある者であるとしても，当該生活困窮者が申請
時において真にその稼働能力を活用する意思を有している限り，生活保護の開
始に必要な稼働能力の活用要件を充足している」として，現実の生活困窮者の
実状をリアルに見ている。これは，長浜訴訟判決でも踏襲されており，「多少
は不適切と評価されるものであったとしても，保護申請者の行う就職活動の状
況から，当該保護申請者が就労して稼働能力を活用するとの真正の意思を有し
ていると認められるのであれば，そのことをもって足りる」とされている。

近時の雇用の流動化や非正規労働の拡大の下では，生活困窮に至る人は，自
らを否定され，自尊感情が持ちきれなくなっている人が多くなっている。とき
には，あきらめたり，やけになったりする人も珍しくない。そうした困窮者の
リアルな実態を前提にして，生活保護の支援を行うべきことが示されている。

(3) 就労の場

就労の場については，「現に特定の雇用主がその事業場において当該生活困
窮者を就労させる意思を有していることを明らかにしており，当該生活困窮者
に当該雇用主の下で就労する意思さえあれば直ちに稼働することができるとい
うような特別な事情が存在すると認めることができない限り，生活に困窮する
者がその意思のみに基づいて直ちにその稼働能力を活用する就労の場を得るこ
とができると認めることはできない」としている。

また，岸和田訴訟判決では，就労の場とは，「申請者が一定程度の給与を一

定期間継続して受けられるような場をいうものと解するのが相当である（例え
ば一日限りのアルバイト等に就労することができる場を得ることができるといったこと
から，保護が受けられなくなるというのはおよそ不合理であるといえよう。）。」と注目
すべき見解を示した。

4 特徴と評価

(1) 要保護性，保護の現在性，要保護者のリアルな現状，現実的雇用可能性
等を重視

　これら一連の判決の特徴は，まず，判断枠組みにおいて，生活保護における
要保護性と最低生活保障における現在性を重視していることである。

　また，雇用の実状を踏まえ，無差別平等の原理から，活用意思を限定し，生
活困窮者のリアルな現状を前提としている。意思について必要とはするもの
の，その内容は「真正であれば足りる」，つまり，「働きたい」という意思で間
違いがなければ，その質と量は問わない。翻って考えると，このように形式的
もので足りるとされる意思が，要素としてどうしても必要かどうかが問われ
る。

　さらに，就労の場については，個別性，現実的雇用可能性を重視しているこ
とである。

　3要素の関係では，就労の場の有無が，能力や意思に先行して判断されてい
る。そして，意思，就労の場の個別判断基準も考慮すると，現行局長通知と
は，原則と例外を逆転させるような規範となっていると考えられる。

　加えて，保護の迅速性の要請から，保護の実施機関は，保護の開始申請が
あった場合の要否判定については，その結果を申請者に対して原則として14日
以内に書面で通知しなければならないから（生活保護法24条5項），保護の実施
機関が，14日以内にこのような就労の場を示すことは困難と思われる。

(2) 稼働能力活用要件不充足により保護から排除される場合

　これらの判旨を前提にすれば，稼働能力活用要件不充足により保護から排除
される場合とは，生活困窮者の身体的能力等により社会通念上客観的にその職
業に就くことを期待でき，最低生活費を上回る収入が期待できる具体的な就労

の場が有り，それを紹介され，就労の意思をもちさえすれば直ちに就労可能であるにもかかわらず，あえて就労することを忌避する場合に限定されることになる。したがって，稼働能力不活用という理由だけによって保護申請が却下される場合はほとんど考えられないことになろう。

V　稼働能力活用要件にかかる保護の実施要領の改定案

　以上のような判例の動向を踏まえ，本報告の冒頭で指摘した，①不安定雇用の増大，「半失業」状態の常態化の下での生活保護制度を有効に活用し，②生活保護法におけるワークファースト的運用の強化に歯止めをかけ，③行政運用における問題事例や運用を防止するには，差し当たり，以下のような判断枠組みに基づいた保護の実施要領の改正が急務であると考える。

1　判断枠組み（稼働能力活用要件を権利障害規定と解する）

　判断枠組みとしては，稼働能力活用要件を権利障害規定と解する。要保護性（生活困窮）が満たされれば，保護受給権と実施機関による保護義務の存在が推定される。保護の実施機関は，自らの調査権限によって，資産の有無や，稼働能力について，すなわち，保護受給権を妨げる権利障害事実の有無を，原則として14日以内に得た調査結果から判断することになる。

　そして，稼働能力に関しては，能力活用によって最低生活を維持するだけの収入が得られる高い蓋然性が認められる場合に限り，保護の受給要件が否定されることになる。

2　保護の実施要領の改定案

　具体的な保護の実施要領の改定案は，末尾に示した通りである。

　活用意思を削除した場合は，網掛け部分がなくなり，

「1　稼働能力を活用しているか否かについては，①稼働能力があるか否か，②実際に稼働能力を活用する就労の場を得ることができるか否かにより判断すること。

シンポジウム　現代の生活保護の法的検討

図表1　保護の実施要領改正案

改正案	現　行
1　稼働能力を活用しているか否かについては，①稼働能力があるか否か，②実際に稼働能力を活用する就労の場を得ることができるか否か，【③その具体的な稼働能力と稼働能力を活用する就労の場があることを前提として，その能力を活用する意思があるか否か】により判断すること。また，判断にあたっては，必要に応じてケース診断会議や稼働能力判定会議等を開催するなど，組織的な検討を行うこと。なお，本人が希望すれば，ケース診断会議等へ出席して意見を述べることができるものとする。	1　稼働能力を活用しているか否かについては，①稼働能力があるか否か，②その具体的な稼働能力を前提として，その能力を活用する意思があるか否か，③実際に稼働能力を活用する就労の場を得ることができるか否か，により判断すること。また，判断にあたっては，必要に応じてケース診断会議や稼働能力判定会議等を開催するなど，組織的な検討を行うこと。
2　稼働能力があるか否かの評価については，年齢や医学的な面からの評価だけではなく，その者の有している希望職種，資格（取得希望も含む），生活歴・職歴，これからの生活設計等を把握・分析し，それらを個別，具体的かつ総合的に勘案して行うこと。	2　稼働能力があるか否かの評価については，年齢や医学的な面からの評価だけではなく，その者の有している資格，生活歴・職歴等を把握・分析し，それらを客観的かつ総合的に勘案して行うこと。
	3　稼働能力を活用する意思があるか否かの評価については，求職状況報告書等により本人に申告させるなど，その者の求職活動の実施状況を具体的に把握し，その者が2で評価された稼働能力を前提として真摯に求職活動を行ったかどうかを踏まえ行うこと。
3　就労の場を得ることができるか否かの評価については，雇用主に対して申し込みをすれば，直ちに就労する場を得ることができるような状況であったか否かを基準として判断すること。 　また，『就労の場』とは，原則として最低生費を上回る給与を，少なくとも6カ月以上は継続して受けられるような場であることを要する。	4　就労の場を得ることができるか否かの評価については，2で評価した本人の稼働能力を前提として，地域における有効求人倍率や求人内容等の客観的な情報や，育児や介護の必要性などその者の就労を阻害する要因を踏まえて行うこととされたい。
【4　稼働能力を活用する意思があるか否かの評価については，「真正な意思」（働きたいという意思）があれば足りるものとする。】	

（注）【　】は意思要素を残す場合。

2 　稼働能力があるか否かの評価については，年齢や医学的な面からの評価だけではなく，その者の有している希望職種，資格（取得希望も含む），生活歴・職歴，これからの生活設計等を把握・分析し，それらを個別，具体的かつ総合的に勘案して行うこと。

3 　就労の場を得ることができるか否かの評価については，雇用主に対して申し込みをすれば，直ちに就労する場を得ることができるような状況であったか否かを基準として判断すること。

また，『就労の場』とは，原則として申請者が最低生費を上回る給与が期待でき，少なくとも6か月以上継続して就労できること[11]。」とする。

活用意思を残す場合は，網掛け部分が残る形となる。

3 　保護受給中の稼働能力活用要件

保護受給中における稼働能力活用要件について若干付記する。

(1) 　保護受給中の稼働能力活用要件と指導指示

保護受給後においては，稼働能力活用要件は，生活保護法27条に基づく指導指示の前提となる[12]。保護受給後，すなわち，被保護者たる地位を得た場合，生活保護法56条により正当な理由のない不利益変更は禁止される。27条の指導を行う場合には，同条2項により，指導指示は「被保護者の自由を尊重し，必要の最少限度にとどめなければ」ならない。

これを稼働能力活用要件との関係でいえば，保護受給者に対しては，4条1項のみを根拠として稼働能力不活用を理由とした保護の停廃止を行うことはできないことになる。稼働能力不活用という事実は，必要な指導又は指示を発動するための要件ともいうべきものと考えられる。そして，指導指示の「必要性」があるのかどうかの判定に影響する要素であると考えられる。

また，仮に正当な理由が認定されても，不利益処分を行うに当たっては比例

---

11) 　保護が廃止できる場合について，保護の実施要領では，「定期収入の恒常的増加」や，臨時的収入の場合は「6カ月を超えて保護を要しない状態が継続する」ことを挙げている（保護課長通知第10の12）。

12) 　保護受給中にかかる静岡判決でも，申請時の他の判決でも，稼働能力の活用要件の審査は，要件事実について裁判所自らが判断しており，処分庁の裁量を認めていない。

原則（違反行為と不利益処分との均衡の要請）を考慮しなければならない。さらに，手続においても，弁明の機会の供与等，法律や実施要領に従った手続きを履践する必要がある。

　したがって，被保護者に対する稼働能力活用要件の適用による不利益処分は，保護申請時に比べ，違反行為，処分の程度，適正手続等の面ではるかに限定されることになる。これは，稼働能力不活用を理由とする不利益処分が，生活保護法26条のように最低生活を上回る収入がある等の理由により保護が不要となり廃止されるものではなく，そのような収入の如何を問わず，いったん最低限度の生活が権利として保障された者に対してその地位を剥奪するものであるから，実体的，手続的に慎重な扱いを求めていると考えられる。

　逆に言えば，被保護者に対する就労指導は，もっぱら不利益処分を背景としない，ケースワーク的な就労支援の領域（法27条の2）の課題であるということになる。

ケースワークの法的構造

丸 谷 浩 介

(九州大学)

I　はじめに

　近年の社会保障法に関する立法政策動向には，所得や社会福祉サービス保障に止まらず，自立支援そのものを給付の内容にするものがある。自立支援プログラム（2005年），特定求職者支援法（2011年），生活保護法改正による就労自立給付金（生保55条の4）や被保護者就労支援事業（生保55条の6），生活困窮者自立支援法（2013年）などがこれにあたる。

　これら立法の端緒が生活保護法における自立助長であることには疑いない。生活保護のケースワークは，生活保護法における被保護者の自立を支援するための仕組みとして非常に重要な役割を担っている。それにもかかわらず，ケースワークのあり方やその法的意義について，法律学ではあまり関心を持ってこなかったといえよう。

　そこで本稿では，生活保護法におけるケースワークの範囲と特色を踏まえ，生活保護法の文脈からケースワークの再構成を図ることによって，自立助長のためのケースワーク法を構想するものである。

II　ケースワークの範囲と特色

1　ケースワークの範囲

　本稿では，ケースワークを「個人あるいは世帯の持つ生活問題につき，社会環境の中でその問題を解決する手段」という程度の趣旨で把握しておくことにする。この意味で，本稿のケースワークとは，生活保護の被保護者に対する

シンポジウム　現代の生活保護の法的検討

ソーシャルワークあるいはソーシャル・ケースワークということにしておく。

　もっとも，ソーシャルワーク一般に比して，生活保護ケースワークには特有の問題がある。生活保護ケースワークは，被保護者のすべてを対象とすること，クライアントの同意なくケースワークが開始されること，生活困窮状態ないし保護の開始を端緒として開始されること，自立の助長という目的の明確性があること，生活保護の給付とケースワークは不可分の関係にあること，を挙げることができる。

　ところで，ケースワークが及ぶ被保護者の生活領域について法はどの範囲に及ぶことを予定しているのか。ケースワーカーの職務を定める社会福祉法15条4項では，ケースワーカーに対して面接により資産，環境等の調査をすること，保護の判断，生活指導を行うといったような広範な権限を与えている。これに対して生活保護法では指導及び指示（法27条），相談及び助言（法27条の2），調査及び検診（法28条）といった，かなり限定された行政活動が予定されているに過ぎず，ケースワークの範囲を直接定めてはいない。これに止まらず，ケースワークの手続，方法などについて，生活保護法は何も定めていないに等しい。ケースワークの専門的な裁量領域の広さに比し，これを統制する法的構造はきわめて規律密度が低いものとなっている。そこで本稿におけるケースワークの範囲は，生活保護法目的実現のための事実上の行為を含むすべての行政活動をいうことにする。

2　ケースワークの特色

　このように，法がケースワークについて明確に定めていないのは，ケースワークが次のような特色を持っているからである。

(1)　複　雑　性

　まず，到達すべき自立に向け，解決しなければならない問題の複雑性を挙げることができる。生活保護法制定から高度成長期における生活問題は，いずれかといえば経済的問題が中心であり，それ以外は社会資源を活用することで解決可能なものと理解されていた。それ故に，最低生活保障と自立助長とを別個に観念することができ，所得保障とケースワークを分離すべきか否かという問

題設定が有効であったと言える[1]。しかし，今日の生活問題をみると，犯罪，家庭，教育，雇用労働，健康といった多様な側面から把握しなければならない事象が一般化している。そしてこのような生活問題は複合的な要因によって生じているのであり，その解決も多面的になされる必要がある[2]。

(2) 可　変　性

次に，自立像の可変性を挙げることができる。ケースワークでは，被保護者とケースワーカーによって生活問題の構成要素が解明され，適切な自立目標が設定される。ただ，ケースワーカーによる支援の端緒は生活困窮状態の発生であることから，自立目標設定に必要となる情報のごく一部しか把握されない状態からケースワークが開始される。これに加えてケースワーカーと被保護者との間で設定される自立目標は，被保護者を取り巻く状況の変化と情報の収集，被保護者本人の意向の変化によって変わらざるを得ない性格を持っている。それ故に，ケースワークの実施過程において幾度となく自立目標を見直し，自立支援計画を変更しなければならない。

(3) 継　続　性

複雑な生活問題の中で，被保護者が経済的な自立を果たした場合には，保護が廃止されることになる（法26条）。しかし，保護が廃止されたとしても生活問題が解決したとはいえないことがある。その場合でも，生活保護のケースワークが終了してしまうことから，必要な支援に欠くことが生じうる。生活問題は継続性を持っているので，継続的な支援が必要とされるということに留意しなければならない。

(4) 非対等性

また，被保護者とケースワーカーの関係が対等ではないということを挙げることができる。これには，社会資源や支援技術に関する知識経験の量でケースワーカーが優位に立つということと，指導指示違反に対する不利益処分という[3]

---

1) 仲村優一「公的扶助とケースワーク」社会事業の諸問題4集（1956年）46頁，岸勇「公的扶助とケースワーク――仲村優一氏の所論に対して」日本福祉大学研究紀要1号（1957年）8頁。河野正輝「生活保護法の総論的課題」社保7号（1992年）65頁。
2) 猪飼周平「ケアの社会政策への理論的前提」社会保障研究1巻1号（2016年）38頁。
3) 太田匡彦「生活保護法27条に関する一考察――『行政の行為の行為形式特定』に関↗

シンポジウム　現代の生活保護の法的検討

権力性を背景としてケースワークを行うという法に内在する非対等性がある。

　ケースワークは，ケースワーカーの専門性と同時に被保護者の自主性・自律性を尊重して，両者の合意によって開始されるべきである。そうすると，ケースワーカーが被保護者に対して特定の生き方を強制するような，生への侵害を持つ場面があるということを看過すべきではない[4]。それ故に，被保護者の合意を超えた介入がどこまで許容されるのかという問題を設定しなければならない[5]が，この点は本稿では割愛する。

Ⅲ　生活保護法におけるケースワーク

1　ケースワークのプロセス

　社会福祉学において，ケースワークのプロセスは次の7段階で説明される。①支援に関する合意，あるいはインテーク，②情報収集[6]，③アセスメント[7]，④支援計画，⑤支援の実施，⑥評価，⑦終結である。

　一般的なソーシャルワークにおける支援はクライアントの意思表示によって開始される。これに対し，生活保護ケースワークは保護開始と同時に，あるいはそれに先立って開始されなければならない。したがって，合意によって成立するのは④支援計画になる。

　　＼する一例として」小早川光郎・宇賀克也編『塩野宏先生古稀記念論集　行政法の発展と変革（下）』（有斐閣，2001年）608頁。
　4)　遠藤美奈「生活保護と自由の制約——憲法学からの検討」摂南23号（2000年）33頁。
　5)　前田雅子「最低生活保障と自由の制約——生活保護打切り事件」市川正人・曽和俊文・池田直樹編著『ケースメソッド公法』（日本評論社，2004年）166頁。
　6)　「調査」と言われる段階で，クライアント及び問題状況を理解し，支援の方針や方向性を検討するために，クライアント自身，環境，またクライアントと環境の関係等についてのさまざまな情報を得る過程とされる。大塚達雄ほか編著『ソーシャル・ケースワーク論——社会福祉実践の基礎』（ミネルヴァ書房，1994年）109頁。
　7)　ケースワークの過程において，クライアントの問題，パーソナリティ，またかれらをめぐる状況についてその性質，原因，推移の仕方，予後のあり方等を評価し，査定する段階である。問題の原因が何であるか，またそれを解決し，最小限に止めるためにどういうことを変化させることができるか等を理解するソーシャルワークの機能でもある。大塚ほか・前掲注6）116頁。

2 支援計画

(1) 情報収集とアセスメント

支援計画の策定には，その前提として情報収集とそれに基づくアセスメントが不可欠となる。情報収集について，生活保護法では①保護申請に係る調査（法24条），②決定実施に係る調査（法28条）及び資料の提供（法29条）が予定されている。これらは保護の実施に必要なプロセスとして位置づけられているものであり，支援計画を策定するには不可欠の事項である。この意味で，ケースワークは生活保護法上の給付と不可分のものであり，立法政策としての分離論も好ましくない[8]。

このような情報収集を経て支援計画を策定するアセスメントの段階に入る。ここで留意しなければならないのは，被保護者の自立を実現するための情報収集とアセスメントはケースワーカーと被保護者だけで行う事で足りるのか，ということである。ケースワーカー自身が取得しようとする情報には限りがあり，被保護者自身にもどのようなニーズがあるのかを探知することができるよう，他の支援機関との協働体制が不可欠になる場合がある[9]。この点，高齢者虐待防止法16条に定める連携協力体制，障害者総合支援法の協議会（89条の3），児童福祉法における要保護児童対策地域協議会，生活困窮者自立支援法に追加される支援会議（新9条）のような関連機関での協議規定が参考になろう。

他方イギリスでは，機械的に法令を適用していけば自動的に結論を得ることができるというものではなく，福祉と法の論理の緊張関係を踏まえた特有の法理が必要であるとの認識の下，ケースワークの法的意義と統制について議論され，判例法理が展開してきた[10]。判例法理では，ソーシャルワーカーとクライアントで策定した計画には①ソーシャルワーカーの完全な情報提供義務が履行されたか[11]，②計画が適法であったか[12]，③計画が合理的であったかを司法において[13]

---

8) 前田雅子「社会保障制度改革における生活保護法の課題——『保護実施主体』の役割・責任という視角からの検討」社保14号（1999年）43頁。

9) 前田雅子「障害者・生活困窮者——自立支援の対象と公法」公法75号（2013年）210頁，同「個人の自立を支援する行政の法的統制——生活保護法上の自立とその助長」法と政治67巻3号（2016年）18頁。

10) 秋元美世「社会福祉と法の理論」古川孝順・秋元美世・副田あけみ編著『現代社会福祉の争点（上）——社会福祉の政策と運営』（中央法規出版，2003年）177頁。

審査される。

イギリスの判例法理によって形成されてきた審査基準は司法の領域だけでなく，ソーシャルワーカーの倫理綱領[14]，ソーシャルワーカーが職務を遂行する上での行動規範にもなる。それ故に，ソーシャルワーカーはこの計画策定にあたって，関連事項をすべて考慮することが義務付けられる[15]。

(2) 支援計画の法的根拠

ケースワークの法的根拠は，既に述べた調査権限のほか，法27条と法27条の2に求めることができよう。これはさらに4つに分類できる。①事実行為としての指導指示，②行政指導としての指導指示，③行政契約としての相談助言，④行政行為としての指導指示，である[16]。問題は，これら多様な法的根拠がケースワークのどのプロセスに位置づけられ，そのプロセスでどのような法的効果を生じるのか，ということにある[17]。

---

11) *The Queen on the Application of Savva v. Royal Borough of Kensington and Chelsea* [2010] *EWCA Civ 1209, R (on the application of KM) (FC) v. Cambridgeshire County Council* [2012] *UKSC 23.*

12) *The Queen (on the Application of TG) v. London Borough of Lambeth* [2011] *EWCA Civ 526.*

13) *Council of Civil Service Unions v Minister of State for the Civil Service* [1984], *The Queen on the application of Judy Brown v. Secretary of State for Work and Pensions, Secretary of State for Business, Enterprise and Regulatory Reform* [2008] *EWHC 3158 (Admin).*

14) "2.3 Professional integrity," British Association of Social Workers, *The Code of Ethics for Social Work* (2012).

15) *The Queen on the Application of "B" v. The London Borough of Barnet* [2009] *EWHC 2842 (Admin), R. (on the application of JF) v. Hackney LBC* [2010] *EWHC 3130 (Admin), The Queen on the Application of Rotao Rahman v. Birmingham City Council* [2011] *EWHC 944 (Admin).*

16) 丸谷浩介「生活保護ケースワークの法的意義と限界」季刊社会保障研究50巻4号（2015年）422頁。なお，原田大樹『演習 行政法』（東京大学出版会，2014年）43頁。

17) 自立支援プログラムの法的根拠につき，石橋敏郎『社会保障法における自立支援と地方分権——生活保護と介護保険における制度変容の検証』（法律文化社，2016年）37頁は法27条を主張する。筆者は法27条の2を主張するが，これに対し27条による指導指示を行うことを否定する法解釈上の根拠としては不十分であるとするものとして，前田・前掲注9）（2016年）がある。しかし，法27条と27条の2は分断された関係にあるのではなく，連続する支援プロセスの中で，ある支援が同意を契機とするのか，それとも権力作用としての指導指示に位置づけられるのかは，当該支援内容に規定されることになる。本稿は支援そのものに価値を見出し，法的に位置づける試みであって，自立支援↗

もっとも，ケースワークの法的根拠を無理に27条や27条の2に求めなくても良いかもしれない。法に基づかない単なる事実行為としてのケースワークを想定することもできよう。しかし，裁判例には法27条による指導指示が一般的抽象的な生活上の努力義務を課すに止まり，その場合の従う義務は抽象的な努力義務に止まるものとして処分性を持たない指導指示があることを示すものや，法27条に基づく指導指示には多様なものが想定されるとして，指導指示の包括的な性格を認めるものがあり，法27条による指導指示には抽象的で事実上の行為が含まれているということができよう。そうすると，ケースワークのすべてが27条か27条の2に基づいており，全てのケースワークには法的根拠がある，ということもできる。

　(3)　制約原理

　このように，すべてのケースワークに法的根拠があると理解すれば，そこには何らかの法的な制約が内在することになる。法27条は2項，3項による指導指示の制約は言うまでもない。法27条の2に基づく相談助言は当事者の合意によって成立するものであるから，法律上の明示がなくとも自ずと制約を課されることになる（当事者の意に反する相談助言は行われない）。

　まず，法27条の指導指示に関する制約は，法に明示された「被保護者の自由の尊重」「必要の最小限度」，解釈指針としての意に反する強制の禁止を挙げることができる。法27条3項にいう「解釈してはならない」という文言は，そのような権限を持っていないことを確認する規定であるし，秋田地裁判決では「意に反する強制」による指導指示が重大明白な違法で無効との判断を示すなど，介入の程度がかなり制約されているということができよう。さらに，客観的に実現不可能又は著しく実現困難な指導指示に従わなかったことを理由とする保護廃止処分は違法となるから，指導指示の時点で実現可能性や実現困難性

　　＼プログラムが不利益処分を伴わないものとすることにはそれなりの意味があることと考
　　　える。
18)　秋田生活保護費貯蓄訴訟・秋田地判平5・4・23行集44巻4・5号325頁。
19)　松山地判平26・4・4指導指示事件・裁判所サイト。
20)　生活保護廃止決定に対する損害賠償等請求事件（京都市）・最判平26・10・23裁時
　　　1614号4頁。

シンポジウム　現代の生活保護の法的検討

を審査されることになる。

　ところで，指導指示の違法性が重大明白であるとか，客観的に実現困難であるかどうかを，通常，被保護者は判断できる立場にない。それゆえに違法性が重大明白であっても客観的に実現困難であっても，現実的には従属関係の故にこのような指導指示に従わざるを得ない。このような従属関係を緩和するためには，たとえ事実上の行為であっても，支援計画をケースワーカー単独で策定するのではなく，他機関との協働によって集団的に統制される体制を構築することが重要である。[21]

　(4)　合意の原則

　事実行為としての指導指示が法律上の制約を受けるのは，当事者の合意を基調とするケースワークのあり方に由来している。被保護者の自由を尊重するためには，支援計画が合意に基づき策定され，実施されなければ実効的とならないからである。事実行為としての指導指示はこのような合意形成に向けたプロセスの一つに位置づけることができよう。

　ところで，法27条の2による相談助言や，法56条による被保護者就労支援事業は，被保護者（要保護者）からのアプローチにより開始される。しかし，被保護者（要保護者）は，いかなる社会資源を活用することができ，その社会資源活用によってどのような自立を獲得することができるのか，判断できる場合はあまり多くない。そこで，計画内容が充分に説明され，理解の上で支援計画に合意するプロセスを被保護者の「求め」と把握し，ケースワーカーはこれに「応じ」る義務を負う，というように理解することができよう。

　(5)　危機介入

　原則的にケースワークは合意に基づいて行われることになるが，被保護者の合意なく開始されなければならない場合もあろう。被保護者の生命身体に直接の危険が発生しているような場合や，虐待児の発見など，被保護者に危機的状況が発生し，それを回避することがこれにあたる。これを危機介入ケースワークと呼ぶことにしよう。

　危機介入ケースワークの対象となるのは，法25条3項にいう「特に急迫した

21)　前田・前掲注9)（2013年）。

事由により放置することができない」や法25条1項の急迫保護に該当する職権保護をいうのか，あるいは急迫保護とは無関係に義務付けられるのか，という問題が生じる。一般的には，現に生命身体に危険が生じている場合はもちろんのこと，生命身体に直接の危険が生じていないとしてもそのおそれがある状態[22]をもって急迫性が認定されよう。

　しかし，生命身体に危険が生じるおそれがあるときに義務付けられるのは生活保護法上の扶助である。最低限度の生活を回復させ，維持することによってその危険を除去回避することが必要だからである。しかし，生命身体に危険が生じるおそれはないけれども，現状を放置しておいては生活困窮上状態を取り巻く問題が拡大するという場面も想定することができる。イギリス法では，このような場合の介入を根拠づける即時性（timeliness）が判例法理[23]として発展しており，参考になろう。

3　支援の実施と評価

(1)　支援計画と債務の特定

　支援計画を実施するには，被保護者とケースワーカーが何を行わなければならないのかを特定する必要がある。社会福祉学では支援計画を支援契約と表現することで，当事者の債務が特定され，当事者に明示されることになっている。支援計画における債務は支援内容そのものになる。医療扶助や生業扶助といった生活保護法上の扶助の内容を支援計画とすることも考えられようが，一応は支援計画と生活保護法上の扶助とは別個のものとして観念することができる。

(2)　不履行の効果

　支援計画内容を履行しない場合にどのような法的効果が発生することになるか。被保護者が支援計画に従わない場合，その不履行の効果として支援計画の変更，解除が問題になろう。留意すべきなのは支援計画を履行しないとして

---

22)　生活保護却下決定取消請求事件・大津地判平24・12・18賃社1584号60頁。

23)　*R v. London South And West Region Mental Health Review* [2001] *EWCA Civ 1110.*

も，指導示違反で不利益変更処分を行うかどうかは別途の考慮が必要となるということである。

就労支援プログラムに代表される自立支援プログラムについて，一般的な社会的道徳，倫理規範に照らして不穏当であったり，誠実さ，真剣さ，ひたむきな努力に欠けている場合であっても，それ故に保護の不利益変更処分が許容されるわけではない[24]。この結果保護の要件を欠くに至ったかどうかは別途の審査が必要となる。裁判例を概観しても，被保護者が稼働能力を活用していないなど保護の要件に欠く場合を除いて，保護の要件に無関係な指導示違反に対する不利益変更処分が認められた事例は，管見の限り見当たらないように思われる。すなわち，被保護者が支援計画に従事しなかったことによって発生する効果は，自立に向けた支援計画の変更などであって，給付には直接の影響を及ぼさないということになる。

(3) 協　働

支援計画は策定段階だけでなく，その実施過程においても協働が必要となる。生活保護法では関連機関との連携が位置づけられておらず，運用上そのようなものが見られるに止まる[25]。計画実施段階での協働は自立に向けた機動的役割を担うことができる上，パターナリスティックな介入を最小限度にすることができるという視点からこれを制度化する必要がある。

(4) モニタリング

実施段階では支援計画が機能しているのかをモニタリングする必要がある。このため，ケース記録への記載は客観的な評価と支援計画の変更，あるいは不服審査の資料となりうるよう，適切に記載される必要がある[26]。ケース記録に基

---

24) 静岡市生活保護稼働能力訴訟・東京高判平27・7・30賃社1648号27頁。
25) 代表的なものとして，釧谷忠範「就労支援に必要な寄り添い型支援と自尊感情の回復──釧路市生活福祉事務所での取組み」池谷秀登編著『生活保護と就労支援──福祉事務所における自立支援の実践』（山吹書店，2013年）84頁。生活困窮者自立支援法につき，西岡正次「『訪問型』相談支援をどう『つくる』のか？──アウトリーチによる相談支援の先進地から学ぶ」五石敬路ほか編『生活困窮者支援で社会を変える』（法律文化社，2017年）39頁。
26) 生活保護ケース記録証拠保全申立事件・大阪高決平28・10・5賃社1675号10頁。

づいたモニタリングは支援計画の実施と見直しにつなげることになるが，可能な限りそれを客観化する必要があるため，ここでも他機関との協働が不可欠になろう。

(5) 指導指示

被保護者が支援計画に従事しないときや，それが不十分であるときには，法27条に基づいて指導指示がなされることがある。指導指示には従う義務が設定されているが（生保62条1項），指導指示に従わない場合には必ず不利益処分が予定されているわけではないということに留意しなければならない。これに加え，不利益処分をするには書面でなされる手続上の制約がある。したがって，指導指示をしなければならない程度の非違行為であったのか，その理由づけが具体的に示されているかどうかを検証する必要がある。この点イギリスの判例法理では具体的事実の説示とその根拠を示す事が必要とされていることが参考になろう。

これに加え，指導指示をする場合であっても，事実行為から計画変更の申し入れ，支援計画解除の申入れ，書面による履行の強制といったような段階を経る必要がある。被保護者がこの指導指示を不服とする場合，これら手続段階に応じた協議の場が設定され権利救済システムが機能することが，ケースワークの実効性を確保する上では不可欠である。

(6) 計画の変更

支援計画が結実しない場合，計画を見直し変更することが必要となる。この場合も事実の調査や協議，説明等についての考慮が必要になろう。結局は支援計画の策定と同様の考慮をすることになる。

4　支援の終結

(1) 目標達成

以上の支援計画実施を経て，目標が達成されることがある。これには2つあり，1つは，支援計画自体は達成されたけれども，生活困窮状態が継続しているので扶助が継続するという場合である。この場合には，特定の自立目標が達成されたということになるので，当事者の合意に基づいて新たな支援計画が策

シンポジウム　現代の生活保護の法的検討

定され，それに従事するということになる。

(2)　経済的自立による保護廃止

これに対し，支援目標が達成され，被保護者が経済的に自立したことによって保護が廃止されることがある（法26条）。保護が廃止された場合にはケースワークも終了する。ただ，就労自立給付金の仕組みによって保護廃止後の自立を支援する仕組みが始まっている。保護と自立を繰り返す，いわゆる回転ドアを防止するためには，生活問題が残存する限り継続的な支援が必要となろう。このためには，他機関との協働体制を構築することと同時に，次に見るフォローアップ体制を構築することも必要となる。

(3)　フォローアップ

近年の立法動向として，自立後のフォローアップをする立法例がいくつか現れている。たとえば，雇用保険法における事業主に対する職場定着支援助成金や被保険者に対する就業促進定着手当（雇用保険法56条の3），障害者総合支援法の就労定着支援などがこれにあたる。生活保護でも保護廃止後の継続支援について検討する時期にあるように思われる。

(4)　不利益処分

指導指示に従わない場合の不利益処分について，保護の要件に欠く状態でない限り，制裁的な不利益処分を行うことはできず，それを背景にした意に反する強制的な指導指示は違法になるものと考える。したがって，ケースワークは不利益処分を背景に，強権的に行われるべきものではない，ということになろう。

Ⅳ　生活保護法におけるケースワーク法の構築

1　基本的視点

以上の検討を踏まえて，生活保護法においてケースワークを今後どのように位置づけるべきであろうか。

(1)　合意原則

現行法におけるケースワークの法的構造は，その重要性が高く濫用の危険性

を孕んでいるにもかかわらず，規律密度が著しく低いことは既に指摘した通り
である。そこで，ケースワークが何らかの法的統制に服することを考えた場
合，その基本的な視点となるのは，当事者の合意を原則とし，それに合意に基
づいて実施される手続規制を設けることである。このためには情報提供，任意
性のほか，ケースワークと給付の関係を整理しておくことが必要となるであろ
う。

　(2)　目　　的

　そして，個別事例においてケースワークの目的を明らかにすることが重要と
なる。生活保護法の目的は自立助長にあり，計画策定と実施段階でそれが常に
意識される必要がある。生活保護法は同時に最低生活保障も目的としているの
で，自立と最低生活保障との間に優劣関係を見出すのではなく，最低生活を保
障しつつ自立助長のための支援が不可欠であることを基本的な視点とすべきで
あろう。

　もっとも，自立の助長に向けたケースワークと，最低生活保障という法の世
界とでは，緊張関係を生じることが少なくない。その場合，ケースワークとい
う事実の世界を可能な限り法の世界に翻訳し，法の世界に翻訳されたケース
ワークを実行する際にそれが有効であるのか，法目的に照らしながら検討する
作業を行うことが必要となろう。

　(3)　継　続　性

　保護開始以前から保護廃止以後にわたって，生活問題を解決することがケー
スワークの目的なのであるから，保護開始前後を通じた支援の継続性が重要に
なる。生活保護法だけでケースワークが完結する現行法は見直しの時期にあ
る。

　(4)　制約原埋

ケースワークは被保護者の意向を無視して無制限に行われるべきものではない
ことにも留意しなければならない。ただし危機介入ケースワークも活用される
べきであるので，いかなる場合に介入すべきかの見極めも含め，配慮する必要
がある。

2　組織原理と協働

このようにみてくると，生活保護のケースワークは現在の組織で行うことが適切であるのかという疑問が生じる。協働による支援体制も法的に裏付けがなされているわけではない。複数の専門領域機関で構成されるケースワークの協働体制を法的に担保すべきであろう。

3　立法政策指針

以上を構想するにあたり，具体的にどのような立法をなすべきであろうか。これには①生活保護法の枠内においてケースワークの規律密度を高める場合と，②生活保護法の枠外で一般法としてのケースワーク法，あるいはソーシャルワーク法を構築するもの，あるいは③その両方，といった方向性が考えられよう。生活困窮を端緒として生活問題が顕在化する事例があることと，生活問題の複雑性，支援の継続性の視点から，この両方によって支援体制を構築する立法が望ましいものと考える。

V　おわりに

以上の検討は未だ試論の域を出ず，保護行政や福祉行政，ケースワーク方法論において現実的でないかもしれない。そもそも法的に問題があることもあるかもしれないが，その点も含めて筆者の今後の検討課題である。

[付記]　本稿は科学研究費補助金基盤(C)（16K03347）の助成を受けた成果の一部である。

質疑応答

◆尾藤報告について

尾藤廣喜（京都弁護士会）　清水泰幸会員から，報告趣旨と5本の各報告はどのような関連があるのか，また全体を通してのテーマが考えられるのかという質問があった。5本の報告は1992年以降の生活保護をめぐる状況の中で，判例とか社会的事象の中で問題になったケースを，重要なものを取り上げて報告するという視点でつないだ。1つの統一したテーマを考えるとすれば，生存権保障という重要な機能を持つ制度でありながら裁量の幅が大きいという中で，生存権保障との整合性をどのようにするか，裁量の規制をどう考えるかということになる。

◆小久保報告について

小久保哲郎（大阪弁護士会）　本澤巳代子会員から，生活保護行政の職員の専門性について質問があった。現状は，指摘のとおり，一般行政職員が担当させられていることが多い。昨日まで水道局にいた人が突然，ケースワーカーになる，生活保護法や実施要領などについて，全く知らない人も窓口にいるというのが実情である。本来は，専門性の高い職員が必要である。具体的には生活保護法や関連法律，通知，通達などについて熟知した上で，福祉的な知識とか対応能力を身に着けた人が職に就くべきだ。具体的にどうすればいいのかである

が，裁判の判決を積み重ねることによって本来あるべき規範が確立されることが必要だ。

次に，弁護士の江野尻正明会員からは，「当該制度の利用を必要としている潜在的な受給資格者に対して，周知徹底義務をきちんと位置付けるべきではないか」という提案があった。確かにこういう潜在的な受給資格者に対する周知徹底がなされることが望ましい。ただ，潜在的受給資格者を対象にして何をどこまでやるべきかということを論じると，あまりに広範に過ぎて不明確になってしまう。永井訴訟が控訴審で負けてしまったのは，一般的な周知徹底と窓口での教示を一体的に論じたところに問題があったのではないか。一般的な広報と窓口での個別の教示助言とを分けて，後者の場合の義務を明確にしていくことが現時点では重要と考える。

阿部和光会員からは，「口頭による申請を認めることは当然の前提とした上で，申請書の取得を容易化するために，申請書を公共施設，地域の公民館などに備えるというようなことが必要ではないか」という提案があった。私もそのとおりだと思う。

高木佳世子会員から63条返還をめぐって「自立更生控除に権利性が認められなくても，教示，援助義務違反から裁量権逸脱濫用を認めさせることができる。どのようにして権利性を認めさせていくべきか」とい

う質問があった。私は，権利でなくても，それが重要な利益であれば，教示義務が生じる場合があるのではないかと思う。教示義務があるという判断を積み重ねていくことが，ひいては自立更生控除を受けることの権利性を高めることにもつながっていくのではないか。

清水泰幸（福井大学）　私の質問の意図は，民訴では駄目なのか，国賠ではなく民法上の使用者責任の追及では駄目なのかということを聞きたかった。例えば国立大学の付属病院で，医療過誤について，国賠でやるのか民法上の損害賠償でいくのかという問題があったと思う。

小久保　民法に基づいて，受託した民間事業者が責任を負うだけでは，やはり不十分だと考えている。受託業者は社協が多いが小さな NPO が受けているような場合もあり，支払い能力の問題もある。それ以上に，本来国がやるべき事業を民間に委託している以上，最終的に国が責任を負うという枠組みをつくることが，国なり自治体が責任をもって受託事業者をきちんと指導していくということにつながっていくのではないか。

◆奥貫報告について

奥貫妃文（相模女子大学）　太田匡彦会員から，1つは，大分訴訟の上告審において不服申し立てがなされておらず，審理の対象となっていない問題について，裁判所が判断をして良いというのはなぜか，訴訟法上の大原則に反するのではという指摘をいただいた。確かに，訴訟法上は請求物に対

して，裁判所が判断をするということが基本になっている。私が述べたかったのは，この大分の最高裁の判決は，実は行政措置としての保護申請に関する法的判断を下していないという面でまだ大きな積み残しがある，ということである。

2つ目の質問には江野尻会員からの質問と併せて答える。つまり，行政措置として最低生活保障を行うことは難民条約に反しないとした判断についてどのように考えるか，という質問である。

まず，今回の報告の射程範囲として，国際条約との関わりは射程外とした。ただこの条約の存在というのは非常に大きく，最高裁の見解というのは，難民条約に特に矛盾するものではないという立場を示したと思われるが，私見では，難民条約に矛盾しないとは考えられない。外国人に対しては司法的救済の可能性が閉ざされているということは，「同一の待遇」という難民条約の文言に合致していないと考える。

阿部会員からは，難民である外国人というのは，保護請求権が認められるのかという質問があった。平成2年の口答指示の中では，特別永住者と認定された難民には，行政措置としての生活保護を支給するとしているので，難民に対して，生活保護の法的な請求権は認められていない状況である。

山田晋会員からは，なぜ永住的外国人のみに限定して報告したのか，生活に困窮しているというニーズがあれば誰でもよいという話にならないか，神尾真知子会員からは，報告の中でいわれている永住的外国人

の中に，非正規滞在外国人は含まれるの
か，川崎航史郎会員からも，永住外国人に
のみ生活保護を限定する扱いで良いのか，
という質問があった。今回の報告の中で，
まず生活実態が日本国民と何ら変わらない
外国人には法的な生活保護受給権を認める
べきだということに焦点を絞って報告し
た。もちろん生活困窮状態はあらゆる外国
籍の人に起こり得る。非永住型の外国人に
対しても，生活困窮の状態に陥ったとき
に，別の制度での支援策とか，生活保護の
中での緊急医療の適用などを考えていくべ
きであると考えている。

田中明彦会員から，国民年金の受給から
在日韓国，朝鮮人の方というのは長く排除
されてきていることが，高齢期になってか
ら生活保護になっているのではないかとい
う指摘があった。この点について異論はな
い。

本澤会員から，どこで外国人と日本人と
を分けるのかというのは，実は難しいので
はないか，国民と外国人という2つの概念
だけでは，そこからこぼれ落ちてしまう人
がいるということも踏まえておくべきでは
ないか，との指摘があった。この点につい
ては今後考えていきたいと思う。

最後に，大澤優真氏から，外国人に対す
る生活保護の準用は，2000年の地方自治法
の改正によって，法定受託事務ではなく自
治事務になったのではないか。そうする
と，外国人の生活保護を行うかどうか，そ
の対象をどうするかは，各自治体の裁量に
よって決定されると考えられる。外国人の
生活保護を地方自治体の裁量によって行う

ことは，法的に可能か。さらに，この点
を，外国人の生存権を認めるべきだという
立場からどのように議論しうるのか，とい
う質問があった。ご指摘のように，地方自
治法の改正により，法定受託事務から自治
事務という扱いに変わった。ただ最近は，
排外的な考え方に基づいて，自らの住んで
いる自治体で外国人に生活保護を与えるこ
とは不当であるということで住民訴訟を起
こすといった例がいくつかみられる。そし
てほとんどの自治体では昭和29年通知を踏
まえた上で，生活保護行政を行うこととい
う，自治体内の要綱といったものが出され
ていると思う。

太田匡彦（東京大学）　第一の質問の趣旨
は，なぜそういう事態に陥ったかという
と，当事者訴訟の部分を却下された原告団
が上告しなかったからと考える。自分たち
の欲しい判決を書いてくれるのではという
期待で上告しなかったのであれば，上告し
なかった原告の行動あるいは訴訟の在り方
について，何か思うところはおありかとい
うのが一つ。

それから後段の質問は，難民条約に反し
ているとお考えなのであれば，それが一番
簡単な論証である。ただしそのルールを採
られるなら，普通，国際法上は結果の義務
を課すので，同じ生活水準のものを与えて
いれば反しないと，たぶん政府はそう解釈
していると思う。その部分をどうやって突
破するつもりなのか。そこの部分を議論し
ないで，難民条約違反であるというのは，
片方においてやはり考慮不足の部分が残っ
ているのではないか。

奥貫　ご指摘のように，難民条約に違反しているというのが一番シンプルだというのは考えている。ただ国際条約は，直接適用というものがなかなか認められないという現状があり，今回は触れなかった。今後の検討課題とさせていただく。

神尾真知子（日本大学）　法令の見直しがされてないということは，外国人への生活保護法の適用または準用を否定する根拠とはならないという見解であるが，それについて私は疑問だという指摘をした。また先ほどの話だと生活の実態さえあれば，非正規滞在であろうと，生活保護の適用ないし準用の対象であるということなのか。

奥貫　1つ目の質問については，難民条約の加入の経緯で，国会などでの発言をみると，外国人を排除するという意思で文言を変えなかったとは，私は受け止めていない。法文上の国民という範囲にとらわれることなく，一定の外国人に対しても，生活保護法上の国民の中に含めうるという解釈の余地があると考えている。

◆豊島報告について

豊島明子（南山大学）　井上英夫会員から，朝日・堀木訴訟最判と，老齢加算訴訟の最判と福岡高裁判決とが比較検討されたが，後者は廃止，引き下げであるから憲法25条2項の向上増進義務が論じられるべきであり，憲法レベルからの裁量審査の在り方として，向上増進義務違反については基準引き上げの場合以上に厳しい審査がされるべきではないかとの質問があった。この点は報告の第2において，朝日訴訟から順

に述べ，憲法25条の具体化に係る裁量審査の在り方全般の問題として検討した。質問は，憲法レベルからの議論を展開する可能性を何か述べよという趣旨だと思うが，その点は検討できていない。ただし，法56条が置かれていること自体が，引き下げの際の審査密度向上の論拠になりうるという点は，指摘した。

秋元美世会員から，専門技術的裁量と政策的裁量の関係について，公的扶助の原理としての最低生活保障には専門技術的裁量の優位が含意されていると思うがどうか，現在の生活保護制度では2つの裁量について，ニュートラルな関わり方をしておらず，本来的に専門技術的裁量優位という位置づけがあるのではないかとの質問があった。

質問を拝見し，なるほどと思う。専門技術性の優位は，生活保護法の解釈としても導かれるという考え方は十分可能だろう。

西村淳会員から，政策裁量問題であるとすれば大臣の判断過程を丸ごと追行的に司法審査することが可能とは，具体的にどういうことか分からないとの指摘があった。私は，政策裁量判断プロセスと専門技術的判断プロセスを単純化して切り分けるモデルで考えた。つまり，厚生労働大臣の基準設定の判断過程は，専門技術的な検討が審議会を用いながら行われており，これを受けて財務省との予算折衝が行われ，予算を決める時期までに保護基準改定の最終判断が出るというように，専門技術的プロセスの次に政策判断プロセスがあって最終結論が出るというような，さしあたり単純化し

たモデルで考えた。前半の専門技術的プロセスについては，どういう資料が用いられ，それらがどのように考慮され，どういう結論が導かれたのかという点を，ある程度の密度を備えた形で審査すべきであるし，十分その審査は可能であると考えた。

前田雅子会員から，保護基準の設定に係る判断過程特有の構造に即し，その事後的検証の観点から考慮事項を整序した上で審査の在り方を考えるべきでないか，その際に考慮の基礎となる事実の調査の在り方に司法審査を及ぼす必要はないのかという質問があった。事後的検証の観点から考慮事項を整序するという点については，保護基準の判断過程では様々なデータを収集・整理して加工した資料が準備され検討されるため，検討の基礎とされたデータの不備，つまり，収集自体の不備や，整理・加工の不備といった点があれば，用いる資料の収集・作成過程も大臣の判断過程の一部となる。その点も含めて審査を行うべきと考えている。

西村淳（神奈川県立保健福祉大学）　老齢加算訴訟福岡事件最判は審議会の意見がそのまま大臣の判断になったりしないとしているが，その点が検討されていないと思う。

前田雅子（関西学院大学）　考慮事項を抽出してその重みづけを考えるという単純な考慮要素審査ではない点に留意すべきではないか。専門的な委員会の審議過程は政策的な議論の場ではないので，手続の過程においてどのような審議をし，基礎となった統計はどのようにつくられてきたかが重要である。

秋元美世（東洋大学）　指摘したのは，政策的裁量が予算配分の問題だという点だ。それをいかにコントロールできるかが大切で難しい課題になる。戦後の SCAPIN775 の中に，必要な救済については予算限度を付けてはならないとの原則があり，それは最低生活保障だからだったと思う。今の政治状況では難しいが，この意味を現在の社会保障制度につなげていくことが重要になっている。

◆吉永報告について

吉永純（花園大学）　大曽根寛会員から，生活保護法と第2のセーフティーネットについての質問がある。第2のセーフティーネットを使うことが他法，他施策活用と理解されるのか。それとも，総合的な貧困策を構想するのか。生活困窮者自立支援法については，対象者である生活困窮者とは「現に経済的に困窮し，最低限度の生活を維持することができなくなるおそれのある者」（自立支援法2条）と定義がされている関係上，生活保護と対象者は異なる。ただ，学習支援事業については，「おそれのある」というところで，生活保護受給者家庭の子どもたちにも学習支援事業は適用されている。

また，生活保護法4条2項の「他の法律に定める扶助」は新宿の事件で論じられており，一審判決は，他の法律に定められている扶助は，生活保護によって行われる扶助と，その内容の全部または一部を等しくするものとしている。そしてこれを根拠に，自立支援施設については否定してい

る。政府見解も同様である。このため，生活困窮者自立支援法の事業は，学習支援事業を除き，他法，他施策にならないと考えられる。

舟木浩氏から，「実施要領の要件から恣意的な，真摯な意思を外すのは賛成だ。それに加えて，ケースワーカーの判断過程を事後的にきちんと検証できるような縛りをかけることはできないか」という質問があった。確かにそういうやり方もあろうと思う。例えば保育所の入所事由でも，点数を付けて選考することはよくやられている。ただ，生活保護では最後のセーフティーネットということを考慮する必要性が大きく，各判決が示しているように，例えばその意思に基づいて，すぐに仕事があるのか，またその仕事が最低生活保障をするだけの給料のめどがあるのかとか，その辺りのことも含めて重要な点にウェイトをつけて点数化するということが必要であると思う。それから，その判断過程を事後的に検証するということに関しては，生活保護を受給している場合，あるいは申請者というのは，力関係の上で，実施機関に対して非常に弱いし，情報も少ない。その中では，当事者の参加を保障する機関をつくらなければないと思う。例えば生活困窮者自立支援法では，支援調整会議という会議を設定して，そこで支援計画を立てて，これは本人も同席することになっている。そして計画を常時見直していくことになっている。このようなやり方をしっかりやっていけば，透明性とか判断過程の検証はできるのではないか。一つの可能性として考えて

いる。

田中会員から，「生活保護法4条について，実施要領の改正だけではなく，法律の改正も必要ではないか」という質問が出されている。もちろん，法律の改正も視野に入れるべきだと思う。ただ，現実的な実現可能性という点で，3要素のうち意思要件を外すとかを考えてはどうかというのが今回の私の提案である。しかし，本来は，稼働能力活用要件不充足を理由としては，要保護性がある人を保護から排除することはできないのではないか。就労にかかわる問題については，就労支援をソーシャルワーク的な支援に変えていかないといけないと思う。保護受給中の就労指導は生活保護法60条を根拠に，27条の2に基づいて支援をしていく，指導していくということになると思う。

稼働能力活用要件が問題になった裁判の過程を見ると，稼働能力活用要件は，初めから実施機関が主張した理由ではなく，基本的に後付けの理由である。例えば，林訴訟では，ホームレスであるから受給資格がないと最初言っていたのが，厚生大臣の裁決における理由付けあたりから稼働能力活用要件が持ち出されてきている。新宿訴訟でも，ホームレスが自立支援施設への入所を拒否したからというのが申請却下の実際上の理由である。

こうしたことから，稼働能力活用要件が生存権の保障から見て許されるのか，という問題を考えると，あまりに抽象的で要件として成り立たないのではないかと考えられ，結論的には田中会員が指摘するよう

に，立法論としては廃止すべきだと思う。

◆丸谷報告について

田中明彦（龍谷大学）　自立の定義について。自立とは保護を受けなくなることか，保護を受けながらの自立は観念できないか。

丸谷浩介（九州大学）　自立は個別の状況において一義的に定められないから，本報告では積極的に定義していない。保護を受けなくなることが自立を意味するものとは考えていない。

太田　自立助長という目的の中身をさらに検討する必要はないか。合意に委ねればそれで良いのか。

丸谷　当事者が情報提供し，理解し，意見表明した上で，どのような自立像が描けるかという一連の流れが必要になるという意味で合意原則が導出される。その合意形成をいかに支援するか，形成された合意内容を吟味することは別の問題である。

山田晋（広島修道大学）　ケースワークに非対等性があるが，合意原則が成り立つのか。保護廃止後のフォローアップは，従属を自立後にも強いるということにならないか。

丸谷　非対等性を，権力性をもつ部分と要保護者に対する支援に分ける。前者は合意を原則とすることができないが後者については合意によって開始される。

保護廃止後はケースワーカーが協働体制の中から抜けることになる。したがって権力的作用が排除され，支援体制は残る。

清水　行政契約概念には揺らぎが見られるが，あえて行政契約という概念を用いることで指導指示にどのような特徴を持たせようとしているか。

丸谷　私人間おける契約と同様に当事者の対等な関係において契約が締結される。それは片務契約であっても双務契約であってもよい。締結された契約に基づいて何らかの債務が履行されるという関係になる。

太田　行政指導としての指導指示と事実行為としての指導指示を分けるのはなぜか。

丸谷　行政手続法2条6号の定義規定による。同号は一定の行政目的を実現するためという規定であるので，そのような目的を含んでいない行為は単なる事実行為となる。行政指導であれば救済方法が事実行為とは異なるから，ケースワークにおける行政指導と事実行為は区分する必要がある。

阿部和光（久留米大学）　生活保護のケースワークにおける要保護者，クライアントの権利性との関係をどう考えれば良いか。

丸谷　合意に基づきケースワークの権利義務関係が創設されるので，給付の場面とは別に基礎付けられる。本来は支援の法的な基礎付けが必要であるがケースワークを受ける権利は生活保護法上，観念しにくい。

江野尻正明（愛媛弁護士会）　必要な指導指示を行わないことに対して，指導指示を求める請求権，または不作為を理由とする国家賠償請求権を認められるか。

丸谷　ケースワークを受ける権利は，生活保護法上認め難い。契約構成で説明する場合，27条の2で相談，助言を求めている

シンポジウム　現代の生活保護の法的検討

にもかかわらず，それに対する応答がない
ことに違法性を問うにとどまる。

　西村　ケースワークそのものが裁判所の
司法審査の対象になるか。

　丸谷　債務不履行構成により可能であ
る。

　前田　保護の要件と関わりのある指導指
示に従わない場合に不利益変更処分が行わ
れるか。イギリス法に倣った十分な理由付
けを示す他に，弁明の機会の在り方を考え
るという論点について，どのように考える
か。

　丸谷　不利益処分については直ちにそう
ならない。手続履践，比例原則等を別途考
慮しなければならない。弁明の機会などに
ついては，判断の変更を迫る実質を伴った
ものでなければならない。

◆第72回大会◆

シンポジウム

障害者の所得保障

第72回大会

於：2017年10月14日（土） 小樽商科大学

シンポジウム
障害者の所得保障
〈司会者〉 　　　　　　　　　　　　　　　　　新田秀樹（中央大学）
　　　　　　　　　　　　　　　　　　　　　　菊池馨実（早稲田大学）

〈報告テーマおよび報告者〉
シンポジウムの趣旨 　　　　　　　　　　　　福島　豪（関西大学）
障害年金の給付水準 　　　　　　　　　　百瀬　優（流通経済大学）
障害年金の権利保障と障害認定 　　　　　　　福島　豪（関西大学）
障害者の就労支援と所得保障 　　　　　廣田久美子（宮崎産業経営大学）
障害者の利用者負担のあり方 　　　　　　橋爪幸代（東京経済大学）
障害者の所得保障──総括── 　　　　　　　新田秀樹（中央大学）
質疑応答

個別報告
企業年金制度における「受託者責任」 　　　　川村行論（北海道大学）
　　──イギリス法からの示唆──
〈司会者〉 　　　　　　　　　　　　　　　　加藤智章（北海道大学）

＊以上の報告者・司会者の所属は，報告時点のものである。

シンポジウムの趣旨

福 島 　 豪
(関西大学)

I　近年の動向

　2014年に，障害基礎年金の障害認定に地域差があることが明らかになった。この地域差を解消するため，2016年に精神の障害の認定に際して障害等級の目安を示す等級判定ガイドラインが策定された。これによって，障害認定が厳格化するのではないかとの懸念も指摘されており，改めて障害認定のあり方が問われている。

　他方で，2015年から，マクロ経済スライドが実施されている。これによって，障害年金の給付水準も低下することになった。障害基礎年金のみの受給者が障害年金受給者の約4分の3を占めており，障害は老齢と異なり事前に備えることが難しいので，今後，障害年金の給付水準のあり方が問題となる。

　厚生労働省「平成26年障害年金受給者実態調査」によると，障害年金受給者の27.6%が就労している。障害年金受給者が治療・療養・介助に要した1か月あたりの費用をみると，「0円〜5千円」の割合が最も多く，次いで「1万円〜5万円」となっている。障害年金受給者世帯の年間収入の中央値は183万円であり，障害年金受給者の生活保護の保護率が6.4%である。これらの数字からすると，障害年金に限られない，障害者の所得保障全体を見据えた議論が求められている。

II　シンポジウムの目的・対象・方法

　障害年金または障害者の所得保障は，これまで単独ではシンポジウムテーマ

シンポジウム　障害者の所得保障

として取り上げられてこなかった[1]。しかし，近年の動向からすると，障害者の所得保障をシンポジウムテーマとして取り上げ，本学会で精緻に検討する必要性は高いといえよう。

そこで本シンポジウムは，障害者の所得保障を法学的または政策学的に掘り下げた検討を行うことを目的とする。検討に際しては，一方で，障害者の所得保障の中心である障害年金を取り上げ[2]，近年問題となっている障害年金の給付水準と障害認定を検討する。障害者手当と生活保護は，報告テーマとして取り上げないものの，障害者の所得保障として重要な役割を果たしているので，各報告で必要な限りにおいて言及する。

他方で本シンポジウムは，障害者雇用と障害者福祉という障害者の所得保障に密接に関わる制度を視野に入れる。制度の機能に着目すると，就労による収入の確保と生計の維持を支援することと，介護・医療の利用者負担を軽減することは，所得保障の機能を果たすからである[3]。とりわけ利用者負担は，生計からの支出に当たるものの，収入としての所得の水準は利用者負担の程度を決める際の要素になるとともに，利用者負担の程度が実質的に所得の水準を左右することになる。したがって，本シンポジウムは，障害者の所得保障を障害者の経済的側面における生活保障と広く捉えて，障害者の就労支援・就労所得と利

---

1)　障害者の所得保障が本学会のシンポジウムで取り上げられたのは，本学会の前身である第9回社会保障法研究会シンポジウム「障害者と社会保障法」における堀勝洋「障害者所得保障制度の現状と課題」賃社839号（1982年）20頁以下，第27回大会シンポジウム「障害者の雇用・就労保障，所得保障，福祉サービス及び生活環境整備をめぐる諸問題」における山田耕造「障害者の所得保障をめぐる問題とその課題──無年金問題との関わりでみて」社保11号（1996年）39頁以下である。

2)　本シンポジウムにおける障害年金は，公的年金保険の障害基礎年金と障害厚生年金を指す（永野仁美「障害年金の意義と課題」日本社会保障法学会編『これからの医療と年金』〔法律文化社，2012年〕251-260頁も同旨）ので，労災保険の障害補償年金は，本シンポジウムでは取り上げない。

3)　山田耕造「障害者の所得保障」日本社会保障法学会編『所得保障法』（法律文化社，2001年）174-181頁は，所得保障の目的という観点から，障害者の所得保障に公的年金保険の障害基礎年金，障害厚生年金および障害手当金，労災保険の障害補償年金と障害補償一時金，各種の障害者手当，生活保護の障害者加算を含める。これに対して，永野仁美『障害者の雇用と所得保障──フランス法を手がかりとした基礎的考察』（信山社，2013年）6-8頁は，所得保障の機能に着目して，障害者の所得保障に就労所得の保障と障害に伴う特別な費用の保障も含める。

98

用者負担を検討する。

　所得保障の機能に着目すれば，障害者に就労所得や資本所得がある場合には，所得税の障害者控除が障害者の特別な支出を控除するものなので，所得税の障害者控除も広い意味での障害者の所得保障に含まれる。本シンポジウムは，障害者の所得保障の広がりを認識しつつ，検討の対象を，社会保障と就労による障害者の収入の確保と支出の軽減，なかでも障害年金，就労支援・就労所得，利用者負担という障害者の生活を支える重要な要素に限定する。また，外国の制度はすでに紹介・検討されているので[4]，本シンポジウムの検討の対象は日本の制度とする。

　本シンポジウムは，近年のシンポジウムとの関係では，差別禁止アプローチを共通テーマとする第65回大会シンポジウム「転換期にある障害者法制の課題と展望」[5]と異なり，障害者の金銭面における生活保障という観点から障害者法制にアプローチする。とりわけ障害者の最低生活保障を検討するに当たっては，障害者の貧困の実態を踏まえた議論が必要になるので[6]，社会政策学における議論[7]も取り入れる。

　障害者の所得保障を検討する方法には，様々なものが考えられる。法学的には，制度を法的枠組みに即して分析する方法が通常であるけれども，政策学的には，障害者の「実態」の観点から制度を分析する方法も重要である。制度を法的枠組みに即して分析する方法にも，障害者の所得保障という「目的」の観点から分析する方法，障害者の「権利」の観点から分析する方法，同一の機能

　4）　永野・前掲注3），百瀬優『障害年金の制度設計』（光生館，2010年），百瀬優ほか『欧米諸国における障害年金を中心とした障害者に係る所得保障制度に関する研究〔厚生労働科学研究費補助金平成22年度総括・分担研究報告書〕』（2011年），廣田久美子「障害者の就労支援保障――ドイツ法を手がかりに」社保27号（2012年）83頁以下，福島豪「ドイツ障害年金の法的構造――障害年金による失業保障」社保23号（2008年）75頁以下など。

　5）　社保30号（2015年）3頁以下。

　6）　山田篤裕・百瀬優・四方理人「障害等により手助けや見守りを要する人の貧困の実態」貧困研究15号（2015年）99頁以下，百瀬優「障害者と貧困」駒村康平編著『貧困』（ミネルヴァ書房，2018年）115頁以下。

　7）　百瀬優による一連の業績（例えば，百瀬優「障害年金の課題と展望」社会保障研究1巻2号〔2016年〕339頁以下）を参照。

シンポジウム　障害者の所得保障

を有する障害者施策以外の制度との比較という「機能」の観点から分析する方法がありうる。いかなる検討方法を採用するのかは，報告テーマや報告者によって異なってよいだろう。本シンポジウムは，多様な検討方法によって，障害年金，就労支援・就労所得，利用者負担の現状と課題を浮き彫りにする。[8]

Ⅲ　シンポジウムの構成

　本シンポジウムは，４本の報告と総括によって構成される。

　第１報告は，「障害年金の給付水準」を検討する百瀬報告である。百瀬報告は，障害年金を，その歴史を踏まえつつ，主として障害年金受給者の「実態」の観点から政策学的に分析する。

　第２報告は，「障害年金の権利保障と障害認定」を検討する福島報告である。福島報告は，障害年金を，主として障害者の所得保障という「目的」の観点から法学的に分析する。

　第３報告は，「障害者の就労支援と所得保障」を検討する廣田報告である。廣田報告は，障害者の就労支援と就労所得を，障害者の労働によって生計を立てる「権利」の観点から法学的に分析する。

　第４報告は，「障害者の利用者負担のあり方」を検討する橋爪報告である。橋爪報告は，障害者の利用者負担を，同一の機能を有する医療・介護・保育における利用者負担との比較という「機能」の観点から法学的に分析する。

　最後に，各報告を要約するとともに，障害者の所得保障の論点と展望を示すものとして，新田総括がある。

---

　8)　なお，本シンポジウムは，「障害者」という法令上の表記を用いる。なぜなら，障害者の表記，特に害の意味について多様な考え方がある中で，法学者にはさしあたり法令という土俵で検討することが求められると考えているからである。その意味で，障害者の表記に関する立法論を否定する意図はない。しかし，本シンポジウムは，障害者の表記を検討することを目的としないので，法令上の表記に従う。

障害年金の給付水準

百 瀬　優

（流通経済大学）

I　はじめに──障害者の収入と相対的貧困

　本稿では，障害年金の給付水準をとりあげるが，本論に入るための前提として，障害者の収入と相対的貧困の状況を概観したい。

　障害者本人の年収に着目した場合，政府の調査でも民間団体の調査でも，障害者の半数近くが年収100万円以下と極めて低いことが明らかになっている。また，厚生労働省「国民生活基礎調査」の個票を用いた分析によれば，障害や身体機能の低下などで手助けや見守りを必要とする者という限定をした場合，（20〜64歳の）障害者の相対的貧困率は30％弱と推計される。障害の定義の方法に課題があるものの，この結果は，障害者が貧困状態となる可能性が高いこと，また，国際的に見ても，その可能性が高いことを示唆する。[1]

　一方，厚生労働省「年金制度基礎調査（障害年金受給者実態調査）平成26年」（以下，「実態調査」）では，障害年金受給者の世帯総収入が確認できる。その中央値は183万円と低い。ただし，この数値は世帯規模の違いが考慮されていない。「国民生活基礎調査」の貧困線を参考にして，単身世帯で世帯総収入100万円未満，2人世帯で150万円未満，3人世帯〜5人世帯で200万円未満，6人以上世帯で300万円未満の世帯を貧困状態にあると見た場合，受給者全体の約36％が世帯レベルで見ても極めて低収入の貧困状態にある。また，年金と他の収入をあわせても最低限度の生活ができず，生活保護を同時に受給する者も，受給者全体の約6％存在する。これらを年金種類別に見た場合，図表1のように，障害厚生年金3級受給者や障害基礎年金のみの受給者で貧困状態にある者

　　1)　百瀬優「障害者の貧困の統計的把握」週刊社会保障2853号（2015年）を参照。

シンポジウム　障害者の所得保障

図表1　障害年金受給者の貧困と生活保護

	（世帯レベルで見て）貧困状態にあると思われる障害年金受給者の割合	生活保護を同時に受給している障害年金受給者の割合
障害厚生年金1級	16.3%	1.2%
障害厚生年金2級	25.2%	4.1%
障害厚生年金3級	34.3%	8.4%
障害基礎年金1級（のみ）	41.2%	3.8%
障害基礎年金2級（のみ）	37.6%	9.0%

出所：厚生労働省「年金制度基礎調査（障害年金受給者実態調査）平成26年」より筆者作成

や生活保護を併給する者が多い傾向が見られる。

　このような現状に対して，就労収入が貧困状態から抜け出す鍵になるため，就労の場の確保や就労支援などの雇用政策が重要になると考えられる。現金給付については雇用政策と対立的な側面が強調されることもあるが，障害者の貧困の削減という観点からは，両施策は二者択一ではなく，どちらも欠くことができない。そこで，本稿では，障害者に対する現金給付として最大規模である障害年金の給付水準について，歴史的経緯と受給者実態も踏まえて，その根拠や妥当性を検討する。また，障害年金の給付水準と障害者手当や生活保護等の関連制度や就労収入との関係についても論じる。さらに，2004年年金法改正が障害年金の給付水準に及ぼす影響を確認する。最後に，障害年金の給付水準の今後を展望する際に留意すべき点を整理した後に，見直しの方向性を論じる。

II　障害年金の給付水準にかかわる論点

1　障害基礎年金2級の水準

　本節では，障害年金の給付水準にかかわる3つの論点をとりあげる。第一の論点は，障害基礎年金2級の水準である。現在，障害年金受給者の約4分の3が基礎年金のみの受給者であるが，障害基礎年金の新規裁定の7割が2級である。それゆえ，この水準が最も重要な給付水準と言える。現行制度では，障害基礎年金2級は老齢基礎年金満額に等しく，支給月額は約6.5万円となってい

る。

(1) 歴史的経緯とその根拠

1959年国民年金法で，拠出制障害年金2級は老齢年金の額に揃えられた。障害年金を老齢年金に揃えたのは，被用者年金の例に倣ったためとされる。その背景には，障害は，常時介護を要しなければ，老齢に類似するという判断や障害は老齢の早期到来という考え方があった。ただし，被保険者期間が短い場合は，恒常的な老齢年金の最低基準額まで引き上げられる形になっていた。被保険者期間が長い受給者は当面発生しないので，事実上，25年拠出の老齢年金と同額の定額給付であった。この老齢年金の最低基準額は，生活保護の4級地における高齢者の基準額から家計内の共通費用分を差し引いて算出されていた。[2]

この取り扱いが1966年改正で若干変更される。前年の厚生年金保険法改正により，厚生年金20年加入の定額部分相当が遺族年金および3級障害の最低保障額となった。それにあわせて，この改正以降，1985年改正まで，拠出制障害年金2級の額は国民年金の老齢年金ではなく，厚生年金の定額部分に準拠して引上げが行われる。この厚生年金の定額部分は，1954年改正により，生活扶助基準額2級男子60歳以上の飲食費，衣服費，保健衛生費，家具什器費，水道光熱費および雑費を加えた額に近い水準として定められていた。[3]

一方で，拠出制とは別に，1959年国民年金法で導入された障害福祉年金は，老齢福祉年金に介護加算を加えた水準として設定されている。その水準は生活保護4級地における障害者単身世帯の生活扶助の2分の1に相当していた。その後，1973年改正で障害福祉年金2級が創設されるが，その水準は老齢福祉年金と同額とされた。なお，障害福祉年金は1973年改正まで，高齢者に比較して障害者の生活水準が低く，かつ，受給者自身が生計の中心者となっている場合が多い事実を考慮して，老齢福祉年金よりも優先的に増額されてきた経緯があ

---

2) 厚生省年金局『国民年金の歩み　昭和二四〜二六年度』（厚生省年金局，1962年）155頁，小山進次郎『国民年金法の解説』（時事通信社，1959年）164-165頁，社会保障制度審議会「国民年金制度に関する基本方策について」（1958年6月）を参照。

3) 厚生省保険局編『厚生年金保険十五年史』（厚生団，1958年）352-353頁，社会保障庁運営部編『国民年金三十年のあゆみ』（ぎょうせい，1990年）153頁，国民年金審議会「国民年金の改正について」（1972年10月）を参照。

シンポジウム　障害者の所得保障

る。それでも，老齢福祉年金との均衡から水準は低く抑えられており，特に[4] 1985年改正前の時点では障害年金受給者の約半数が障害福祉年金を受給していたため，この水準の低さが問題視されていた。

　これらの給付水準が大きく変わるのが1985年改正である。まず，従来の障害福祉年金の水準が拠出制年金と同額に引き上げられた。従来の水準と比べて２倍以上となった引上げが実現した背景には，障害者生活保障問題専門家会議の提言（障害年金制度における拠出制の年金受給者と福祉年金受給者の間の給付格差の解消を図るべきである）や厚生省の山口新一郎氏のイニシアチブがあったとされる。この改正の直後には，生活保護を受給する障害者が減少した。[5]

　また，同改正で，障害基礎年金２級は，老齢基礎年金満額相当となった。この満額は，旧国民年金の25年拠出の水準と同程度の水準として決められたものと思われるが，その根拠として，最も強調されたのは，生活扶助の基準額ではなく，高齢者の基礎的な消費支出（食料費，住居費，光熱費，衣服費）を保障する水準であった。その他，基礎年金の給付水準に関連して，国会審議では，基礎年金だけというのは農業や自営業など老後もある程度の収入や資産を持っている場合が多いという説明もなされている。[6]

　(2)　妥当性の検証

　現在の２級の水準が準拠した老齢基礎年金満額は高齢者の基礎的な消費支出を賄うことのできる水準とされてきた。しかし，障害者世帯の消費支出は高コストであり，高齢者と障害者では基礎的な消費支出も異なると考えられる。[7]障害に伴う特別な経費は，介護費に限らず，食料費，住居費，衣服費，保健衛生費，雑費等で広く存在する。生活保護では，それに対応して，障害年金２級相

---

4)　厚生省年金局・前掲注２）168頁，総理府社会保障制度審議会『国民年金制度に関する答申』（総理府社会保障制度審議会，1958年）24頁，社会保険庁運営部・前掲注３）140頁を参照。

5)　百瀬優・山田篤裕「厚生官僚オーラルヒストリー研究（第５回）　公的年金の1985年改正」週刊社会保障2946号（2017年）44-49頁を参照。

6)　吉原健二『新年金法──61年金改革　解説と資料』（全国社会保険協会連合会，1987年）45-46頁，第102回国会衆議院社会労働委員会議録第４号（1984年12月13日）を参照。

7)　馬場康彦『生活経済からみる福祉──格差社会の実態に迫る』（ミネルヴァ書房，2007年）第７章を参照。

当でも障害者加算をつけている。

　また，基礎年金だけの受給者としては，高齢期もある程度の収入や資産を有する者が念頭に置かれていた。しかし，障害者の場合，基礎年金だけの受給者が多いものの，年金受給前の資産形成が難しい。さらに，公的年金以外の就労外収入も獲得しにくい。その一方で，障害者の場合，就労収入が高齢者以上に期待できる可能性がある。実際に，「実態調査」によれば，障害基礎年金2級のみの受給者の約3割が就労している。しかし，就労する受給者の7割が年収100万円未満であり，その多くが低収入となっている。それゆえ，図表1で示したように，障害基礎年金2級のみの受給者は相対的貧困状態や生活保護受給に至りやすくなっている。

　確かに，老齢と障害には共通する部分があり，制度創設時や1985年改正時に老齢年金と障害年金を揃えたことには一定の合理性があった。ただし，老齢と障害のリスクに違いがあることも事実であり，過去には，福祉年金において，明示的に，障害者を優遇していた時期もある。

　ただし，障害基礎年金2級の受給者と一口に言っても，その実態は多様である。報酬比例部分（や労災年金）も同時受給している者，持ち家を保有している者，一般就労をしている者，障害に伴う特別な経費がほとんどかからない者もいる。こうしたなかで，老齢ではなく障害であるという理由だけで一律に優遇することには問題があることも指摘できる。

2　障害厚生年金3級の水準

　第二の論点は，障害厚生年金3級の水準である。現在，障害年金受給者の1割弱，障害厚生年金受給者に限定すれば，3割強が3級の受給者となっている。しかも，障害厚生年金だけで見た場合，新規裁定受給者数の半分が3級の受給者であり，3級の重要性が高まっている。現行制度では，3級は厚生年金の報酬比例部分のみとされ，加給年金も対象外となる。ただし，基礎年金満額の75%の最低保障額も設定されている。平均年金月額は約5.6万円である。

（1）歴史的経緯とその根拠

　3級の障害年金は，1954年の厚生年金保険法改正で，労働に著しい制限が加

シンポジウム　障害者の所得保障

わる程度の障害として，2級の70%の給付水準で創設された。3級は全面的な生活保障を必要とはしないという理由で，加給年金の対象外とされている[8]。

　1965年改正で，共済年金における1，2，3級の年金額のバランスにあわせて，3級の水準は2級の75%の給付水準となった。同時に最低保障額が設定された。同改正では1万円年金が掲げられたが，実際には当時の老齢年金では1万円に達しないことが多くなっていた。そこで，せめて（老齢年金の2分の1であった）遺族年金では1万円年金を実現したいという趣旨から月額5000円の最低保障額が設定される。それとの均衡で，3級の障害年金にも同額の最低保障額が設定されることになった。この最低保障額は，厚生年金の定額部分相当とされたため，高齢者2級地の生活扶助基準とリンクする形になっていた[9]。

　これが1985年改正で大きく変わる。厚生年金の1，2級が障害基礎年金に上乗せする給付として再編される一方で，3級は，厚生年金独自の給付として報酬比例部分のみとされた。ただし，報酬比例部分のみでは極めて低い年金額となる受給者の発生が予想されたため，国会修正によって，基礎年金満額の75%の最低保障額がつけられた。この75%は，従来の3級が2級の75%であったことを根拠としている。なお，国会の政府委員説明では，3級については，障害が軽いから障害年金を出す必要性はどうだろうかという考え方や意見があったことも指摘されている。しかし，これまでの経緯も踏まえて，3級が存置された。その一方で，障害年金が全体的には大きく改善されるなかで，年金の必要度に応じてメリハリをつけるという観点から，働いている人が多いという理由で，3級の給付水準が削減されている[10]。

(2)　妥当性の検証

　1985年改正後の新法では，3級の給付水準だけが大幅に削減されている。1986年度の厚生年金の障害年金受給者1人当たり平均年金月額を見た場合，3

---

8)　厚生省保険局・前掲注3）355-356頁を参照。

9)　山本正淑・船後正道共編『厚生年金保険法精解』（財務出版，1966年）63頁，第48回国会衆議院社会労働委員会議録第26号（1965年4月30日）を参照。

10)　第101回国会衆議院社会労働委員会議録第29号（1984年7月26日），第102回国会衆議院社会労働委員会議録第2号（1984年12月6日），第102回国会衆議院社会労働委員会議録第5号（1984年12月18日），吉原・前掲注6）157頁を参照。

級は旧法が6万2614円に対して，新法が4万6948円となっている。さらに，3級の最低保障額は，改正前が旧厚生年金の定額部分相当で，これは新たな基礎年金満額と近い水準であった。改正後はこの75％とされたため，実質25％カットとなった。同時に，改正前の最低保障額が有していた生活扶助とのリンクもこの時点で切断された。また，障害厚生年金2級の場合，基礎年金が付くだけでなく，加給年金も付くため，2級と3級の年金額の違いが極めて大きくなる。

　これらの内容は，いずれも，3級の労働可能性によって正当化されてきたと言える。ただし，実際には，3級でも働くことができるとは限らない。「実態調査」によれば，現在でも，障害厚生年金3級受給者の半分以上は働くことができていない。さらに，働いている場合でも，およそ半分が労働年収150万円未満である。それゆえ，図表1で見たように，障害厚生年金1級，2級の受給者に比べて，障害厚生年金3級の受給者では，貧困状態に陥ったり，生活保護を同時に受給したりする者が多くなっている。一般的な感覚とは逆に，障害が軽いほど生活困窮に繋がっている。

　その一方で，3級受給者については，基礎年金のみの受給者以上に就労年収のバラツキが大きいことも指摘しなければならない。受給者には，高所得者もおり，受給者の5％弱が就労年収500万円以上である。それゆえ，3級の給付水準を単純に引き上げただけの場合，過剰給付を生む可能性も高くなる。

3　障害年金の1級加算

　第三の論点は障害年金の1級加算である。障害年金の1級受給者は減少傾向にあるが，障害基礎年金のみの受給者では4割強，障害厚生年金の受給者では2割弱が1級の受給者となっている。現行制度では，1級受給者の場合，一律に年金額が25％増となる。

（1）　歴史的経緯とその根拠

　1944年厚生年金保険法では，業務上障害については等級制が用いられていたものの，業務外障害についてはそうではなかった。業務上障害が労災に移管されて，業務上外を区別しない給付水準となった1947年改正において，自用を弁

シンポジウム　障害者の所得保障

ずることができない程度の障害として1級が創設されている。1954年改正によって3等級制に移行した際に，1級は労働不能かつ常時介護が必要な程度の障害と位置付けられた。このときに，1級では，介護加算として，生活保護法の障害者加算（保護基準の特項症の加給額）を参考に，月1000円の加算が行われるようになった[11]。

その後，1965年改正によって加算に変更が加えられる。同改正では，当初，定額加算の引上げが検討されていたが，最終的には，共済年金にあわせる形で，定額加算の増額ではなく，25％の定率加算が導入された。その後，国民年金も厚生年金に倣って，定額加算から定率加算へ移行している。現在でも，国会審議では，25％加算は介護等の必要経費などに配慮した加算とされている[12]。

（2）妥当性の検証

元々1級加算は，常時介護を要する状態に対する介護加算としての位置付けであり，現在の政府もそれに近い立場をとっている。当初は，加算額が生活保護の障害者加算に基づいていたことからも，その目的や金額の根拠は明確であった。しかし，1965年改正以降は，その目的，その金額の根拠ともに不明確になっている。

導入時の1級加算が参照していた生活保護の障害者加算は，障害に伴う特別な需要に対応するものとされている。その需要は広く捉えられており，障害年金2級相当でも加算が認められている。その他にも，現在の生活保護では，重度障害者の介護需要に対しては，重度障害者加算などの加算が存在する。それゆえ，1級加算には，当初有していたような生活保護の加算との関連はすでに無く，障害者の特別な需要に対応した加算と位置付けることも，純粋な介護加算と位置付けることも難しくなっている。

また，1級加算は，公的年金の性質上，障害等級に応じた一律の加算にならざるを得ない。しかし，もし給付目的が介護加算，あるいは，障害者のその他の経費に配慮した加算であるならば，一律加算には非効率的な側面がある。

---

11)　厚生省保険局・前掲注3）355頁を参照。
12)　山本・船後共編・前掲注9）63頁，第162回国会衆議院厚生労働委員会議録（2005年7月6日）を参照。

「実態調査」によれば，年金制度上の障害等級は同じでも，治療・療養・介助にかかる月額費用は受給者間で大きく異なる。さらに，年金制度上の障害等級の軽重とその費用の多寡を確認すれば（等級が重いほどその費用負担が多い者の割合が増えるという傾向がやや見られるものの），必ずしも両者が明白に一致するわけではない。1級の受給者であってもそうした費用負担がない場合があり，2級や3級の受給者でもそうした費用負担が重い場合がある。こうした実態からみても，1級加算には見直しの余地があると思われる。

Ⅲ　他制度や就労収入との関係にかかわる論点

1　障害者向け手当との関係

本節では，給付水準そのものに関する論点に続いて，障害年金の給付水準と他制度や就労収入との関係にかかわる論点を3つとりあげる。第一の論点が障害者向け手当との関係である。障害者は，所得の喪失だけでなく，障害に伴う特別な出費の増加にも直面する。出費の増加に対しては様々な割引制度や優遇措置があるほか，医療や福祉の分野では，現物給付の形での公的保障もある。しかし，利用者負担の存在も含めて，すべてがそれで賄われるわけではない。

年金制度内では1級加算が存在するのに対して，年金制度外では，こうした出費の増加に対応する障害者向け手当として，特別障害者手当が存在する。しかし，同手当は，支給対象範囲が狭く，さらに，扶養義務者等の所得による支給制限もあり，その役割が極めて限定的になっている。受給者数も約12万人にとどまっている。

一方で，生活保護を受給すれば，障害者加算によって，特別な出費への対応がなされる。それゆえに，生活保護を受給していない2級の障害年金受給者の特別な出費をどこまで公的にカバーするのか（しないのか）が課題になっていると言える。もし，公的にカバーすべきであるならば，前述したような問題点を有する1級加算ではなく，年金制度外の仕組みで対応することが望ましいと考えられる。

また，出費の増加以外に対応する障害者向け手当として，無年金障害者に対

シンポジウム　障害者の所得保障

する特別障害給付金と障害基礎年金受給者に対する障害者生活支援給付金（今後実施予定）が存在する。後者は，低所得の障害年金受給者に対する支援およびマクロ経済スライドによる給付水準低下の緩和としての意義が認められる。ただし，保険料納付意欲への配慮により，給付金額が低くならざるを得ない。また，3級の障害厚生年金受給者に対しては，低所得であっても支給されない。その一方で，障害者生活支援給付金の支給範囲は（社会保障・税一体改革関連法案に関する3党合意文章によれば），20歳前障害基礎年金の支給範囲を参考として決定するとされている。この範囲は比較的緩やかなため，低所得とは言えない障害年金受給者にも支給が行われる可能性がある。[13]

2　生活保護との関係

障害基礎年金2級の水準の箇所で述べたように，1985年改正までは，国民年金でも厚生年金3級でも，形式上，その給付水準は厚生年金の定額部分に一致させられてきた。そして，この定額部分は2級地の高齢者の生活扶助ともリンクしていた。生活保護全体ではなく，あくまでも生活扶助基準ではあるが，少なくとも障害年金の給付水準については生活保護が意識されていたことになる。しかし，1985年改正以降，障害年金の給付水準は生活扶助とも切り離される。

また，2001年の厚生労働省資料（「公的年金制度に関する考え方（第2版）」）でも，基礎年金満額の水準は，現役時代に自立した生活を営んで構築した生活基盤と合わせて，一定の水準の自立した生活を可能とする考え方で設定されており，基礎年金だけで生活保護の水準を上回らなければならないという考え方はとられていないと記されている。

しかし，ほとんどの障害年金受給者は，現役時代に構築した生活基盤を前提にできず，それゆえ，障害基礎年金2級やそれを下回る障害厚生年金3級の水準では，手当か就労で補われることで，所得面で自立した生活が可能になる。

実際には，それが難しいため，家族に扶養されて生活するか，生活保護を併

---

13)　百瀬優「障害年金の視点から見る平成24年年金制度改革」週刊社会保障2747号（2013年）を参照。

障害年金の給付水準（百瀬）

図表 2　年金と生活保護の併給状況（2013年度）

	年金受給者数(A) 単位：千人	年金受給有の被保護者数(B) 単位：人	年金生保併給率（B/A） 単位：%
障害年金	2,009	120,505	6.0
老齢年金	39,270	426,067	1.1
遺族年金	6,615	38,746	0.6

注1：各年金の(A)は，厚生年金保険と同一の年金種別の基礎年金を併給している者の重複分を控除した
　　場合の数値である。
注2：老齢年金の(B)は，通算老齢年金も含めた数値となっているため，老齢年金の(A)にも通算老齢年金
　　を含めている。
出所：(A)は厚生労働省『平成25年度 厚生年金保険・国民年金事業年報』に，(B)は厚生労働省「平成25
　　年度 被保護者調査」に基づく。

給せざるを得ない障害年金受給者が生まれている。その証左として，図表2で
示したように，老齢年金や遺族年金に比べて，年金と生活保護の併給者が多く
なっている。また，図表では省略しているが，その割合も増加傾向にある。

　併給となった場合は，障害年金は全額収入認定されるため，併給の増加は，
受給者にとっての障害年金の意義を失わせていくことに留意する必要がある。
その意味で，障害年金の防貧機能の強化あるいは年金を補足する給付の強化が
求められる。

　その一方で，障害基礎年金だけで生活保護を上回る水準を支給することが望
ましいという考え方もあるが，障害年金受給者の多様性と年金財政的な問題を
考えるとその実現は極めて困難な状況にある。

3　就労収入との関係

　日本の障害年金では，原則として，就労をして収入を得たとしても，それを
もって障害年金が直ちに支給停止になったり，年金額が減額されたりすること
はない。確かに30条の4に基づく障害基礎年金には2段階の所得制限がある
が，その基準は緩やかに設定されている。

　そのため，受給者の一部で，一般労働者の平均年収以上の就労収入を受け
取っている者が存在する。また，「実態調査」によれば，年金月額の高低と就
労収入の高低はあまり関係がなく，高額の年金受給者であっても，高額の就労

社会保障法第33号（2018）　111

シンポジウム　障害者の所得保障

収入を受け取っていることがある。

その一方で，有期認定の場合，更新時の就労状況によって，障害等級の変更が行われ，結果として，年金額の大幅な減額や年金支給の打ち切りが行われることがある。特に，精神の障害では有期認定が多いため，このようなケースが生じ得る。実際にはそのような減額や打ち切りが全体からみて少なかったとしても，そのことが有期認定の受給者の就労の開始や就労時間の増加を躊躇させる要因になる。

つまり，障害年金の給付額と就労収入の調整がゼロかイチかの両極端になっており，一方で過剰給付の可能性を生み，他方で就労阻害の可能性を生んでいる。これを回避するためには，所得額に応じて年金額を緩やかに調整する方法が考えられる。ただし，拠出制年金に所得調査による年金額の調整を入れることには，理論的な観点や実務的な観点からの批判が生じることが予想される。

IV　障害年金の給付水準の今後

1　2004年年金法改正の影響

前節までの検討を踏まえて，本節では，障害年金の給付水準の今後について展望したい。その際に避けて通れないのが，2004年改正の影響である。

2004年改正前にも，老齢年金について，1985年改正の給付適正化や1990年代の支給開始年齢の引上げといった大きな改革が行われたが，それらは，障害年金の給付水準には影響を及ぼさなかった。しかし，過去の改正とは異なり，2004年改正のマクロ経済スライドが発動されれば，少子高齢化を背景とした給付水準の削減は，障害年金にも等しく適用されることになる。

しかし，障害年金では（特に発症年齢の比較的若い精神の障害の受給者が増えていることからも），受給者が公的年金以外の資産形成を受給前に行うことが難しい。また，受給者の多くは基礎年金部分しか受給していない。さらに，企業年金のような私的年金の活用も期待できないだけでなく，受給開始年齢の繰下げの選択といった形でも水準低下をカバーすることができない。つまり，マクロ経済スライドによる給付水準の低下は障害年金受給者により深刻な影響を与え

ることになり，これを無視することはできない。

　また，保険料水準固定方式も障害年金の今後に影響する。保険料率の上限が固定され，その範囲内で年金給付を行う場合，老齢・遺族・障害の3種類の年金が年金財政的に区別されていない以上，障害年金の給付水準を大きく引き上げれば，そのしわ寄せが老齢年金や遺族年金に及ぶことになる。

　他の条件を所与とした場合，現時点での障害年金の充実は，その規模にもよるが，現在の給付財源が増えて，将来の給付財源が減ることになり，将来世代の老齢年金の所得代替率にマイナスに作用する。つまり，2004年改正によって，長期的に見れば，障害者の所得保障が後退して行く一方で，この改正によって，障害年金を充実させることが難しくなっている。

　もちろん，理論的には，障害年金を老齢年金から切り離していくことも一つの案として考えられる。実際に，両年金を別制度で運営している国も少なくない。ただし，現実的には，このような大幅な改革を実施することは容易ではない。特に，近年は，若い世代の公的年金に対する信頼感の確保という点で，障害年金が老齢年金と同一制度内にあることの意義を強調せざるを得なくなっている。実際に，現在の年金教育や年金広報で最も重視されていることのひとつが障害年金の周知である。

2　今後の展望

　これまでの検討に基づけば，障害年金の給付水準の今後を展望するときに留意すべき点は，①障害と老齢の違い，②障害基礎年金2級のみの受給者の経済状況，③障害厚生年金3級の受給者の就労状況，④障害年金受給者の多様性，⑤1級加算の位置づけの困難と非効率的側面，⑥特別障害者手当の限定的役割，⑦障害者生活支援給付金の限界，⑧障害年金と生活保護の併給者の多さ，⑨年金と就労収入の両極端な調整の問題点，⑩マクロ経済スライドの影響，⑪老齢年金とのバランスの11項目に整理できる。このような留意点を踏まえた具体的な制度設計の在り方については，本稿の射程を超えているが，以下4点の指摘をしたい。

　第一に，障害基礎年金2級のみの受給者の経済状況，障害年金と生活保護の

シンポジウム　障害者の所得保障

併給者の多さ，マクロ経済スライドの影響等を踏まえれば，老齢年金とのバランスを崩さない形で，障害基礎年金２級の水準の引上げを検討する余地があるのではないか。なお，現在の年金改革論議のなかで，基礎年金給付算定の納付年数の上限を40年から45年に延長し，納付年数が伸びた分にあわせて基礎年金を増額する案がある。この案が，満額の変更という形になるのであれば，老齢年金とのバランスを崩さない形で障害基礎年金が増額されることになる。

　第二に，障害年金受給者の多様性，１級加算の位置づけの困難と非効率的側面，特別障害者手当の限定的役割，老齢年金とのバランス等を踏まえれば，障害と老齢の所得保障ニーズの違いについては，年金制度内ではなく，年金制度外の手当で対応する方向を強める必要があるのではないか。例えば，１級加算と既存の手当の役割分担の再編なども考えられる。

　第三に，障害厚生年金３級の受給者の就労状況，障害者生活支援給付金の限界，障害年金と生活保護の併給者の多さ等を踏まえれば，障害厚生年金３級の位置づけを再検討する余地があるのではないか。1985年改正による給付水準引下げの前提条件が現在の３級受給者でも成り立つのかどうか，慎重な判断が求められる。一方で，３級受給者については就労に結びつけることが特に重要になるため，就労支援との連携や後述の就労収入との調整も求められる。

　第四に，障害厚生年金３級の受給者の就労状況，障害年金受給者の多様性，年金と就労収入の両極端な調整の問題点等を踏まえれば，障害年金と就労収入を調整する方法を検討する必要があるのではないか。年金と就労収入の緩やかな調整については理論的あるいは実務的な批判も考えられるが，在職老齢年金の事例だけでなく，被用者年金一元化前の障害共済年金でも，同様の調整が行われていたこともあり，調整が不可能とは言えないであろう。

　最後に，障害年金の給付水準の今後を考えるうえでの課題として，議論の場の不在も挙げたい。障害年金は，社会保障審議会の年金部会と障害者部会の両方にまたがる論点であるが，いずれの部会でも他の論点が優先となり，それが取り上げられることは少ない。障害者の貧困の状況と障害者の所得保障における障害年金の重要性を鑑みれば，こうした状況も見直されるべきと思われる。

障害年金の権利保障と障害認定

福 島　豪
(関西大学)

Ⅰ　本稿の検討課題

　本稿は，第1に，障害年金の憲法上の権利保障を検討する（Ⅱ）。第2に，障害年金の障害要件と障害等級表の構造・解釈を検討する（Ⅲ）。第3に，障害等級表の構造・解釈を踏まえて，知的障害と精神障害を含む精神の障害の認定基準，具体的には障害認定基準と精神の障害に係る等級判定ガイドラインを検討する（Ⅳ）。最後に，障害等級のあり方に言及する（Ⅴ）。[1]

Ⅱ　障害年金の権利保障

1　障害年金の目的と方法

　障害年金は，障害者の所得保障のすべてではないけれども，その中心を担っている。障害年金の目的は，障害者が心身の障害によって所得を稼ぐことができない場合に，代わりの所得を保障することである。この目的は，最低生活保障の考え方に基づく障害によって必要となる生活費を保障するものと，従前生活保障の考え方に基づく障害によって失われた所得を補うものに区別できる[2]。必要な生活費を保障するという目的は，20歳以上の国内居住者を被保険者とし

---

1)　本稿は，福島豪「障害年金の現代的課題」年金と経済35巻4号（2017年）3頁以下での障害年金が直面する課題の検討を前提に，そこでは検討が不十分である障害年金の憲法上の権利保障と障害認定の基準を論じるものである。

2)　最低生活保障と従前生活保障の考え方については，菊池馨実『社会保障法』（有斐閣，2014年）31-32頁を参照。

社会保障法第33号（2018）　115

て定額年金を支給する国民年金によって，失われた所得を補うという目的は，被用者を被保険者として報酬比例年金を支給する厚生年金によって担われている。したがって，障害基礎年金は，20歳以上の障害者が障害によって必要となる基礎的な生活費を保障することを目的とする。これに対して，障害厚生年金は，障害が重度の場合には障害基礎年金と相まって，被用者であった障害者が障害によって失われた従前の所得を補うことを目的とする。

障害年金は社会保険によって行われているけれども，障害年金の方法には拠出制年金と無拠出制年金がある。障害基礎年金の目的は，国民年金の加入期間中に初診日のある障害者に対する拠出制年金と，20歳前に初診日のある障害者に対する無拠出制年金という方法によって実現されている。これに対して，障害厚生年金の目的は，厚生年金の加入期間中に初診日のある障害者に対する拠出制年金という方法によって実現されている。

2 障害年金の憲法上の権利保障

障害年金の支給要件は，後で述べる障害要件を除くと，拠出制年金と無拠出制年金で異なっている。すなわち，拠出制障害年金の場合には，障害者が初診日に国民年金または厚生年金の被保険者であれば初診日加入要件が満たされ，加入期間が短くても初診日の前日までに国民年金加入期間の3分の2以上の保険料拠出期間があれば，特例措置によって直近1年間のうちに保険料未納期間がなければ（1985年改正法附則20条・64条），保険料拠出要件が満たされる（国年30条1項，厚年47条1項）。それゆえ，障害者本人の事前の拠出が要求される。これに対して，無拠出制の20歳前障害基礎年金の場合には，障害者が初診日に20歳未満であるという初診日20歳未満要件は必要であるけれども，保険料拠出要件がなく，障害者本人の事前の保険料拠出は要求されない（国年30条の4第1項）。20歳前障害者は，国民年金に加入する20歳より前に保険料を拠出することができないからである。

障害年金の額は，障害基礎年金と障害厚生年金で異なる。すなわち，障害基礎年金の額は，老齢基礎年金の満額であり（国年33条），老齢基礎年金の額のように保険料拠出期間が480月，つまり40年に満たない期間や保険料免除割合に

応じて減額することはない。これに対して，障害厚生年金の額は，障害者の厚生年金加入期間中の平均的な標準報酬に比例した額である。ただし，最低保障期間があり，加入期間が300月，つまり25年に満たない場合には25年加入したものとみなす。また，障害等級3級の障害厚生年金には，障害基礎年金の額の4分の3，つまり老齢基礎年金の満額の4分の3を保障するという最低保障額がある（厚年50条）。

　障害年金受給権は，前に述べた支給要件を満たす場合に発生するけれども，どのような憲法上の権利保障を受けるのか。本稿は，この問題を，老齢年金受給権と比較しながら検討する。拠出制の障害年金受給権は，老齢年金受給権と比べて，緩やかな保険料拠出要件によって発生し，保険料拠出期間や報酬に比例した年金額よりも一定の年金額を保障するので，保険原理が要請する事前の拠出の尊重よりも扶助原理が要請する所得保障の必要の尊重に応えるものといえる。障害は，老齢と異なり早期に発生するので，障害者は，高齢者と異なり事前に長期に渡って保険料を拠出することが難しいからである。それゆえ，拠出制の障害年金受給権は，障害者本人の事前の拠出によって取得されるので，憲法29条に基づく財産権保障の対象になるものの，老齢年金受給権と比べて弱い程度の財産権保障を受けるので，むしろ憲法25条に基づく生存権保障を具体化する権利といえる[3]。障害厚生年金受給権も，障害者の厚生年金加入期間が長期でないと，財産権保障が要請する事前の拠出に比例した年金額を保障するものにならないからである。

　これに対して，無拠出制の20歳前障害基礎年金受給権は，20歳前障害者に一定の年金額を保障するので，扶助原理が要請する所得保障の必要の尊重のみに応えるものである。20歳前障害者は，所得保障の必要が高いからである。それゆえ，20歳前障害基礎年金受給権は，もっぱら生存権保障を具体化する権利といえる。

　そうすると，障害年金受給権は，財産権保障を通じた現状保障よりも，生存

3）　立法者が拠出制の障害年金受給権を制約する場合にも，財産権保障の観点からの正当化が問われるけれども，老齢年金受給権を制約する場合に加えて，立法者に特別な正当化が求められるわけではない。

シンポジウム　障害者の所得保障

権保障を通じた現状保障を受ける。生存権保障は，障害者の最低生活水準を下回らない年金額の保障を要請するので，立法者がすでに発生した障害年金受給権を法改正によって不利益変更する場合には，とりわけ障害者の最低生活水準を下回らない年金額を保障するという生存権保障の観点からの正当化と配慮が求められる。[4]つまり，憲法25条は，障害年金受給権の存続を要請するのか。

憲法25条に関連して，障害者権利条約28条は，障害者に相当な生活水準についての権利と生活条件の不断の改善についての権利を認めている。このうち，相当な生活水準についての権利は，食糧，衣類，住居が例示されているので，最低生活の保障を要請し，生活条件の不断の改善についての権利は，生活条件の積極的な展開可能性の保障を要請すると考えられる。しかし，生活条件の展開可能性は，障害年金よりも就労所得によって獲得されるものであるから，障害者権利条約27条に基づく労働についての権利と密接に関連する。[5]したがって，障害者権利条約28条の要請は，障害年金との関係では憲法25条の要請と異なるものではないので，本稿は憲法25条の観点から検討する。

3　障害年金の給付水準の引き下げ

百瀬報告によると，障害者は，高齢者と比べて障害に伴う費用など多くの生活費を必要とするにもかかわらず，障害年金受給者には，障害基礎年金のみの受給者が多く，障害基礎年金2級の額は，障害者の基礎的な生活費を賄える水準として制度設計されていない。この指摘を踏まえると，次の2つの問題が検討されなければならない。第1に，立法者が障害年金の給付水準を引き下げる措置を採る場合には，正当化が求められるので，立法者が障害年金へのマクロ経済スライドの適用によって障害年金の給付水準を引き下げることは，若年者

---

4)　毛利透ほか『憲法Ⅱ〔第2版〕』（有斐閣，2017年）358頁〔小泉良幸〕。最判平24・2・28民集66巻3号1240頁は，保護基準の引き下げが憲法25条に違反するかどうかを，①引き下げ後の保護基準が最低生活水準を維持するに足りるとした行政の判断の過程と手続に過誤・欠落があるかどうか，②保護基準の引き下げの際に採られた措置が保護受給者の期待的利益を喪失させるかどうかによって検討する。

5)　Gehrken, in: Welke（Hrsg.), UN-Behindertenrechtskonvention mit rechtlichen Erläuterungen, 2012, S. 204 f; Kreutz, in: Kreutz/Lachwitz/Trenk-Hinterberger, Die UN-Behindertenrechtskonvention in der Praxis, 2013, S. 295 f.

と高齢者との間の保険料負担と年金給付の均衡という意味での世代間公平によって正当化されるのか。第2に，立法者が障害年金の給付水準を引き下げる場合には，期待的利益への配慮が求められるので，障害年金を補足する給付として導入された税財源の障害年金生活者支援給付金は，障害者の最低生活を保障するものとして十分なのか。

このうち第1の問題について，世代間公平というマクロ経済スライドの目的は障害者には当てはまらないと考えるのであれば，障害年金へのマクロ経済スライドの適用は世代間公平によって正当化されないとして，立法者にはさらなる正当化が求められるという立場が想定される。しかし，障害年金は老齢年金と同じく年金保険の財政によって運営されており，現在の年金受給者の年金給付は基本的に賦課方式の下で現在の被保険者の保険料負担によって賄われているので，障害年金へのマクロ経済スライドの適用を除外することは困難である。障害年金と老齢年金はいずれも所得を稼ぐことができない場合に代わりの所得を保障することを目的としており，その意味で老齢は加齢に伴い生じる障害であるとともに，障害は老齢の早期発生であると捉えられるので，本稿は，障害年金を老齢年金と同一の財政で運営することに依然として合理性があると考えているからである。それゆえ，年金保険は，高齢者と障害者の年金給付を若年非障害者の保険料負担によって賄っているので，障害年金へのマクロ経済スライドの適用は，若年非障害者の保険料負担を抑制するために避けられない。このように考える場合には，マクロ経済スライドが今後基礎年金の給付水準に大きな影響を与えるといわれているので，生存権保障の観点からは，障害年金を補足する給付が老齢年金を補足する給付以上に必要となる。

ここで問われるのが，前に述べた第2の問題である。障害年金生活者支援給付金は，一定の障害基礎年金受給者に月額5000円（障害等級1級は6250円）を支給するので，障害基礎年金を補足する税財源の給付である。しかし，障害者が障害基礎年金と障害年金生活者支援給付金を併給していても，両者の合計額が地域によっては生活扶助基準額を下回ることがある。加えて，障害年金生活者支援給付金は，障害厚生年金のみの受給者を対象外とするので，低年金障害者の最低生活を保障する機能を十分に果たせない。障害年金生活者支援給付金の

シンポジウム　障害者の所得保障

憲法25条適合性について，生活保護を含む社会保障制度全体で最低生活が保障
されていれば，生存権保障の要請は満たされるという最高裁の立場[6]からは，仮
に障害基礎年金と障害年金生活者支援給付金だけでは障害者の最低生活水準を
下回ることがあるとしても，生活保護の受給可能性がある限りにおいて，憲法
25条に違反しないということになろう。

　憲法25条の解釈論としては，障害者の所得保障という目的を実現するための
方法について立法者に広範な選択の余地が認められており，そこで審査される
のは，立法者が選択した方法が明らかに生存権保障の要請を下回っていないか
どうかである[7]から，最低生活を保障する生活保護が存在する以上，障害年金生
活者支援給付金が憲法25条に違反するとはいえない。確かに，生活保護は，障
害年金を補完し，低年金障害者を含む障害者の最低生活を保障する機能を果た
している。しかし，生活保護には家族による扶養の優先がある（生活保護4条
2項）ので，家族による扶養に依存している障害者は生活保護を受給しにくい
という問題がある。したがって，政策論としては，障害者の最低生活を保障す
るとともに，障害者の家族による扶養に依存しないという意味での自立を支援
するため，生活保護と区別された，障害年金を補足・補完する給付の充実が望
ましい。

　一方で，介護に伴う費用を保障する障害者向けの社会手当の拡充によって，
障害年金を補足する給付を充実するという選択肢が考えられる。しかし，低年
金障害者だけでなく，国民年金の未加入や未納による無年金障害者も存在す
る。そうすると他方で，低年金障害者に対する障害年金生活者支援給付金と無
年金障害者に対する税財源の特別障害給付金を併せて，障害者の個別的な生活
費の必要を充足しながら家族による扶養の優先を緩和した障害者向けの公的扶
助に再編するという選択肢が考えられる。この場合には，障害者向けの公的扶
助は，障害年金を補完する税財源の最低生活保障給付となる。これら2つの選

---

6)　最判平19・9・28民集61巻6号2345頁は，国民年金への加入を学生の意思に委ねたこ
とと任意加入しなかった20歳以上の学生に無拠出制年金を設けるなどの措置を講じな
かったことが憲法25条に違反しない理由として，生活保護制度が存在していることを挙
げる。

7)　小山剛『「憲法上の権利」の作法〔第3版〕』（尚学社，2016年）122頁。

択肢は，相互排他的ではない。というのも，介護費の保障は障害者向けの社会手当で行い，介護費以外の障害者の個別的な生活費の保障は障害者向けの公的扶助で行うという方向性がありうるからである。もっとも，障害年金を補足・補完する給付のあり方は，生活保護の障害者加算と障害年金の障害等級１級加算のあり方を含めた検討が必要となる。

Ⅲ　障害年金の障害要件と障害等級表

1　障害年金の要保障事由と障害要件

　障害年金の要保障事由は，前に述べた障害によって所得を稼ぐことができない場合に代わりの所得を保障するという障害年金の目的からすると，障害によって所得を稼ぐことができないことである。障害によって所得を稼ぐことができないので，必要な生活費であれ失われた所得であれ，所得保障の必要があるからである。その意味で，本稿は，障害年金の要保障事由を，心身の障害そのものと捉えるのではなく，障害年金の目的の観点から所得を稼ぐ領域に限定して捉えている[8]。しかし，障害によって所得を稼ぐことができないことが，そのまま障害年金の支給要件として法律で定められているわけではなく，障害年金の要保障事由と法律上の障害要件にズレがある。

　法律上の障害要件は，初診日から１年６か月が経過した日または傷病が治った日に障害等級に該当する程度の障害の状態にあることである（国年30条１項，厚年47条１項）。社会保険による障害年金では，給付の定型性が要請されるので，等級制が採用されている。障害等級は，障害の程度に応じて重度のものから１級，２級，３級である（国年30条２項，厚年47条２項）。障害等級１級と２級は障害基礎年金と障害厚生年金で共通であり，障害等級３級は障害厚生年金

8）　これに対して，太田匡彦「社会保障給付における要保障事由，必要，財，金銭評価の関係に関する一考察」高木光ほか編『阿部泰隆先生古稀記念　行政法学の未来に向けて』（有斐閣，2012年）324-325頁は，障害（厚生）年金の要保障事由を法律上の障害要件の文言から心身の障害と捉えており，実際の所得喪失は支給要件とされていないので，障害が発生しても，より多くの生活費の必要はともかく，失われた所得を補う必要は生じないかもしれず，この点で要保障事由と必要が完全に連結しているとはいえないと指摘する。

のみである。1985年改正による基礎年金の創設に伴い，国民年金と厚生年金で
異なっていた障害等級1級と2級は，障害基礎年金と障害厚生年金で統一され
た[9]。したがって，障害等級1級と2級は日常生活能力の制限という観点から制
度設計されており，労働能力の制限という観点から制度設計されているのは障
害等級3級である。その上で，障害等級の各級の障害の状態は，政令上の障害
等級表（国年令別表，厚年令別表第一）で定められている（国年令4条の6，厚年令
3条の8）。

2　障害等級表の構造と解釈

障害等級表は，障害の状態の例を眼，耳，口，体幹，上肢，下肢といった身
体の部位ごとに個別に示し，例示規定に該当しない障害の状態について包括規
定を置くという姿になっている。包括規定によると，障害等級1級は日常生活
ができない程度であり，障害等級2級は日常生活が著しい制限を受ける程度で
あり，障害等級3級は労働が著しい制限を受ける程度である。

障害等級表においては，日常生活は労働よりも狭い範囲の活動を指し[10]，日常
生活能力と労働能力は概念上区別されているので，身の回りのことができない
ことは，直ちに所得を稼ぐことができないことを意味しない。それゆえ，日常
生活能力の制限は，個人が活動を行うときに生じる難しさという意味での活動
制限に相当し，労働能力の制限は，個人が何らかの生活に関わるときに経験す
る難しさという意味での参加制約に相当する[11]。そうすると，障害等級2級は，
身の回りのことが著しい制限を受ける程度の障害があると，同時に労働もでき
ないはずと考えて，所得を稼ぐことができないとみなしている。それゆえ，障
害等級2級の障害年金の額は，老齢年金の額と同額になっていると考えられ
る。障害等級2級より重度の1級は，身の回りのことができない程度の障害が

---

9)　吉原健二編著『新年金法——61年金改革　解説と資料』（全国社会保険協会連合会，
　　1987年）154頁。
10)　大阪地判平26・10・30裁判所ウェブサイト。
11)　山田耕造「障害者の所得保障」日本社会保障法学会編『所得保障法』（法律文化社，
　　2001年）189頁も同旨。活動制限と参加制約については，世界保健機関（障害者福祉研
　　究会編）『ICF　国際生活機能分類——国際障害分類改定版』（中央法規，2002年）13
　　頁，123頁を参照。

あると，所得を稼ぐことができないとみなしているとともに，介護費が必要になる。それゆえ，障害等級1級の障害年金の額は，障害年金2級の額に1.25倍を加算した額になっていると考えられる。障害等級2級より軽度の3級は，労働が著しい制限を受ける程度の障害があると，所得を稼ぐことが制限されるものの，労働能力は一部残っている。それゆえ，障害等級3級に該当する障害者は，障害厚生年金のみを受給できると考えられる。

　もっとも，障害等級表は，身体の外部障害については，心身機能・身体構造上の問題という意味での機能障害[12]に着目した例を個別に示しているので，身体の外部障害の場合には，日常生活能力の制限や労働能力の制限は問題とならず，機能障害によって日常生活能力の制限や労働能力の制限があるとみなされる[13]。これに対して，障害等級表で個別に例示されていない身体の障害と精神の障害の場合には，包括規定が適用されるので，日常生活能力の制限や労働能力の制限が正面から問題となる。このうち，障害等級3級の労働能力の制限が問題となる場合には，所得を稼ぐことができないかどうかという障害年金の要保障事由の観点から，労働能力の制限を解釈することができる。これに対して，障害等級1級と2級の日常生活能力の制限が問題となる場合には，所得を稼ぐことができないかどうかという観点から，日常生活能力の制限を拡張して労働能力の制限を含むものと解釈する余地はあるのか。というのも，日常生活能力の制限がもっぱら身の回りのことができないかどうかという観点からのみ解釈されるとすると，この文理解釈は，介護の必要を認定できるとしても，所得保障の必要を認定できないので，障害年金の目的に適合しないからである[14]。

---

12)　世界保健機関（障害者福祉研究会編）・前掲注11）11頁，57頁。

13)　新田秀樹「所得の保障」河野正輝・東俊裕編著『障がいと共に暮らす——自立と社会連帯』（放送大学教育振興会，2009年）114頁。

14)　東京地判平28・6・28 LEX/DB 文献番号25536623，東京地判平28・9・29LEX/DB 文献番号25537718および東京地判平29・1・17LEX/DB 文献番号25545668は，いずれも知的障害のある原告の障害等級2級該当性が問題となった事案で，原告の日常生活状況のみならず就労状況も考慮して，原告の障害の状態が障害等級2級に該当しない程度のものと判断した。また，東京地判平29・1・24LEX/DB 文献番号25545672は，双極性障害のある原告の障害等級3級該当性が問題となった事案で，就労状況のみならず日常生活状況も考慮して，原告の障害の状態が障害等級3級に該当する程度のものと判断した。しかし，日常生活能力の制限が問題となる障害等級2級においてなぜ就労状況が↗

シンポジウム　障害者の所得保障

3　障害等級表の解釈適用基準としての障害認定基準

　障害等級表で定められた障害の状態は一義的に明確といえず，基準なく個別に障害等級該当性を判定すると，事案ごとに不統一の認定となる事態を避けがたいので，行政は，請求者間の公平の観点から，障害等級表の解釈適用基準として障害認定基準を通知で定めている。障害認定基準は，障害認定の客観性を担保するため，身体の内部障害については機能障害に着目した例を個別に示しており，基準が比較的はっきり示されている[17]。これに対して，精神の障害については，日常生活能力の制限や労働能力の制限に着目した例を示しており，はっきりとした基準が示されていない[18]。

　したがって，精神の障害の場合には，障害認定基準によっても，日常生活能力の制限や労働能力の制限の解釈が正面から問題となる。特に精神の障害が障害等級1級または2級に該当するかどうかが問題となる場合には，前に述べたように，日常生活能力の制限は，文言の意味内容に従って身の回りのことができないかどうかという観点からのみ解釈されるのか，それとも障害年金の目的を重視して所得を稼ぐことができないかどうかという観点からも解釈されうるのだろうか。本稿は，この問題を，精神の障害の認定基準にいったん依拠して検討する。

IV　精神の障害の認定基準

1　障害認定基準による精神の障害の認定

　障害認定基準によると，精神の障害の程度は，その原因，症状，治療とその

　　考慮されるのか，逆に労働能力の制限が問題となる障害等級3級においてなぜ日常生活
　　状況が考慮されるのかは，説明されていない。
15)　東京地判平19・8・31判時1999号68頁。
16)　昭61・3・31庁保発15号。
17)　ただし，身体の内部障害の認定基準は，検査成績や臨床所見によって機能障害を問題
　　としているけれども，一般状態によって日常生活能力の制限や労働能力の制限も問題と
　　している。その限りにおいて，身体の内部障害の認定基準にも不明確な部分が残るの
　　で，精神の障害の認定基準と同様の解釈問題が生じうる。
18)　山田耕造「障害者の所得保障をめぐる問題とその課題——無年金問題との関わりでみ
　　て」社保11号（1996年）49頁。

病状の経過，具体的な日常生活状況などにより，総合的に認定する。精神の障害の種類は多く，その症状は同一原因であっても多様であるから，認定に当たっては具体的な日常生活状況などの生活上の困難を判断するとともに，その原因と経過を考慮する。その上で，各等級に相当する例が示され，例えば統合失調症について，障害等級１級は常時の援助が必要な程度であり，障害等級２級は日常生活が著しい制限を受ける程度であり，障害等級３級は労働が制限を受ける程度である。したがって，精神の障害の場合には，障害認定基準において機能障害に着目した例が個別に示されておらず，日常生活能力の制限や労働能力の制限の解釈が正面から問題になるので，解釈の余地が残されており，精神の障害の認定にばらつきが生じる。

　2014年に，障害基礎年金における精神の障害の認定に地域差があることが明らかになった。厚生労働省の調査によると，障害基礎年金の2010年度から2012年度までの新規決定に占める不支給決定の割合は，最も高い大分県で24.4%，最も低い栃木県で4.0%である。不支給決定割合の高い県では精神の障害の等級非該当割合が高く，不支給決定割合の低い県では精神の障害の等級非該当割合が低いので，不支給決定割合の地域差と精神の障害の等級非該当割合は同じ傾向を示していた[19]。障害基礎年金における精神の障害の認定に地域差が生じていたのは，障害厚生年金の障害認定は日本年金機構の本部で，障害基礎年金の障害認定は各都道府県にある事務センターで行われていたからである。2017年４月から障害年金の審査が障害年金センターに集約されたので，障害基礎年金の障害認定も本部で行われることになった。

　同時に，精神の障害の認定において請求者間で不公平が生じないよう，ガイドラインとなる客観的な指標や就労状況の評価のあり方について検討するため，2015年２月に認定に関わる医師を中心とする専門家検討会が設置された。専門家検討会での検討を踏まえて，2016年７月に精神の障害に係る等級判定ガイドライン[20]が策定され，2016年９月から実施されている。

---

19) 精神・知的障害に係る障害年金の認定の地域差に関する専門家検討会（第１回）資料5「障害基礎年金の障害認定の地域差に関する調査」（2015年）３頁。

20) 平28・7・15年管管発0715第１号別添１。

シンポジウム　障害者の所得保障

2　精神の障害に係る等級判定ガイドライン

　等級判定ガイドラインは，精神の障害の認定が障害認定基準に基づき適正に行われるようにするため，精神の障害の認定において障害等級の判定時に用いる目安や考慮すべき事項の例を示すものである。診断書に基づき障害認定を行う認定医は，障害の等級の目安を参考としつつ，考慮すべき要素の例で示される要素を考慮した上で，障害の程度を総合評価する。等級判定ガイドラインに基づく障害の程度の認定においては，診断書の記載事項が重要になるので，診断書作成医に向けて診断書記載要領[21]が策定された。

　障害等級の目安は，診断書の記載項目である「日常生活能力の程度」の評価と，「日常生活能力の判定」の評価の平均値の組み合わせによって決まる（図表1）。このうち，日常生活能力の程度は，日常生活全般の制限度合いを包括的に評価するものであり，(1)「社会生活は普通にできる」から(5)「身の回りのこともほとんどできないため常時の援助が必要である」までの5段階の評価に分かれている。また，日常生活能力の判定は，日常生活の7つの場面における制限度合いを具体的に評価するものであり，1「できる」から4「助言や指導をしてもできないもしくは行わない」までの4段階の評価に分かれている。例えば，日常生活能力の程度が(4)に当たり，日常生活能力の判定平均値が3.0以上3.5未満である場合には，障害等級の目安は2級となる。障害等級の目安は，障害認定基準と障害等級の認定状況を踏まえて設けられた。

　他方で，総合評価の際に考慮すべき要素の例は，診断書の記載項目を「現在の病状または状態像」，「療養状況」，「生活環境」，「就労状況」，「その他」に区分し，分野ごとに総合評価の際に考慮することが妥当と考えられる要素とその具体例を示すものである。このうち，就労状況については，労働に従事していることをもって直ちに日常生活能力が向上したものと捉えず，労働に従事している者については，仕事の種類，内容，就労状況，仕事場で受けている援助の内容，他の従業員との意思疎通の状況などを確認した上で日常生活能力が判断される。また，相当程度の援助を受けて就労している場合には，それが考慮され，障害福祉サービスと障害者雇用による就労については，障害等級1級また

---

21)　平28・7・15年管管発0715第1号別添2（別紙1）。

障害年金の権利保障と障害認定（福島）

図表1　障害等級の目安

程度 / 判定平均値	(5)	(4)	(3)	(2)	(1)
3.5以上	1級	1級または2級			
3.0以上3.5未満	1級または2級	2級	2級		
2.5以上3.0未満		2級	2級または3級		
2.0以上2.5未満		2級	2級または3級	3級または3級非該当	
1.5以上2.0未満			3級	3級または3級非該当	
1.5未満				3級非該当	3級非該当

は2級の可能性が検討され，一般企業で就労している場合でも，障害福祉サービスや障害者雇用と同程度の援助を受けて就労している場合には，障害等級2級の可能性が検討される。そして，一般企業での就労の場合には，収入の状況だけでなく，就労の実態を総合的にみて判断される。

　等級判定ガイドラインは，障害等級の目安を示すことで，精神の障害の認定を標準化する機能を有するので，請求者間の公平の観点からは積極的に評価できる。しかし，障害等級の目安は障害年金全体の認定状況を踏まえているものの，障害厚生年金を含む障害年金全体の認定状況は，障害基礎年金のみの認定状況と比べると障害等級2級該当性の点で厳しくなっている。なぜなら，障害年金全体の認定状況では，障害等級3級該当性が問題となる分だけ2級該当性が問題となる領域が限定されているからである[22]。したがって，障害年金全体の認定状況を踏まえた等級判定ガイドラインの実施によって，障害基礎年金における精神の障害の認定が従来と比べて厳格化する可能性がある。

3　等級判定ガイドラインによる日常生活能力の解釈

　それでは，等級判定ガイドラインは，精神の障害が障害等級1級または2級に該当するかどうかが問題となる場合に，日常生活能力の制限をどのように解釈しているのか。等級判定ガイドラインは，診断書の記載項目に即して，日常

---

22)　精神・知的障害に係る障害年金の認定の地域差に関する専門家検討会（第6回）資料4「等級判定のガイドライン（案）について」（2015年）5-6頁。

生活能力の程度とその判定平均値の組み合わせによって障害等級の目安を示している。診断書では，食事摂取，清潔保持，金銭管理と買い物，通院と服薬，対人交流，安全保持と危機管理，社会性という日常生活の各場面における具体的な日常生活能力の判定の評価と，日常生活全般での包括的な日常生活能力の程度の評価が中心となっている。したがって，等級判定ガイドラインは，障害等級の目安を原則と位置づけているので，日常生活能力の制限を，原則として文言の意味内容に従って身の回りのことができないかどうかという観点から解釈している。

　その上で，等級判定ガイドラインは，診断書の記載項目に即して，総合評価の際に考慮すべき要素の例を示している。この中で，就労状況が挙げられている。このことは，等級判定ガイドラインが，就労状況の考慮を例外と位置づけているので，日常生活能力の制限を，例外的に障害年金の目的を重視して所得を稼ぐことができないかどうかという観点から拡張解釈する余地を認めていることを示唆する。それゆえ，障害等級の目安によると，身の回りのことがおおむねできるけれども時に援助が必要である程度の障害として障害等級2級に該当しないとしても，就労状況を考慮すると，援助がなければ就労によって所得を稼ぐことができない程度の障害として障害等級2級に該当すると判断される場合がありうる。

　仮に等級判定ガイドラインがこのような日常生活能力の制限の拡張解釈を認めているとすると，確かに，日常生活能力の制限を障害年金の目的に適合するように解釈することが可能になる。しかし，この目的適合的な拡張解釈は日常生活能力の意味内容に反するので例外的に行われるとしても，総合評価という手法によって就労状況が考慮されるので，どのような場合に拡張解釈が行われるのかがはっきりしない。また，拡張解釈によって，就労状況が精神の障害を理由として障害年金を受給しようとするまたは受給している障害者に不利となる形で考慮される可能性は否定できない。すなわち，障害等級の目安によると，身の回りのことが著しい制限を受ける程度の障害として障害等級2級に該当するとしても，就労状況を考慮すると，援助がなくても就労によって所得を稼ぐことができる程度の障害として障害等級2級に該当しないと判断される可

能性がある。したがって，障害年金の目的を重視するのであれば，そもそも障害等級１級と２級が日常生活能力の制限という観点から制度設計されていることが問われなければならない。

V　障害等級のあり方

　障害等級１級と２級が日常生活能力の制限という観点から制度設計されているのは，国民年金の被保険者である20歳以上の国内居住者の中には就労によって所得を稼いでいない専業主婦と学生が含まれているからである。しかし，専業主婦と学生も抽象的には就労によって所得を稼ぐことは可能である。ここでの就労は，一般労働市場におけるすべての就労を指しているからである。したがって，政策論としては，障害によって所得を稼ぐことができない場合に所得を保障するという障害年金の目的に即して，障害等級を就労によって所得を稼ぐ能力，つまり稼得能力の制限という観点から見直すとともに，障害年金と就労所得の合計額が高額になる場合には，就労インセンティブに配慮しながら[23]，就労所得に応じて障害年金を調整することが望ましい[24]。

　障害等級の見直しについて，一方で，法律上の障害要件を稼得能力の制限と定めるという選択肢が考えられる。他方で，法律上の障害要件は維持するけれども，政令上の障害等級表を稼得能力の制限度合いによって見直すという選択肢が考えられる。障害認定の画一性・公平性と客観性を確保するという観点からは，障害等級表が，身体の外部障害については機能障害に着目した例を個別に示しつつ，個別に例示できない身体の障害と精神の障害については稼得能力の制限に着目して包括的に定めるという方向性になろう。

　その上で，稼得能力の制限度合いは，就労所得の水準や労働時間の数などの具体的な基準で決めるのか，それとも就労が終身できないとか軽易な就労以外できないとか就労に相当な程度の支障があるといった抽象的な基準で決めて

---

23)　永野仁美「障害年金の意義と課題」日本社会保障法学会編『これからの医療と年金』（法律文化社，2012年）263頁，同『障害者の雇用と所得保障』（信山社，2013年）261頁。
24)　福島・前掲注１）８頁。

シンポジウム　障害者の所得保障

様々な事情を総合評価するのか，という選択肢がある。具体的な基準で決める方が法的安定性をもたらす一方で，様々な事情を総合評価する方が柔軟な障害認定をもたらす。いずれの選択肢が採られるにせよ，障害の状態の分類と格付けという障害等級表の策定は，専門技術的考察を必要とするので，行政の広範な裁量に委ねられる[25]としても，行政が障害等級表を稼得能力の制限という観点から見直すことは，障害年金の目的に適合した裁量権の行使といえよう。

---

25)　京都地判平22・5・27判時2093号72頁。

障害者の就労支援と所得保障

廣　田　久美子

(福岡県立大学)

I　はじめに

　障害者が心身の障害によって所得を得ることができない場合の所得保障は，公的な障害年金がその中心となるが，所得の喪失や減少に対して就労の場の確保や就労支援により稼得収入を確保することも，障害者の労働権の実現による生存権の保障や社会参加の保障の観点から，重要である。

　障害者の就労をめぐる状況は，近年の就労を補助する技術の進化など就業環境の整備に伴う改善が見られるが，現状としては，全体的に障害者の就業率は低く，就業している場合であっても低収入であることが多い[1]。これは，就労の機会だけでなく，生計維持のできる水準の稼得収入の得られるような就労を得るための支援が十分ではないことを示しているといえるだろう。

　そこで，本稿では，現在の障害者の就労支援法制の課題について，まず障害者の就労支援の規範的な根拠を確認し，検討することとしたい。

---

1)　内閣府「平成25年版障害者白書」(第1編第1章第4節「就労」)(http://www8.cao.go.jp/shougai/whitepaper/h25hakusho/zenbun/h1_01_04_01.html)，厚生労働省職業安定局雇用開発部障害者雇用対策課地域就労支援室「平成25年度障害者雇用実態調査」(http://www.mhlw.go.jp/file/04-Houdouhappyou-11704000-Shokugyouanteikyokukoureishougaikoyoutaisakubu-shougaishakoyoutaisakuka/gaiyou.pdf)，NPO法人日本障害者協議会社会支援雇用研究会「我が国における社会支援雇用を確立し，障害者の多様な就労を構築するための調査・研究」(2014年)(http://www.jdnet.gr.jp/report/14_11/section1.htm)。

シンポジウム　障害者の所得保障

II　就労支援の規範的根拠と課題

1　労働権の保障

　憲法27条１項の労働権は，一般に，労働者が自己の能力と適性を活かした労働の機会を得られるように労働市場の体制を整える義務を国家に課しているものとされ，この義務に対応する立法としては，職業安定法や，職業能力開発法，雇用保険法の能力開発等が挙げられる[2]。このように，国には労働市場の規制や整備によって労働者に労働の機会を保障するだけでなく，労働者が能力を発揮するための措置が政策義務として課されている。

　労働権の権利主体は，労働者に限らず，広く「就労の意思を有する者」であるから当然に障害者もその対象となるが，労働能力の喪失や制限のある障害者について，いかに労働権が実質的に保障されるかが問題となる。この問題に対しては，仮に，一般の労働市場において就労する能力を喪失している場合であっても，就労の持つ社会的価値の実現をはかること，すなわち就労による社会参加の機会を保障する必要性があることから，労働権には，一般労働市場以外での就労（例えば，福祉的就労など）の選択肢を含めてその保障が及ぶものと考えられる。むしろ，障害がある場合には，実際の労働能力の有無に関わらず，労働能力を喪失している状態にある，との誤解や偏見により就労の機会を得ることが困難な状況にあることが問題であり，社会生活へ参加するための障壁を取り除くためにも，労働権の保障がより一層重要である。

　以上のように，労働権の規範的要請として，労働者の能力と適性を尊重し自立に向けた最大限の支援を受けることが含まれること，さらに，労働権に基づき職業訓練の機会が保障されることから，障害者に対する実質的な労働権の保障としては，障害から発生する職業的・社会的ハンディキャップに適した職業訓練，職業リハビリテーション等，就労のための積極的な支援が含まれるものと考えられる。

---

　2)　菅野和夫『労働法〔第11版補正版〕』（弘文堂，2017年）27頁。

2 障害者権利条約における「労働及び雇用」

2006年に国連総会で採択された障害者権利条約27条では，障害者に他の者との平等を基礎として，労働についての権利を有するということを認め，締約国に障害者の労働市場への統合を促進する義務を課している。同条で，労働権は「障害者に対して開放され，障害者を包容し，及び障害者にとって利用しやすい労働市場及び労働環境において，障害者が自由に選択し，又は承諾する労働によって生計を立てる機会を有する権利」として規定されており，単なる労働の機会ではなく，生計を立てる機会としての労働であることが明記されている。また，その実現のため，締約国には「職業訓練及び継続的な訓練を利用する効果的な機会」（同条d項）や，「職業を求め，これに就き，これを継続し，及びこれに復帰する際の支援」（同条e項），「職業リハビリテーション，職業の保持及び職業復帰計画」（同条k項）といった具体的な就労支援の措置をとることを義務付け，障害者による労働の選択を可能な限り十分に援助することが要請されている。また，同26条「ハビリテーション及びリハビリテーション」において，職業的な能力の達成及び維持，雇用に係るサービスやプログラムを企画し，強化，拡張する職業リハビリテーションの措置をとる義務も定められている。

3 所得保障における就労支援の課題

以上のように，職業訓練，職業リハビリテーション等の障害者に対する就労のための支援は，障害者の労働権を実質的に保障するための措置として障害者権利条約や憲法上位置づけられているが，所得保障との関係において捉えた場合には，次の2つの問題がある。

第一に，就労支援によって，生計を維持することのできる収入を得られるような就労の機会が保障されているのか，という就労支援の質にかかわる問題である。生計を維持することのできる収入を得るには，多様な就労形態があり得るが，多くの場合，雇用労働によることになるから，まず就労支援により目指されるのは，一般の労働市場における雇用である。そこで，一般労働市場での雇用について見ると，障害者雇用促進法に基づき，事業主に対する障害者の雇用義務制度を中心とした雇用促進施策がとられ，特例子会社での雇用や，障害

シンポジウム　障害者の所得保障

者に対する雇用枠の設定による障害者の雇用が促されてきた。特に同法の2013年の改正においては，障害を理由とする差別の禁止と，合理的配慮の提供義務が明記されたことにより，合理的な理由なく障害者の労働条件を不利に扱うことは禁止され，障害を理由とする就労上の実質的に不利な影響に対し，これを防ぐための措置を講じることが事業主に義務付けられている（障害者雇用促進法36条の2，3）。しかし，合理的配慮の提供を受けても障害により就労に制限がある場合や，障害者のための特別な採用枠が設定され，障害のない労働者と異なる労働条件で採用された場合には，障害のない労働者に比べて低い労働条件であっても当然に差別となるわけではなく，依然として労働条件の差が残る余地がある。もちろん，障害者に対する特別な採用枠でなければ採用が困難な状態にある場合や，障害のない労働者と異なる労働条件によって就労可能になる，といった労働能力の制限がある場合には，就労の機会を獲得することが優先される。しかし，就労支援において，障害者枠での採用に向けて軽作業を中心に支援を行う等，就労の機会を得ることを重視する支援内容とする場合，近年増加している精神障害や発達障害を含めた多様な障害者に対して，希望する就労先に合った支援内容を受けることができず，障害に合った就労支援が十分に保障されない可能性がある[3]。就労環境や障害者の労働能力，就労可能性が多様化していることを考慮すると，まずは，障害者の希望や能力に合わせた就労の支援が適切に行われる必要があり，その上で，障害や適性に合った就労の選択肢として，障害者のための特別な制度・就労形態による就労の保障が行われることを原則としなければならない。つまり，就労の機会についての量的な側面だけでなく，就労の質を含めた支援のあり方が問われているのである。

　さらに，一般労働市場での雇用が事実上困難な場合や，何らかの事情で一般就労を継続できなくなった場合には，支援を受けながら長期間就労する場としての福祉的就労が必要となる。現在，主な福祉的就労の場としては「就労の機会を提供する」と障害者総合支援法上規定されている就労継続支援があるが，

---

3) 高齢・障害・求職者雇用支援機構障害者職業センター「地域の就労支援の現状把握に関する調査研究Ⅱ——障害者就業・生活支援センターの現状把握と分析」（資料シリーズ94号，2016年）78頁。

一般労働市場での雇用へ移行する割合は非常に低く[4]，長期間の活動・訓練の場となっている。しかし，このような就労支援の活動や訓練によっては十分な収入が得られないことが多いため，就労による所得を補う，何らかの金銭的な所得保障給付が必要となる。そこで，一般労働市場へ移行せず，長期的に就労支援にとどまる利用者に対する所得保障が第二の問題として挙げられる。

このような問題意識から，本稿では，就労支援の中でも中心的なサービスとして，障害者総合支援法に基づく就労系障害福祉サービスと，障害者雇用促進法に基づく職業リハビリテーションの措置を取り上げ，障害者が就労によって生計を維持することのできる収入を得られることを前提とした，就労の機会を保障するための法的課題及び就労支援を利用している障害者に対する所得保障の可能性について検討したい。

なお，上記以外に，例えば，職業能力開発促進法に基づく職業訓練や，生活困窮者自立支援法など障害者以外の対象者を含む就労支援も障害者の就労支援として存在するが，本稿では検討の対象としない。

Ⅲ　障害者の就労支援の範囲と特徴

1　障害者の就労支援の範囲

障害者総合支援法には，主な就労系障害福祉サービスとして，就労移行支援（障害者総合支援法 5 条13項）と就労継続支援（同条14項）がある。これらは，「生産活動その他の活動の機会の提供を通じて，その知識及び能力の向上のために必要な訓練」として共通する定義を有するが，就労継続支援は，「就労の機会を提供する」のに対し，就労移行支援には，さらに，職場体験や求職活動に関する支援，適性に応じた職場の開拓，就職後における職場への定着のために必要な相談などの供与（同法施行規則 6 条の 9 ）が内容として付加されている。

両給付の対象者を比較すると，「通常の事業所に雇用されることが可能と見

---

4)　厚生労働省「障害者の就労支援について」（2015年 7 月14日）（http://www.mhlw.go.jp/file/05-Shingikai-12601000-Seisakutoukatsukan-Sanjikanshitsu_Shakaihoshoutantou/0000091254.pdf）。

込まれるもの」（就労移行支援）（同法施行規則6条の9）と，それが「困難」である者（就労継続支援）（法5条14項）で分かれ，さらに，就労継続支援は，「雇用契約に基づく就労が可能である者」（同法施行規則6条の10第1号）を対象としたA型と，「雇用契約に基づく就労が困難である者」（同法施行規則6条の10第2号）を対象としたB型に分かれる。

　また，就労移行支援は利用期間を2年間としているのに対して，就労継続支援は期間の制限がないため，例えば，就労継続支援によって就労可能性が高まった時に就労移行支援の利用に移行したり，逆に，就労移行支援で一般労働市場での雇用に至らなかった場合に，就労継続支援の利用をすることなどが想定されている。

　次に，障害者雇用促進法における就労支援としては，職業リハビリテーションの措置が規定されており，「障害者に対して職業指導，職業訓練，職業紹介その他この法律に定める措置を講じ，その職業生活における自立を図ること」（障害者雇用促進法2条7号）と定義されているが，これらに限られるものではなく，具体的には，①職業リハビリテーションの対象となる障害者に関する情報の収集，②職業評価，③職業指導，④職業訓練，⑤職業準備訓練，適応訓練，⑥職業紹介，⑦就職後の障害者に対する職業適応，職場定着に係る助言及び指導，⑧事業主に対する職場適応，職場定着等に係る指導に至るまでの措置が広く該当する[5]。職業リハビリテーションは，障害者職業センター（法19条以下）が第一の実施機関であるが，公共職業安定所（法8条以下）や，障害者就業・生活支援センター（法27条以下）によっても実施される。対象者は，障害が現在あるいは将来の就職に対して実質的な不利となっている場合，職業リハビリテーションの対象と捉えるとの趣旨から「身体障害，知的障害，精神障害……があるため，長期にわたり，職業生活に相当の制限を受け，又は職業生活を営むことが著しく困難な者」（法2条1号）と広範であり，障害が軽微な場合は対象とならない可能性がある一方で，重度障害者を除外するものではない[6]。

　5）　七瀬時雄『障害者雇用対策の理論と解説──地域に密着した雇用対策の推進』（労務行政研究所，1995年）339頁。永野仁美・長谷川珠子・富永晃一『詳説障害者雇用促進法──新たな平等社会の実現に向けて』（弘文堂，2016年）74頁。

2 障害者の就労支援の特徴

障害者総合支援法と障害者雇用促進法は，全体として，雇用や職業生活が困難である者に対して，その就労の可能性に応じて，段階的に就労支援サービスがあるものの，就労系障害福祉サービスと職業リハビリテーションという，類似の機能を持つサービスが存在し，実務的には連携して双方のサービスが利用されるにしても，就労支援の必要性に応じて体系的に整備されているわけではないという点が特徴として挙げられる。

また，就労系障害福祉サービスでは，介護給付と同様に，障害者個人への個別給付として規定され，請求権が認められているのに対し，職業リハビリテーションの措置は，障害者職業センター等の機関の業務として規定されているため，障害者に個別の職業リハビリテーション措置についての具体的な請求権はないという点で，給付やサービスに対する権利性に相違がある。利用者負担についても，就労系障害福祉サービスの利用は，原則として利用者負担が生じることになっているが，障害者職業センターにおける職業リハビリテーションの措置は，その利用において無料を原則とすることが法律上明記されており，利用者負担に差が生じる。

さらに，就労支援を利用する際の就労条件については，雇用型と非雇用型で，生産活動によって得られる収入（賃金と工賃）の性質や，労働保険等の取扱いが異なる。職業リハビリテーションにおいても，雇用契約の有無や手当の支給において，サービスによる差異が存在する。

以上のことから，就労支援サービスの種類によるサービス内容の違いは当然生じるとしても，それ以外の要素に様々な違いがあり，特に，就労継続支援では，同じ給付類型であるにもかかわらず，就労条件に大きな差が生じていることがわかる。就労系障害福祉サービスを利用するには，このような違いを踏まえ，どのサービスを利用し，いかなる支援を受けるかについて，原則として本人の希望に基づいて，市町村が最終的な利用の可否を決定することになっていることから，就労支援の質にとっては，就労支援ニーズのある障害者の就労支

---

6) 厚生労働省職業安定局高齢・障害者雇用対策部編著『障害者雇用促進法の逐条解説』（日刊労働通信社，2003年）9頁。

シンポジウム　障害者の所得保障

援の選択過程が重要となる。そこで，次に，就労支援の選択過程を明らかにするために，その支給決定手続及び利用手続を取り上げる。

Ⅳ　就労支援の支給決定手続・利用手続

1　就労系障害福祉サービスの支給決定手続

(1)　支給決定過程

就労系障害福祉サービスの支給決定過程は，概ね以下の通りである。

①　障害者等が就労移行支援又は就労継続支援A型の支給申請を行う。

②　相談支援専門員等により，利用可能な就労支援事業所の案内や見学等が行われ，利用者が希望する事業所を選択する。

③　市町村は，勘案事項やサービス等利用計画案を踏まえて暫定支給決定を行う（暫定支給決定の期間は2か月の範囲内で，個別のケースに応じて利用者のアセスメントに必要な期間を勘案し設定される）。

④　暫定支給決定に基づいて利用者と有期の利用契約をした事業者は，この期間の個別支援計画を策定し，当該計画に基づく支援実績，評価結果などと合わせて市町村に提出する。

⑤　市町村は，これらをもとに，サービスによる改善効果が見込まれると判断した場合には，希望するサービスの継続利用についての利用者の最終的な意向を確認したうえで，本決定を行う。

⑥　利用者は，事業者とサービス利用契約を締結し，個別支援計画に基づく本来的な訓練に移行する。

　なお，就労継続支援B型については，市町村による暫定支給決定は経ず，長期的な支援を行う上での障害者のニーズの把握を行うことを目的とした，就労移行支援事業者等による就労アセスメントが行われる。これは，就労継続支援B型の利用対象者が，年齢や体力の面で，一般企業に雇用されることが困難な者であり，他の事業への転換が困難であることから，B型の利用を前提としたアセスメントを行う，ということが理由として挙げられている[7]。

(2)　支給決定手続の特徴

138

就労系障害福祉サービスにおける支給決定手続は，障害者総合支援法における介護給付の支給決定手続と基本的に同一の枠組みをとっているものの，障害支援区分の認定を行わないことが特徴として挙げられる。ただし，前項で確認したように，短期間の支給決定により，利用を希望する障害福祉サービスについて，その利用が適切か否かの客観的な判断を行うための過程として暫定支給決定が行われる。これは，法定の手続きではなく，利用者について当該事業所における訓練の効果の見込みの判断と，本来の訓練に移行する場合の個別支援計画を作成するために行う，ということを目的とするものであるため，暫定支給決定を含む支給決定手続において，就労支援ニーズや職業能力を図るための統一的な基準や方法が明示されているわけではない。

また，個別支援計画の作成に際しては，厚生労働省と障害者職業センターが共同で作成した「就労移行支援のためのチェックリスト」が存在するが，対象者の現状把握の一つのツールという位置付けであり，具体的にこれをどのように利用するかについては，事業者に委ねられている。

2　職業リハビリテーションの措置の利用手続

職業リハビリテーションにはさまざまな内容が含まれているため，利用手続に関する規定はないが，一般的に，職業準備訓練などの職業リハビリテーションの措置の利用に際しては，まず障害者の職業能力や適性等を評価し，必要な職業リハビリテーションの措置を判定する，職業評価という過程を経る。職業評価は，障害者職業センターにおいて実施されるもので，概ね以下の検査内容を含む。[8]

①　生理機能検査，心理検査等を用いて身体的側面，心理的側面等の障害者の諸特性を把握する。

②　職業適性検査，職業興味検査等の各種検査，ワークサンプル法及び職務試行法を用いて障害者の職業能力を把握する。

---

7)　平成19・3・23障発0323002厚生労働省社会・援護局障害保健福祉部長通知（「介護給付費等の支給決定について」）。

8)　七瀬・前掲注5）361頁。

③ ①，②を通じて，障害者の職業能力・適性に関する現状と将来性について
の知見と見通しを得，労働市場の状況及び障害者の周辺の諸環境等を総
合的に勘案して，職業的自立を図るために受けるべき職業リハビリテー
ションを明らかにし，職業リハビリテーション計画を策定する。

職業評価は，障害者職業センターで実施される職業リハビリテーションの措
置に利用されるだけでなく，職業リハビリテーションの実施機関である障害者
就業・生活支援センターや公共職業安定所でも利用されることになっている。

次に，これらの支給決定手続と利用手続において，利用者の意向や適性，障
害の特性にあった就労支援を選択することが確保されているか，という適切性
の問題について検討する。

3　支給決定手続・利用手続における適切性

給付やサービスの支給決定における利用者の意向を反映し，選択が適切に行
われるためには，まず，自ら希望する就労に向けてどのような就労支援が必要
であり，地域において実際に利用できるサービスや支援内容は何か，という給
付選択に必要な情報提供が行われる必要がある。

この点につき，就労系障害福祉サービスの支給決定手続においては，市町村
によるアセスメント（本節1⑴②）と，暫定支給決定後のアセスメント（本節1
⑴③〜④）が行われるが，実際の生産活動や訓練に即したアセスメントは暫定
支給決定後となっている。就労系障害福祉サービスでは，介護給付と異なり，
利用者自身が「希望する就労に対して，どのような支援を受けることによって
就労可能性が高まるのか」といった就労支援の必要性を明確に把握することが
困難であることが多い傾向があることから，選択した事業所での個別支援計画
作成の段階で，利用者自身が他の給付類型や他の事業所の利用可能性について
検討することは容易ではない。よって，この支給決定手続は，第三者による厳
密な評価や判定を必要としないため，利用者の希望に沿った支援を柔軟に行う
ことができる一方，利用者にとっては，市町村や相談支援専門員から，どのよ
うな基準で利用できる給付と事業者の情報が提供されているのか明らかではな
い状態で事業者を選択し，利用契約を締結することになることから，相談支援

専門員や事業所の担当者の専門性に支援内容が左右される可能性があることを示している。

就労系障害福祉サービスは，障害者権利条約などの国際条約上の職業リハビリテーションの概念や目的に照らすと広義の職業リハビリテーションとして捉えられるが[9]，職業評価が職業リハビリテーション計画の前提とされていることからも[10]，就労系障害福祉サービスの提供に際しては，この職業リハビリテーションとの整合性を持った，何らかの就労支援に関する評価方法を明確化することが求められる。むろん，支給決定手続における就労支援ニーズの評価のためには，相談機関や支援者，地域による差がない，支給決定に関する基準や方法などの手続的整備も不可欠なものと考えられる。

V 就労機会の保障における課題

1 工賃，賃金

長期間，一般労働市場での雇用へ移行できない障害者にとって，福祉的就労が就労の場として重要な役割を果たしていることから，福祉的就労に関わる収入の問題として，就労継続支援における工賃について検討する。

工賃とは，「生産活動に係る事業の収入から生産活動に係る事業に必要な経費を控除した額に相当する金額[11]」であり，具体的な計算方法は事業所により異なるが，賃金のように就労実績，就労年数，経験などは反映されない。

福祉的就労においては，以前から工賃水準の低さが指摘され，政府による障害者の就労移行に関する目標設定の中で，授産施設等で働く障害者の工賃水準を引き上げることが求められてきた[12]。運営基準等においても，B型事業所では，

---

9) 職業リハビリテーションの概念について，安井秀作『職業リハビリテーション──障害者の職業的自立をめざして』（中央法規出版，1989年）9-20頁，Kreutz/Lachwitz/Trenk-Hinterberger, *Die UN-Behindertenrechtskonvention in der Praxis*, (Luchterhand Verlag, 2013), S. 269ff.

10) 安井・前掲注9）83頁。

11) 「障害者の日常生活及び社会生活を総合的に支援するための法律に基づく障害福祉サービス事業の設備及び運営に関する基準」（平成18年9月29日厚生労働省令第174号）87条1項。

シンポジウム　障害者の所得保障

目標工賃水準を達成した場合に，事業所への報酬の上乗せがなされるなど，工賃引き上げのためのインセンティブを与えるような仕組みも入っている。

　工賃の向上は，障害者の生活水準の向上にとって大きな意義がある。しかしながら，就労継続支援の事業所における訓練や生産活動は，福祉的就労であると同時に，「就労支援」として行われていることに留意する必要がある。つまり，福祉的就労は，工賃の向上を目指す長期的な「就労の場」としての機能と同時に，一般就労への移行を目指す「就労支援」という二重の機能を有しており，工賃の向上を目指す収益を上げるための活動内容と，個人の就労ニーズに適した就労支援が常に両立できるわけではなく，[13]実際には，事業所によって，どちらかの目標に比重を置くことになるとしても，運営基準等に照らすと完全にどちらか一方の機能を喪失させることはできない。

　この就労支援施設における二重の機能は，A型事業所における賃金についても同様の課題があるが，B型事業所については，一般就労が困難で他の事業への移行が困難な者を対象としており，利用者の障害特性や能力に幅があることを前提にしている点で，より矛盾が大きいと言えよう。すなわち，B型事業所における工賃は，原則として賃金のように個人の作業能力による差を設けることができないことになっていることから，[14]工賃の向上を強く求めることで，比較的作業能力の高い障害者の作業によって，全体の収益を上げる傾向が強まることが懸念される。このような理由から，一律に，工賃の向上による所得保障機能を強調することには，慎重でなければならないと思われる。

---

12)　例えば，「工賃倍増5か年計画」（2007～2011年度）では，福祉的就労の底上げが目指され，経営コンサルタント等の受け入れによる経営改善や商品開発，市場開拓等，民間企業の技術やノウハウなどを活用した取組みが推進されてきた。2013年には，障害者優先調達推進法が施行され，国や地方公共団体などの公的機関が物品やサービスを調達する際，障害者就労施設等から優先的に購入することを進めるために必要な措置が講じられることになっている。

13)　就労継続支援B型事業所が，利用者への支援と仕事の遂行・工賃の向上の両方を実現するためのバランスの難しさに直面していると指摘するものとして，遠山真世「障害者就労継続支援B型事業所における就労支援の現状と課題(1)―― Z県内3事業所の質的調査から」高知県立大学紀要社会福祉学部編66巻（2017年）がある。

14)　2006年10月2日障害発第1002003号（「就労継続支援事業利用者の労働者性に関する留意事項について」）。

2 所得保障給付の可能性

就労支援の利用者は，就労による所得が全くないか，あっても生計を維持する水準にない状況にあることが前提となるため，障害により一般就労が困難であるにもかかわらず障害年金を受給することができない場合には，生活保護による給付を受けるか，家族などの扶養を受け，生活しているケースが少なくない状況となる。このような福祉的就労に就いている障害者については，「労働によって生計を維持する機会の保障」（障害者権利条約27条）や，「自立した生活を保障する」（同19条）という観点から，家族の状況に左右されない，就労を軸とした所得保障制度が求められている。

所得保障の方法としては，特に就労継続支援 B 型の利用者について，労働基準関連法令の適用によって最低賃金を保障することや，賃金の直接または間接的な補填として賃金補助を行うこと，あるいは，利用者に直接，訓練手当等の手当を支給すること等の施策が考えられるが，なかでも，B 型事業所の利用者に対する労働基準関連法令の適用の可能性については，比較的多くの検討が試みられている[15]。

しかし，既に述べた通り，就労系障害福祉サービスの支給決定手続では，B 型事業所に多様な就労困難性のある利用者が存在することになるため，労働基準関連法令の適用についても，就労実態に即した多様な方法があり得る[16]。しかも，A 型事業所の利用者にみられるように，労働基準関連法令が適用されている場合であっても最低賃金減額特例が適用されたり，就労時間が限られるといった就労困難性により，生計維持が可能な収入が得られない場合があるという点にも留意しなければならない。所得保障給付のあり方には，少なくとも，

---

15) 労働基準関係法令の適用対象となる障害者の範囲の拡大を求める見解として，松井亮輔「福祉的就労障害者の働く権利と機会の拡大を目指して」松井亮輔・岩田克彦編著『障害者の福祉的就労の現状と展望――働く権利と機会の拡大に向けて』（中央法規，2011年）17頁。

16) 例えば，ドイツでは，作業所で就労する障害者は，労働者類似の者として労働法の適用が擬制的に認められ（福島豪「ドイツ障害者雇用における福祉的アプローチ――障害者作業所を中心に」季労235号〔2011年〕46-47頁），フランスでは，福祉的就労の場で働く障害者に労働安全衛生に関する法の適用と，福祉法による就労条件，最低賃金の55～110％の報酬が保障されている（永野仁美「働く障害者の『労働者性』の検討」野川忍ほか編著『変貌する雇用・就労モデルと労働法の課題』〔商事法務，2015年〕453頁）。

福祉的就労に対する金銭給付の対象者や給付水準については，例えば，就労支援の利用が過渡的であるのか，長期に及ぶのか，そして，どのような所得保障給付を組合せるのかといった点が考慮されることになるものと思われる。その際，給付・サービスの種類や一般就労への移行への支援体制など，現在の緩やかな支給決定手続を前提とした就労支援を前提に制度設計をするのか，あるいは，長期的な就労を前提とした福祉的就労と，有期の就労支援機能を分化させ，それぞれの所得保障ニーズを図るといった，現在の就労支援の手続きや体系の見直しを要するのか，という点をまず検討する必要があろう。

Ⅵ　おわりに

　本稿では，現在の障害者総合支援法と障害者雇用促進法を中心に，一般就労に就くことを可能にする就労支援の保障の課題と，就労支援の利用者の所得の保障の課題の2点について，検討を試みた。就労支援の質，就労支援利用者の所得保障の双方の問題において，類似の機能をもつ就労支援サービスの体系と，そのサービスの支給決定過程における基準や評価のあり方が大きく影響しているということからは，少なくとも，利用者の選択を支援するための就労支援ニーズの評価と，それに対応する就労支援の体系についての法的整備の必要性が高いことが明らかとなった。

　ただし，本稿で取り上げた論点は，就労支援の課題の一部に過ぎず，例えば，障害の特性や個人の能力と希望に応じた就労支援の選択を可能にするには，十分なサービス提供を可能にするための基盤整備と，専門性の高いケアマネジメントや就労支援を行う人材の育成が前提となる。特に，支給決定過程における適切性が担保されたとしても，利用可能な地域に必要な就労支援サービスがない場合には，やむを得ず，希望しない給付類型を選択せざるを得ないことになることから，重要な論点ではあるが，本稿ではもっぱら給付の質にかかわる論点に限定した。これらの問題点や，就労支援と所得保障給付の具体的な体系のあり方については，今後の検討課題としたい。

障害者の利用者負担のあり方

橋 爪 幸 代

（東京経済大学）

I　はじめに

　障害者の基本的な生活費用は，年金等の社会保障給付による保障や就労による収入の確保等によって賄われるが，障害者には，障害者福祉サービスを必要とする場合があり，サービス利用のための特別な支出を必要とする。しかし，障害の程度とサービスの利用量とは必ずしも相関関係になく，サービスの利用による負担を年金の加算によって対応することは難しい。そのため，サービス利用の場面で，利用者負担の調整を図ることで，障害者福祉サービスを必要とする障害者の負担を軽減し，必要な生活費用を確保することが必要である。一方で，福祉財政は無限ではなく，資源は公平な配分が求められ，負担能力のある者が応分の負担をすることは自立意識の助長にもつながるものと考えられる。

　そこで，本稿では，障害者福祉サービスにおける利用者負担のあり方について，制度の変遷を追った上で，他の福祉サービス（医療保険，介護保険，保育サービス）との制度比較を通し，現制度における利用者負担についての分析をし，そのあり方について検討したい。障害者の所得保障をするために，利用者負担がどのように機能するかを検討しつつも，単に，利用者負担を軽減することで所得を保障するということではなく，障害者の就労環境や所得保障の状況により，利用者負担のあり方が変わりうることも視野に入れた検討を試みる。

シンポジウム　障害者の所得保障

Ⅱ　障害者福祉制度における利用者負担

　措置制度の下では、「応益負担を含む利用者負担には必ずしもなじむもので
はない」とされ、扶養義務者等から応能負担による費用徴収がなされていた[1]。
しかし、その後、福祉「財政抑制の手段[2]」、「自立意識の助長[3]」のため、「公平
かつ効率的な費用負担配分法[4]」という観点から利用者負担について検討される
ようになった。障害者福祉制度については、支援費制度が導入されたが、制度
開始初年度で、約130億円もの予算不足が発生し、財源を全額税とする支援費
制度では安定した財源確保が困難であるとされた。その後、介護保険制度との
統合も模索されるが、統合はなされなかった。そのような中、2006年に施行さ
れたのが、利用者負担の方法について議論を呼んだ障害者自立支援法である。

　障害者自立支援法では、障害者福祉制度の「信頼性の向上」、「制度の公平性
と持続可能性の確保」、「利用者の公平な負担と財政責任の確立」の必要性とい
う観点から応益負担が導入された[5]。しかし、利用者の負担が増加したことに対
する批判が集まり、翌年2007年には特別対策が、2008年には緊急措置がとら
れ、負担の軽減が図られた。実際に、応益負担による負担増に関する実態調査
によると、利用者の負担が増加したことが指摘されている[6]。これらを受け、訴
訟も提起されたが、その後、障害者福祉施策を改正することで合意に至った。
これを受け、2010年に障害者自立支援法が改正され、市町村民税非課税世帯の

---

1)　岡部耕典「障害者自立支援法における『応益負担』についての考察」季刊社会保障研
　　究44巻2号（2008年）186頁。
2)　堀勝洋『現代社会保障・社会福祉の基本問題――21世紀へのパラダイム転換』（ミネ
　　ルヴァ書房，1997年）163頁。
3)　堀勝洋「身体障害者福祉対策の利用者負担の現状とその在り方」季刊社会保障研究19
　　巻3号（1983年）313頁。
4)　大川政三・大森誠司・江川雅司『地域財政論――中央集権と地方分権の財政・経済分
　　析』（創成社，1994年）163-164頁。
5)　第18回社会保障審議会障害者部会「今後の障害保健福祉施策について（改革グランド
　　デザイン案）」（2004年10月12日）。
6)　厚生労働省社会・援護局障害保健福祉部障害福祉課企画法令係「障害者自立支援法の
　　施行前後における利用者の負担等に係る実態調査結果について」（2009年11月26日）。

負担はゼロに設定され，世帯の範囲も本人及び配偶者に限定された。

　2011年の『障害者総合福祉法の骨格に関する総合福祉部会の提言』では，「他の者との平等の観点から，食材費や光熱費等の誰もが支払う費用は負担すべきであるが，障害に伴う必要な支援は，原則無償とすべきである。ただし，高額な収入のある者には，収入に応じた負担を求める。」とされた[7]。2010年の改正時点で，非課税世帯については，原則無償とされた。市町村民税課税世帯については，利用するサービス量に応じて，1割を負担するものの，負担に上限が設けられており，一定額を超えると，それ以上の負担はないという軽減措置がとられている。さらに，2016年の障害者総合支援法の見直しでは，低所得の高齢障害者が介護保険サービスを利用する場合には，負担を軽減する仕組みが入れられた。この点については，後述する。

Ⅲ　他制度における利用者負担との差異

1　各制度の利用者負担

(1)　利用者負担の割合

　まず，医療保険の利用者負担は，原則として現役世代については3割負担とされ，70～74歳の者については，現役並所得者（課税所得が145万円以上で，夫婦2人世帯の年収が520万円〔単身世帯の場合は383万円〕以上の者）を除き2割負担，75歳以上の者については，現役並所得者を除き1割負担とされており，現役並所得者は，現役世代と同じ3割負担とされている。

　健康保険は，当初，一部負担制は実施されなかったが，1948年頃から「戦後のインフレと保険診療の利用率が高まるにつれ，保険財政が窮迫するに至ったので，その対策の一つとして」一部負担制が復活し，その後，増額されることとなり，徐々に負担率が挙げられ3割となった[8]。高齢者の医療についても，老人医療費支給制度により，一定の所得制限はあるものの，無料化されていた時

---

　7)　障がい者制度改革推進会議総合福祉部会『障害者総合福祉法の骨格に関する総合福祉部会の提言』（2011年8月30日）55頁。

　8)　厚生省保険局編『健康保険三十年史　下巻』（全国社会保険協会連合会，1958年）262-263頁。

シンポジウム　障害者の所得保障

期もあったが，老人医療費の急増に対応するべく，制度が変遷し，現在では，高齢者についても，世代間・世代内の公平を図るため，年齢と所得に応じて負担割合を変えられている。一方，国民健康保険の給付割合は，「5割が原則とされ，保険者の財政が許せば，この割合をさらに減ずることが認められ」ていたが，健康保険と比べ給付水準が低かったため，健康保険にできるだけ近づけることが要請されていた。[9]この背景には，結核及び精神衛生に対する対策が，公衆衛生の立場から強力に打ち出されていたこともあった。このような給付水準の改善が，世帯主である被保険者から行われたのは，生計中心者が長期疾病にかかった場合には，大きな負担となり，このために十分な医療が受けられない場合が少なくないという実情があったからだった。このように，財政上のコントロールという側面から給付水準が引き下げられることもあれば，公平性の確保やサービス必要性から，引き上げられることもあり，そのときの社会状況等によって，調整がなされてきた。

　次に，介護保険の利用者負担は，年金収入等280万円未満の者については1割負担であるが，280万〜340万円の者は2割負担，340万円以上の者については，2018年8月より3割負担とされることとなった。医療保険の利用者の中でも70歳以上の高齢者，介護保険の主な利用者である高齢者については，これまで現役世代よりも低率の負担とされてきたが，利用者の収入が現役並であれば，負担率を上げる仕組みとなっている。介護保険は，当初，1割負担で始まったが，介護保険法の2014年改正により，保険料の上昇を可能な限り抑えつつ，制度の持続可能性を高めるため，相対的に負担能力のある一定以上の所得のある者については，自己負担割合が2割に引き上げられた。さらに2017年改正により，2割負担者のうち，特に所得の高い層の負担割合が3割とされた。

　保育サービスについては，1958年に保育単価制度が導入され，国基準により収入ごとの保育料が設定されている。さらに，各市区町村の裁量により，国基準を上回らない範囲内で，利用者負担の軽減が講じられている。児童福祉法の1997年改正時に，応益的な要素が入れられ，3歳未満児と3歳以上児とでは，

---

　9)　厚生省保険局・社会保険庁医療保険部監修『医療保険半世紀の記録』（社会保険法規研究会，1974年）128頁。

利用者負担を変えることとされたが，保育料を比較すると，それほど大きな差異は設けられていない。また，保育については，他の制度と比べても負担能力が細かく設定されていることが特徴である。

(2)　利用者負担の上限の設定

　医療保険，介護保険，障害者福祉サービスにおける利用者負担は，一定の額を超えると支払いが免除され，過重な負担にならないよう，利用者の収入に応じて負担の上限が設定されている。

　まず，医療保険においては，70歳未満の者については，住民税非課税の収入であっても，3万5400円までは負担するとされており，年収370万，770万，1160万という区切りで上限額が上がる。一方，70歳以上の者については，住民税非課税のうち，年金収入のみで受給額が80万円未満の者など，特に低所得の者と，それ以上の者とに分け，年収370万円を超えるかどうかで上限額を区切られている。70歳未満と70歳以上の者とでは，70歳以上の者については，全体として上限額が低く設定されており，特に低所得層への配慮がなされていること，370万円以上を現役並所得とし，細かい所得区分を設けていないことが分かる。また，70歳未満の者は，「多数回該当」する場合には，上限がさらに低く設定されており，継続して医療が必要な場合には負担の軽減措置がとられている。

　次に，介護保険においては，生活保護受給者，市町村民税非課税の者，世帯内に市町村民税課税者がいる者，現役並所得の者の4分類となっている。介護保険の場合，その利用者の多くが高齢者であることが想定されており，医療保険の70歳以上の者に対する上限設定と同様に，低所得層に配慮されているという特徴がある。

2　利用者負担の機能と福祉サービス

　利用者負担のあり方としては，負担を求めない全額無償，応益負担，応能負担に大きく分けられるが，各サービスの利用者負担は，これら3つの方式を組み合わせて利用者負担を設定しているようにみえる。各サービスの性質や社会状況，その他の制度との関係等も踏まえつつ，利用者負担のあり方について検

シンポジウム　障害者の所得保障

討したい。

(1)　利用者負担の機能

　利用者負担には，①歳入を増加させる機能，②需要を抑制させる機能，③国の施策として優先度の高い低所得者や重介護を要する者への対応には利用者負担を軽減することで，優先順位を変える機能，④濫給を防止する機能，⑤サービスの利用に対する権利性を高める機能，などがあるとされている[10]。そこで，本稿では，必要なサービスの利用が妨げられることなく，これら利用者負担の機能を高めるためには，どのような負担のあり方を設定すべきかについて，検討を試みる。

(2)　利用者負担なし（無償）

　利用者負担のないものとして，現制度では義務教育があり，以前の制度では当初の健康保険の本人負担や，老人医療費が挙げられる。健康保険や老人医療費は，前述したように，財政上の問題が指摘されるようになり一部負担が求められるようになった。一方で，義務教育については，無償のままだが，これは義務教育の性質上，そもそも①サービスを受けるか受けないかについて，利用者に選択の余地がないこと，②教育を受けること自体が公共の利益に適っていること，③国民全員が受けるため，初めから公平性が担保されていること，④利用量に差異がないこと，などが挙げられよう。

　必要なサービスが受けられない事態は避けるよう制度設計すべきだが，財源に税が使われる以上，制度を設計する際に，サービスを利用する可能性の低い納税者も含め，合意が得られるかという点を無視できない。そのため，サービス利用の適切性を確保し，負担可能な利用者には，その範囲で負担を求めることが，利用者の権利性を高めることにもつながるのではないだろうか。

(3)　応能負担と応益負担

　サービスの利用者に何らかの負担を求めるとして，その負担のあり方として，負担能力に応じて負担する応能負担と，利用したサービスに応じて負担する応益負担がある。

　応能負担は，負担能力に応じて負担するため，同じサービスを利用していて

---

10)　京極高宣『京極高宣著作集1　社会福祉学』（中央法規出版，2002年）295-297頁。

も，その能力の高低により，多く負担する者と少ない負担ですむ者とが生じる。この点，負担能力の高い者にとっては，同等のサービスを利用しているにもかかわらず，多くの負担をすることとなり，不公平感が生じる一方で，負担能力の低い者にとっては，負担が軽減されることにより，必要なサービスの利用が阻害されるという事態を防ぐことができる。これに対し，応益負担は，同等のサービスに対して，同じ負担をすることが基本となっており，サービス利用者間の公平性は保たれる。その一方で，サービスの利用者全員の利用が阻害されないように，負担を低く設定すれば財政を圧迫し，負担を高く設定すれば，負担能力の低い者が必要なサービスを利用することを阻害する状況を生じさせることになりかねない。

　これらを踏まえた上で，利用するサービスの必要度，サービス量，内容の選択性等も考慮し，利用者負担のあり方について考えたい。サービスの必要度が低い場合，応益負担としても，利用者自身が負担を減らすために，負担できないサービスについては利用しない，利用量を減らす，内容を変更する等の選択をすることができる。しかし，サービスの必要度が高く，サービスを利用することに選択の余地が少ない場合には，利用が阻害されることのないように，負担について配慮が必要となり，より応能負担になじむのではないだろうか。

3　各サービスの性質の差異

　次に，医療保険や介護保険，保育サービス，障害者福祉サービス等に着目し，各サービスの性質の検討を試みたい。

(1)　各サービスの利用者層

　まず，サービスの利用者層について，利用者の普遍性に着目する。利用者の普遍性が高いほど，市場のサービスに近づき，利用者間の公平性を保つためには，利用に応じた負担を求める応益負担になじむのではないだろうか。利用者が限定されているほど，ニーズの特別性が高まり，特別な負担が生じる可能性も高まる。限定された利用者のみで，その負担を負うとすると，負担が重くなるため，必要なサービスの利用と負担のバランスを欠くことのないよう配慮が必要といえよう。そのように考えた場合，全国民を対象とする医療が最も利用

シンポジウム　障害者の所得保障

者の普遍性が高いといえる。介護保険は利用者が高齢者層に，保育サービスは未就学児のいる共働き家庭に偏っており，障害者福祉サービスは，障害者が対象となる。人口比では，対象者は，保育サービス（未就学児童）が最も低く，次いで，障害者，高齢者と続き，そのうち実際の利用者の割合は，障害者福祉サービスの利用者が最も低く，次いで，保育サービス，介護保険と続く。医療保険の利用者が最も普遍性が高く，障害者福祉サービスの利用者の普遍性が最も低い。[11]

（2）各サービスの利用における選択度

介護保険導入時に応益負担についてコンセンサスが得られた背景として，サービスの選択が可能であることが挙げられており，保育サービスについても，1997年児童福祉法改正により，「保護者の選択」が入れられたことにより，一部，応益負担化したことから，選択性が高くなると，応益負担になじむとも考えられる。この点，医療保険，介護保険，保育サービス，障害者福祉サービス，いずれについても法制度上は，選択性があるよう設計はなされている。ただし，サービスの供給量の多寡が，実質的な選択に影響を与える可能性がある。この点，サービスの市場の大きさは供給に影響を与えると考えられ，(1)で検討した普遍性が低いほど，供給は限定的になり，選択性が低くなることが推測できる。

（3）サービスの利用量

利用量については，利用者の必要度に応じて差が生じやすいものの，介護保険，保育サービス，障害者福祉サービスについては，利用開始時に必要度が認定され，利用者はその範囲内で利用するのに対し，医療保険は基本的に，サービスを利用するか否かについて，その都度，個人が選択し，利用量については，医師がその都度決定する。また，保育サービスについては，ほぼ利用量は定量であり，量の選択性は低く，制度設計上，利用量に対して利用者負担は大きく変動しないため，財政への影響は低いといえよう。

---

11)　高齢者数については，内閣府『平成29年度版高齢社会白書』，未就学児童数については，総務省統計局『統計トピックス No. 101』，障害者数については，内閣府『平成29年度版障害者白書』による。

また，介護保険，保育サービス，障害者福祉サービスの利用については，継続性がある。その中でも，保育サービスは，その利用期間が限られているのに対し，介護保険，障害者福祉サービスの利用は長期にわたり，一度利用を開始すると利用が継続する傾向にある。一方，医療保険については，基本的に治療により回復し，利用が終了する状態にすることが求められているため，長期療養等の場合を除き，継続利用が前提とはされていない。そのため，負担についても，一時的であることが多いといえる。

継続性が高いサービスほど，負担も継続するため，軽減措置の必要性が高まるといえよう。なお，一時利用を前提とする医療サービスについても，負担が大きすぎる場合や継続利用の場合には，高額療養費制度の中で軽減措置が設けることで，対応がなされている。継続性が低いサービスの方が，その負担にも耐えられ，利用するサービス量の選択性が高い方が適正利用を促す観点から応益負担になじむといえよう。この点，障害者福祉サービスは，利用が長期にわたる傾向にある上，サービス量の選択性も低いと考えられる。

(4)　各サービスの利用者と収入

医療保険は，利用者層が幅広いため，就労収入のある人からない人まで幅広い。ただし，就労可能性が低下する70歳以上の高齢者については，利用者負担が別に設定されている。介護保険は，利用者に高齢者が多いため，就労収入は低い傾向にある。保育サービスは，そのサービスの性質上，就労者が多いといえる。ただし，就労収入の低い層から高い層まで幅広い。これに対し，障害者福祉サービスは，就労可能性が期待できる者も少なくないが，全体として就労収入は低い傾向にある。

所得保障制度等による収入としては，医療保険のうち，健康保険においては，傷病手当金があるが，これは国民健康保険においては任意給付とされている。また，利用者のうち高齢者については，老齢基礎年金や老齢厚生年金が所得保障制度としてある。介護保険は，利用者に高齢者が多いことから，同様に年金制度が所得保障制度として機能している。

高齢期の負担については，老齢厚生年金が，現役時代の収入に応じて給付は上がることや医療や介護を利用するまでに，準備期間があるといえよう。老齢

年金の平均受給額は，厚生年金で約15万円，国民年金で約5.5万円とされてい
る[12]。また，高齢者世帯の平均年間所得は，297.3万円となっており，年金以外
にも稼働所得や財産所得がある[13]。年金以外にも，老後の生活費用を準備するこ
とが可能といえよう。

　保育サービスは，利用者の特性として，子育てをしているため，児童手当や
児童扶養手当があるが，収入が多い世帯の給付は下がる。また，保育サービス
を利用するまでに，一定の準備期間はあるが，介護に比べると短い傾向にあ
る。

　これに対し，障害者福祉サービスの場合には，年金の対象となる場合もある
が，障害年金の平均受給額は，厚生年金で約10万円，国民年金で約7万円とさ
れており，比較的低額である[14]。また，どの時点で障害者福祉サービスを必要と
する状態になるかという予測可能性が低く，準備期間があるとはいえない。

　これらのことから，障害者福祉サービスの利用者については，就労収入や年
金等の所得保障制度により，どの程度の収入が確保できるかについて不確定な
要素が大きく，またサービス利用のための準備期間もないため，自助努力に
よって，負担能力を確保することも難しいといえる。

(5)　財政方式

　医療保険や介護保険は，社会保険方式で運用されており，保険料負担におい
て，所得に応じた負担がなされている。この点，すでに保険料負担において応
能負担の要素が入れられており，所得に対する考慮がなされている制度におい
ては，サービスの利用においても，応能負担とすると，中高所得者にとっては
二重の負担となってしまうため，応益負担とする方が公平性を保つことになる
と考えられる。ただし，医療保険においては，特に年齢において，収入が減る
高年齢層には配慮がなされており，介護保険においては，近年，同じ高年齢層
であっても，所得のある者の負担率を上げるという改正がなされている。

　この点，保育サービスや障害者福祉サービスは，制度内において，利用者負

---

12)　厚生労働省年金局「平成27年度厚生年金・国民年金の概況」(2017年3月) 7頁，16
　　頁。
13)　内閣府『平成29年版高齢社会白書』。
14)　厚生労働省年金局・前掲注12)。

担以外の部分で負担能力について考慮する機会がない。

4 小括——障害者福祉の特異性

これらの比較を踏まえ，障害者福祉の特異性についてまとめると，次のようなことがいえる。

① 他のサービスの類型と比べ，利用者が限定的であり，普遍性が低いため，市場のサービスになじみにくく，公的支援を必要とする度合いが高い。

② サービスの利用に継続性があり，サービス量は，障害により生ずるニーズの程度により決まる。なお，このニーズの程度の判断においては，障害支援区分の認定により，一定程度，行政の介入があるが，行政の裁量により幅がある。

③ 就労による収入で，必要な福祉サービスを負担することが困難な層が多く，年金制度は，福祉ニーズの多寡に対応することが困難であり，上乗せされる厚生年金により年金収入が多い層も少ない。そのため，就労収入や年金等により，福祉ニーズに対応できない層に偏っているといえる。

④ サービスの財政において，保険料において応能的な徴収がされている社会保険制度で運用されている医療保険や介護保険と異なり，「利用者の収入」を考慮するシステムは，利用者負担以外の部分にはない。

Ⅳ 利用者負担のあり方と課題

これらの特徴を踏まえた上で，改めて障害者福祉における利用者負担のあり方について検討し，今後の課題について考えたい。

1 障害者福祉における利用者負担のあり方

まず，利用者負担のあり方を考える上で，障害者福祉サービスに限らず，①「必要なサービスの利用が阻害されないこと」は重要な考慮要素である。その上で，②「サービスの利用量（費用）の変動性が高い場合」，利用者間の公平

性，利用者と非利用者との公平性の観点から「応益負担」によってサービス利用の適正化を図ることには一定の合理性はある」といえよう。ただし，③障害者福祉サービスの場合，サービスの利用量の変動性は高いものの，その変動性は，障害によって生じるニーズによるものであり，障害者個人のサービス利用量は，それほど変動しないと考えられる。また，利用量については，障害支援区分によって一定程度コントロールされている。健康保険では，給付の濫用が問題になり，それを解決するために，利用者負担が導入され，その後，負担率が上げられたが，障害者福祉サービスの分野では，それとは異なる状況といえよう。つまり，Ⅲ2で検討したように，医療の場合は，利用者個人の利用量の変動性が高い場合には，利用者の負担を応益負担とすることで，各利用者が負担を減らすために，過剰なサービスの利用を避けるように誘導することが期待されるが，障害者福祉サービスの場合には，そのような期待は難しい。

　実際，障害者自立支援法の成立により，利用者負担が重くなった際，その負担は，障害者個人が負うことになり批判を集めた。つまり，負担が重くなっても，サービスの利用が必要とされていたことを意味し，これは，サービスの必要性と適正利用のバランスを欠いた状態であったと思われる。現制度では，負担の上限までは，応益負担とされているが上限が設定される所得層は，他の制度と比較してもかなり高く設定されており，実質的には，サービスを無償で受けられる層が幅広くとられている。それ以上の所得の層は，2段階にしか分けられていないため，この上限設定が，応能負担として機能していると考えられる。この2段階のラインは，設定された所得にかなり差がある上，所得の基準が高いため，各階層間での公平感は薄いといえよう。しかし，障害者の所得水準が，かなり低所得層に固まっており，高所得の階層が薄いため，医療保険や保育サービスのように細かく所得階層を分けることに行政コストを割くメリットは少なく，現状では一定の合理性はあるのではないだろうか。ただし，今後，障害者の就労環境が整い，就労収入が増え，所得階層が全体的に広がった場合には，より細かい上限設定を設けた方が公平性を保つことになろう。

　また，現在，ゼロ負担とする上限がかなり高く設定されているが，この上限を超える部分については，次の上限までの範囲で応益負担となっているので，

ゼロ負担となる所得の設定を低くすると，負担する利用者が増え，より応益性を増すことになる。この点，負担が生じるとしても，収入または所得保障があり，負担が可能である場合には，受けたサービスに応じた利用者負担が可能であり，サービスの利用を阻害しない範囲で負担を求めることには一定の合理性があると思われるため，障害者の所得がより充実すれば，この上限を下げていくことも可能であろう。しかし，実際には，障害者福祉の分野では，サービスの必要量が多い人の就労収入は低い傾向にあり，所得保障制度である年金は，必ずしもサービスの必要量に対応していない。また，認定される障害の程度とサービスの必要量とは，必ずしも相関関係になく，年金制度によってサービスの利用料の負担を補完するのは難しい。そのため，福祉サービスの利用によって増える負担は，利用者負担の軽減措置によって調整することが望ましく，軽減措置の幅も広くとらざるをえないのではないだろうか。

2　サービスの内容と利用者負担

　障害者総合支援法でカバーされているサービスには，大きく分けると，障害によって生じる生活上の困難を援助するサービス（生活援助サービス）と就労を支援するサービス，障害者の医療の３つがある。このように目的の異なるサービスについて，同様，もしくは類似の利用者負担の制度を利用している点も，障害者福祉サービスの特徴といえよう。このように異なる目的を有するサービスについて，利用者負担のあり方が同様で良いのだろうか。

(1)　生活援助サービス

　障害の程度とサービスの必要量の多寡，年金等との所得保障，就労状況とが必ずしも相関関係にない。つまり，サービスを多く必要とする人が，所得保障や就労によって負担能力を担保されているとはいえない。一方で，介護や移動支援などの日常生活を営む上で必要なサービスは，一時的な利用ではなく，日常生活を送るために継続的に利用する必要があることが多く，利用が阻害されれば，直ちに日常生活に不自由が生じるため，特に配慮する必要があるサービスである。一方で，前述したように，収入が確保される状況になれば，より収入に応じた負担を求めることも可能ではないかと思われ，利用者の状況に応じ

シンポジウム　障害者の所得保障

て，応能的な負担を求めるのに適しているのではないだろうか。

(2)　就労支援サービス

就労収入が，就労支援サービスに対する利用者負担で費消されるとなると，就労意欲を損ねるおそれがあり，就労による自立支援を促進する観点からは，利用者負担が就労へのインセンティブを阻害しないよう考慮する必要があるのではないだろうか。また，職業リハビリテーションは無料とされており，他のサービスとの整合性を考えると，訓練給付等に分類されるサービスの中でも，「就労移行支援」や「就労継続支援」のように直接就労に結びつくサービスについては，利用者負担を求めないという制度設計に一考の余地があるのではないだろうか。

(3)　自立支援医療

最後に，自立支援医療は，市町村民税非課税であっても一定の負担があり，障害福祉サービスに比べ，負担する層が広い。ただし，「重度かつ継続」して利用する必要がある場合には，さらに低い上限を設定して負担を軽減している。

医療サービスについては，障害の分野においても，一時的なニーズ，一時的な負担の増加であることが前提とされているものについては，負担可能分を広く設定することには一定の合理性があると考えられる。

3　介護保険移行時の利用者負担（障総法7条，76条の2第1項）

障害福祉サービスを利用していた者であっても，「保険優先の考え方」の下，サービス内容や機能から障害福祉サービスに相当する介護保険サービスがある場合には，原則として，介護保険サービスに係る保険給付を優先して受けることになる。この点，介護保険の適用対象となって以降，利用者の負担が増す点について検討がなされていた。2018年（4月1日）から施行される改正法では，長期間にわたり障害福祉サービスを受けていた障害者の場合，所得の状況や障害の程度，その他の事情を勘案して政令に定める者に対しては，高額障害福祉サービス等給付費を支給する，とされた。この点，第190回国会衆議院厚生労働委員会議事録によると，「介護保険サービスの利用者負担の発生の影

158

響が大きい5年以上サービスを利用している重度障害者については，軽減措置（償還払い）」をとるとされている[15]。

　主に高齢者を対象とする介護保険制度が，障害者福祉制度よりも負担が重くとも，その差異に合理性が見いだせる理由の一つとして，利用者負担を可能にする背景の差異があるのではないだろうか。つまり，高齢者については，基礎年金の他，厚生年金への保険料の支払い，その他，私的年金や資産の形成など，現役時代に高齢になった時の準備をする期間があるのに対し，障害者の場合は，そのような準備が難しい。そのため，サービスを利用していたか否かではなく，障害者も高齢者と同様に，「現役時代に，準備する」ということが可能だった者に対しては介護保険の対象としても，同じサービスを必要とする者との間で，利用者負担に差が生じることなく，公平性が保たれるのではないだろうか。一方，現役時代に準備することが難しかった若年障害者で，就労が困難だった者の場合には，高齢者になったからといって，経済状況は変わらないため，介護保険が優先とされると困難が生じるのではないだろうか。

　［付記］　本研究は，2017年度の東京経済大学個人研究助成費（研究番号17-25）を受けた研究成果である。

---

15)　厚生労働省答弁「第190回国会衆議院厚生労働委員会会議事録」（2016年）16号25頁。

障害者の所得保障

——総　　括——

新　田　秀　樹

（中央大学）

Ⅰ　はじめに

　本シンポジウムは，障害者の所得保障の意味を，障害者の経済的側面，すなわち金銭面における生活保障というように広く捉えた上で，生活を支える重要な要素，具体的には障害年金・就労支援と就労所得・サービスの利用者負担に焦点を当てて，その現状と課題につき法学的・政策学的に掘り下げた検討を行うことを目的とするものである。

Ⅱ　各報告のポイントと評価

　各報告において指摘された論点ないし課題についてのみごく簡単に振り返る。

　「障害年金の給付水準」（百瀬報告）においては，①２級の障害基礎年金の額が満額の老齢基礎年金の額と同額であることの問題点，②３級の障害厚生年金受給者の所得保障の不十分さ，③１級の障害厚生年金における25％加算の目的や加算額の根拠の不明確さ，④特別障害者手当の支給対象者の範囲の狭さ，⑤就労所得の如何を問わず年金が全額支給されるケースと，就労を続けることにより障害等級の変更がなされ年金が打切りあるいは減額されるケースの併存，⑥マクロ経済スライドが障害年金受給者に及ぼす影響，といった論点ないし課題が提示された。

　「障害年金の権利保障と障害認定」（福島報告）では，障害年金受給権は扶助原理の要請が強く，生存権保障を具体化する権利といえることを確認した上

で，障害認定をめぐる論点ないし課題として，障害年金の要保障事由と法令上の障害要件にズレがあることを指摘し，特に精神障害の1級及び2級の判定に当たり，法令や通知等における「日常生活能力の制限」を稼得能力の有無という観点から拡張解釈できるかどうかといった点について詳細な検討が行われた。

「障害者の就労支援と所得保障」（廣田報告）においては，憲法27条や「労働によって生計を立てる機会を有する権利」を含む労働権を規定した障害者権利条約27条等を検討の前提としつつ，現在の就労支援法制の論点ないし課題として，①就労支援の種類によりその内容だけでなく，労働条件，利用者負担，支援の権利性などが異なり，必ずしも整合的とはいえない，②特に，就労移行支援サービス・就労継続支援サービスについては，その支給決定の可否が実質的に相談支援員やサービス提供事業者による評価に大きく依存しているため，支給決定の客観性や専門性が必ずしも担保されていない，③工賃・賃金の原資となる事業所の収益が上がる方法や活動内容と，就労ニーズに適した就労支援は常に両立できるわけではない，等の指摘が行われた。

「障害者の利用者負担のあり方」（橋爪報告）では，障害者福祉分野における利用者負担の変遷を確認した上で，障害者福祉・医療保険・介護保険・保育の各制度間でサービス給付の利用者負担の比較を行い，現行の障害者福祉の特異性として，①利用者が限定的であること，②サービスの選択の余地が少ないと考えられること，③サービス利用が継続的であること，④サービス量は障害より生ずるニーズに規定されること，⑤就労や年金等による収入が少ない者が多いことなどを挙げ，障害者のサービス利用や就労インセンティブを阻害しないよう配慮しつつ，サービスの種類に応じて適切な利用者負担を設定すべき旨の提言がなされた。

上記の各報告から抽出される障害者の所得保障の論点ないし課題は，第1に，障害者の所得保障の必要性ということであり，それは大きくは，①障害を理由とする特別のニーズ，したがって特別の支出が存在すること，また，②現実問題として，労働収入が不十分で，生活を安定的に支える資産形成が難しい障害者が多いこと，によって根拠づけることができる。

シンポジウム　障害者の所得保障

　また，第2の論点ないし課題としては，個々の障害者を見た場合の障害者の多様性ということが挙げられよう。それは，具体的には，①収入面については，障害の内容・程度の違いとそれによる年金・手当の有無，労働能力とその結果としての労働収入の違い，扶養者の有無，資産の有無といった点から，また，②支出面については，障害の内容・程度の違いに起因する必要とする医療・介護・就労支援等のサービス及びサービス利用にかかる費用の相違といった点から看取できた。

　そして，障害者に係る現行の所得保障施策や雇用保障施策が，給付や施策の相互間のバランスや整合性を欠いていて，こうした障害者の有する「特別な支出を必要とする多様なニーズ」に応えきれていないことが，各報告により具体的・実証的に改めて確認できたことが，本シンポジウムの意義ではないかと考える。

Ⅲ　これからの障害者の所得保障の在り方

　上記の各報告を踏まえて，今後の障害者の所得保障の在り方を展望したい。

　障害者の所得保障において前提あるいは目標とし，また，個々の所得保障制度・施策を評価する場合の基準とすべき主な規範としては，まずは，憲法や障害者権利条約あるいは障害者基本法の関連規定[1]に拠るべきと考える。

　就労支援による所得保障施策とそれ以外の所得保障施策の在り方については，観念的には，①就労可能性の高い障害者については，メインの施策を就労支援とし，これに補助的手当などの補完的所得保障を組み合わせ，②就労可能性の低い障害者については，年金をはじめとする社会保障給付としての所得保障を中心にして（いわゆる）福祉的就労保障にも努めるということになろう。もっとも，これを可能にするためには，①就労可能性を判断する適正かつでき

---

1)　具体的には，①日本国憲法13条（個人の尊重）・25条（健康で文化的な最低限度の生活を営む権利と国の責務）・27条（勤労の権利）や，②障害者権利条約26条（ハビリテーション及びリハビリテーション）・27条（労働及び雇用）・28条（相当な生活水準及び社会的な保障），あるいは③障害者基本法15条（年金・手当等），18条（職業相談・指導・訓練・紹介等），19条（雇用の促進・継続等）などを挙げることができよう。

る限り客観的な基準を手続面の規定等も含めて設定することや，②就労支援施策と所得保障施策の認定要件のずれから構造的に発生する，いずれの支援・保障も十分に受けられない谷間の低所得障害者を解消する工夫が必要である。

　また，労働収入や年金・手当などの現金給付によるいわばプラスを増やす所得保障と，サービスの利用者負担などの特別の支出の補填といったいわばマイナスを減らす所得保障の関係をどのように整理するかという点については，医療保険や介護保険といった社会保険制度までも視野に入れるならば，社会保障のサービス給付に係る利用者負担の全体的方向としては，基本的には，サービス利用に係る自己負担を原則として応益負担で取った上で，所得保障制度ないし施策としてその支出を賄うに足るだけの十分な賃金あるいは年金・手当等の現金給付を支給することが適当ではないかと思われる。

　ただし，サービス給付の中核ともいえる障害者福祉サービスそのものに関しては，①通常は長期にわたり，かつ，個別的で多様な障害者の福祉ニーズを賄う特別の支出を，サービス利用量に応じて障害者に負担させることが公正の観点から見て適切かどうか，②税財源の社会扶助方式を維持したまま応益負担を採用することが理論的に妥当かどうか，また，③現金給付を支給することとした場合，障害者ごとに異なるであろう利用者負担額に見合った適切な現金給付を行うことが実際に可能なのかどうか，といった検討すべき多くの課題があり，原則応益負担とすることは難しいようにも思われる[2]。この点については，なお検討したいが，少なくとも当面は，応能的利用者負担が主流である現行福祉制度との連続性や実務的な事務処理の便宜，利用者負担の仕組みを変更した場合の各制度の財政負担の変化などを勘案すると，サービス給付制度の枠内で応能負担の観点から利用者負担を調整することが現実的ではないか。

Ⅳ　おわりに

　本シンポジウムの各報告では，障害者の広義の所得保障制度・施策の主なも

　2）　この点に関しては，新田秀樹「障害者自立支援をめぐる法的課題／費用負担と報酬基準」社保25号（2010年）も参照されたい。

シンポジウム　障害者の所得保障

のである障害年金・就労支援と就労所得・サービスの利用者負担に焦点を絞
り，現行規定や現状に即して，その問題点・課題を実証的に抽出することに重
点を置いたため，障害者手当や生活保護制度の障害者加算といった，これらを
補完する重要制度については必ずしも十全な射程の下には収め得ず，また，問
題点・課題に対する改善策の提案についても具体的に論じることは十分にはで
きなかった。これらの点については，今後の課題としたい。

質疑応答

◆百瀬報告について

田中明彦（龍谷大学）・**吉永純**（花園大学）
障害基礎年金だけで生活保護を上回る給付
水準とするのは極めて困難との説明があっ
たが，巨額の積立金を活用すれば，老齢年
金等へしわ寄せを及ぼすことなく給付水準
を引き上げることができるのではないか。

百瀬優（流通経済大学）　2004年改正以降
の年金財政は，積立金からの収入を含む決
められた財源を現在の給付と将来の給付で
分け合うという構造になっている。積立金
を取り崩せば障害年金の給付水準を大幅に
引き上げることはできるであろうが，将来
の給付財源が減ってしまうので，そのよう
な引上げは現実的には難しい。また，一律
に給付水準を引き上げると，就労収入の高
い年金受給者の給付も増えるが，それでよ
いのかという問題もある。

田中　就労収入と障害年金の両方を受け
取っている者は過剰給付の可能性が高いと
の説明があったが，どのような趣旨か。

百瀬　十分な就労収入があり日常生活費
も十分賄える者に，就労収入の代替給付で
ある障害厚生年金と日常生活費の保障であ
る障害基礎年金を全額支給することの正当
化はかなり難しい。しかし，現実にはそう
した者もいる状況を「過剰給付」と申し上
げた。

田中　障害年金についてはマクロ経済ス
ライドを適用すべきでないとの御意見か。

百瀬　老齢年金と障害年金が同一制度で
ある限りマクロ経済スライドは適用せざる
を得ないが，影響の大きい障害年金受給者
の所得については年金制度外で補うことが
考えられるのではないか。

江野尻正明（愛媛弁護士会）　前出の「過
剰給付」についてであるが，就労収入の高
い障害者は同収入の障害のない者に比べて
障害故の支出も通常多いので，過剰給付と
は言えないのではないか。また，3級の障
害厚生年金の対象外となる国民年金のみに
加入する障害者（特に若年障害者）の所得保
障についてどう考えるか。

百瀬　就労収入が高い障害者ほど障害故
の支出も多いとは限らず，また，障害年金
の目的からしても，障害故の特別の支出に
ついては，年金制度外の手当や現物給付で
補われるべきと考える。後段の御質問につ
いては，今後の検討課題としたい。

北岡大介（社会保険労務士）　特に精神障
害者に多く見られる障害年金の有期認定
は，どのような場合に行われているのか。

百瀬　障害の特性や状態により判断され
る。2011年度末で，障害基礎年金のみの受
給者の4割強，障害厚生年金受給者の約7
割が有期認定となっている。精神の障害の
場合は，この数値が高くなる。

松本勝明（熊本学園大学）　障害者の所得
を補う年金制度外の手当の具体的イメージ
について伺いたい。

百瀬　現行制度をベースとすれば特別障害者手当や障害者生活支援給付金の拡充となる。保障される所得レベルとしては障害者加算込みの生活扶助基準レベルが考えられるが、障害故の経費については個別的対応が望ましい。また、成人障害者については、手当の支給に際して、家族による扶養を考慮すべきではない。

吉永　生活保護の重度障害者加算は介護需要の一部にしか対応していないが、これを障害年金の1級加算の根拠とされる介護需要と比較する意味如何。介護需要は基本的にサービス給付により満たされており、加算で対応する部分はごく一部ではないか。

百瀬　1級加算が設けられた1954年の厚年法改正時に生活保護の障害者加算の額が参照されたので比較を行ったが、重度障害者加算との比較は不適切だったかもしれない。

瀧澤仁唱（桃山学院大学）　就労所得と障害年金の合計額が高額となる受給者の割合はどのくらいか。

百瀬　障害厚生年金受給者の場合、年収400万円以上の者の割合が5％弱、500万円以上の者の割合が2.5％程度となっている。65歳未満の受給者に限定すれば、この数値はもう少し上がる。

◆福島報告について

西村淳（神奈川県立保健福祉大学）・長岡健太郎（和歌山弁護士会）・青木志帆（兵庫県弁護士会）　障害年金の要保障事由が稼得能力の喪失であることを前提にして報告をされ

たが、そうした理解の仕方は妥当か。日常生活能力と稼得能力は截然とは区分できないし、基礎年金と厚生年金では要保障事由が異なる。障害者が稼得能力を得る上で必要な医療・各種支援サービス・日常生活等に必要な費用を保障することも障害年金の目的ではないか。障害年金を障害によって必要となる基礎的な生活費保障のための年金と捉えれば、違う議論になるように思われる。

福島豪（関西大学）　国年法・厚年法の目的規定に「生活の安定」という文言が使われているので、障害年金の目的は障害者の所得保障であると言える。そして、障害年金が老齢年金とセットで同じ年金保険の枠内で支給されていることからすると、老齢であれ障害であれ所得を稼ぐことができない場合に所得を保障するためにつくられた制度が年金保険であると理解できる。こうした制度の組立て方から見れば、障害によって所得を稼ぐことができない場合（稼得能力を喪失した場合）に所得を保障することが障害年金の目的であると解せる。そうすると、障害認定基準も基本的には障害により所得を稼ぐことができなくなる場合というように解釈すべきことになり、稼得能力の制限という観点から認定基準を見直していくべきという結論になる。

障害年金が障害に伴う特別な出費を保障する機能を果たしていることは確かであるが、その結果、所得を稼ぐことができなくなった場合の所得保障という障害年金の目的が曖昧になっているのではないか。

なお、稼得能力に着目した具体的な障害

認定基準・判定基準の在り方については，今後の検討課題としたい。

丸谷浩介（九州大学）　障害年金受給権については「障害者の最低生活水準を下回らない年金額を保障するという生存権保障の観点」からの正当化と配慮が必要との報告があったが，国年法が目的規定において憲法25条1項に基づく最低生活保障を謳わないのに，何故そうした観点から障害年金受給権が性格づけられることを正当化できるのか。

福島　国年法の目的規定を踏まえての主張ではなく，障害年金の受給要件と額の算定の仕方からすると，障害年金受給権は財産権保障よりも生存権保障を具体化する側面が強いと考えたということである。

田中　障害年金は，障害による所得喪失に対して所得保障をすることにより障害のない者との実質的平等・ノーマライゼーションを実現するものであるとの考え方をどう評価するか。

福島　障害年金の第一義的な目的は障害者の所得保障にあるが，より高次の目的として御指摘のように考えることも可能であろう。

清水泰幸（福井大学）**・田中**　障害年金の給付水準が最低生活保障水準以下であったとしても，生活保護制度があるので憲法25条違反にはならないと考えてよいか。そうだとすると，極論すれば生活保護さえあればよいことになるが，社会保障の体系上問題ではないか。それとも，生活保護その他の代替制度があったとしても，なお求められるべき障害年金固有の「生存権保障の観点からの正当化と配慮」は存在するのか。

福島　質問は障害年金が廃止された場合に憲法25条違反に当たるかとの趣旨と理解する。報告は障害年金の廃止でなく減額について述べたものであり，既存の障害年金制度を廃止することまでは難しいと考えるが，さらに検討したい。

清水　老齢年金受給権と障害年金受給権の法的性格等の違いを踏まえると，年金額の引下げが憲法違反に当たるかどうかについての判断や理由付けが異なってくることになるのか。

福島　同じ年金保険の枠内の給付であるから特段異なることはないという考え方と，2つの年金では要保障事由や保険事故に違いがあるのだから給付水準引下げの場合における正当化の理由も異なってくるという考え方とがあり得よう。今後さらに検討したい。

田中　障害事故の発生時期は障害認定日と解するべきと考えるがどうか。

福島　報告の射程外であるが，今後検討したい。

江野尻　障害年金の給付水準の引下げが生存権保障違反になるか否かを争う場合の違憲審査基準はどのようなものか。広範な立法裁量を認めるような基準では，憲法上受給権が保障されると言っても実益がないのではないか。

福島　独自の審査基準論を持っているわけではないが，一般論としては，制度創設時の給付水準設定よりも，既存制度における給付水準引下げの方が審査基準は厳格化するのではないか。

シンポジウム　障害者の所得保障

江野尻　等級判定ガイドラインによる障害等級の認定に不服がある場合，（障害者総合支援法における自立支援給付の支給決定を争う場合と同様に）ガイドラインに基づく総合評価を行う際に評価に当たり考慮すべき要素を十分考慮しなかったことを理由として争うことは可能か。

福島　障害者総合支援法における勘案事項とガイドラインにおける考慮事項では，それらが法令に基づくものであるか否かの違いがあるので同列に論ずることはできないが，行政の内部基準としてのガイドラインが外部にも示されるということになれば，ガイドラインに依拠しない形で障害認定がなされた場合にガイドラインに即した判断・検討を求め得るという意味で一定の法的効果を持つことはあるかもしれない。

北岡　障害等級の変更を行う場合の判断基準はどのようなものか。その際，就労の状況はどのように評価されるのか。

福島　ガイドラインは新規裁定時だけでなく再裁定時にも適用されることとされているので，等級変更を行う場合の判断基準としてガイドラインが用いられるものと考える。したがって，就労の状況は総合評価の中で考慮されると思う。

北岡　いったん障害等級が決定された後の等級変更及びそれに伴う年金支給の打切りのリスクと就労状況との関係をどのように捉えているか。

福島　等級変更の検討をする総合評価の中で，就労状況が障害者に有利になるような積極的な形で考慮されることも，消極的な形で評価されることもあり得るので，総合評価という手法自体に問題があるのではないかと考える。なお，就労していない障害者に対してガイドラインを適用する場合にも就労状況が考慮されるのかどうかについては，別途検討したい。

瀧澤　就労所得と障害年金の合計額が高額となる場合の具体的な金額としてどの程度の額を想定しているか。

福島　高額となる場合には減額が認められるべきとの方向性を示したにとどまり，具体的金額は特に想定していない。

大曽根寛（放送大学）　年金・医療・雇用・就労・福祉などの全分野を通じて障害者の障害のアセスメントをし，支援プランの作成とそのマネジメントを行う一元的な機関が必要ではないか。

福島　制度間・給付間の齟齬や脱漏を防ぐ上では認定機関のある程度の統一化が望ましいが，他方で，各制度の目的や給付要件に違いがあることを考えると多元的な認定機関を前提に認定の齟齬を防ぐ仕組みを別途考える方向性もあり得よう。今回の報告の射程外であるが，認定機関の問題は重要なので今後検討していきたい。

◆**廣田報告について**

江野尻　就労系障害福祉サービスについて，障害者個人への個別給付として請求権が認められるとの説明があったが，具体的には，誰が誰にどのような権利を行使できるのか。また，その権利が侵害された場合の救済手続き如何。

廣田久美子（宮崎産業経営大学）　就労系障害福祉サービスについては，①利用者と

市町村間，②利用者と市町村と事業者間という２つの法律関係が存在するが，報告では職業リハビリテーションとの比較を行うことに重点を置いていたので，前者（①）の市町村に対する利用者の権利に焦点を当て請求権について述べた。就労系障害福祉サービスは職業リハビリテーションに比べ法的手続きが整備されているという趣旨であり，権利の救済については，重要な論点であるが，前述の①，②双方の分析を必要とするので，別の機会に検討したい。

　田中　就労を軸とした所得保障制度として，具体的にどのような制度を構想されているのか。また，所得保障制度として，現行制度を前提とした制度設計と，就労支援手続・体系を見直すような制度設計のいずれが望ましいと考えるか。

　廣田　就労収入で不足する所得分を訓練手当のような金銭給付で補う，あるいは，最低賃金に満たない分の賃金補填を行うなど，多様な給付の組合せが考えられる。

　望ましい所得保障制度の在り方については現在答を持ち合わせていないが，基本的には，障害年金の受給の有無によって，就労を軸にした所得保障の在り方も影響を受けると考えている。その場合，就労支援の必要性が明確になるよう，対象者をどのように絞るかが１つの課題となる。

　石田道彦（金沢大学）　福島報告で障害等級を稼得能力の制限の観点から見直す方向性が示されたが，その判断基準として，廣田報告における就労系障害福祉サービス又は職業リハビリテーションの支給決定手続の判断基準を用いることは可能か。

　廣田　年金の障害等級の認定基準として就労系障害福祉サービス又は職業リハビリテーションの支給決定手続の判断基準を用いることは，年金給付と就労支援の間に谷間を生じさせないという観点から，基本的な方向性としては望ましいと考える。ただ，現実に両方の基準を一致させることは難しい。また，就労支援については，年金と支給要件を関連付けることで，厳しい判定基準となる危険性もある。報告では，これらの点につき具体的な検討にまで至らなかったので，今後の検討課題としたい。

　福島　現在のところ就労支援ニーズの判断基準につき明確なものがないので，判断しかねるところがあるが，障害年金の認定基準を稼得能力の制限の観点から見直す場合には，両基準は連動していた方が望ましいであろう。

◆橋爪報告について

　藤原精吾（兵庫県弁護士会）　サービス利用者と非利用者の「公平性」の観点から応益負担によって利用の適正化を図るとの説明があったが，その場合の「公平性」とは具体的にはどのような意味か。

　橋爪幸代（東京経済大学）　サービスに投入できる資源が限られている以上，ある者は負担なくサービスを利用でき，ある者は負担をしなければサービスを利用できないということになると，不公平感が高まり，サービスを提供する当該施策が機能しなくなるおそれがあるので，そうならないような一定の配慮が必要だという趣旨で申し上げた。

シンポジウム　障害者の所得保障

藤原・田中　障害があるサービス受給者と障害がないサービス非受給者を比較して公平でない場合があるとされるが，何を基準として，すなわち，何と何を対比して公平でないと評価するのか。

橋爪　重度障害者が多くのサービス給付を受けていることを不公平と述べているわけではない。御指摘を踏まえ，表現の明確化につき検討したい。

田中　障害福祉サービスや医療保険の療養の給付について，濫給は具体的にどのような場合に起きるのか。

橋爪　報告では，濫給の具体的態様ではなく，比較した４つのサービス（障害者福祉サービス・医療・介護・保育）の性質・特徴を明らかにするとの観点から，濫給（サービスの濫用）の起こりやすさについて検討した。障害者福祉サービスは濫給が比較的起こりにくい，換言すれば，利用について選択ができないサービスであるので，負担について配慮が必要だということを申し上げた。

田中　患者負担が負担できずに医療が受けられず死亡する事例が毎年報告されているが，それでも医療保険の利用者負担は応益負担に馴染むと断言できるのか。

橋爪　前述のとおり，報告は，４つのサービスの性質・特徴を様々な視角・観点から比較・分析し，それらと利用者負担との関係性を検討することに主眼を置いている。医療保険における患者負担は，４つのサービスの利用者負担の中では比較的応益負担に適合的である旨を指摘したものであって，常に応益負担に馴染むと断言して

いるわけではない。

田中　介護保険の給付が自立支援給付に優先するという「保険優先の考え方」についての評価を伺いたい。

橋爪　要介護高齢者の中でも，従前から障害者であった者となかった者とではバックグラウンドが異なることから，両者を保険優先ということで同一に扱うことには疑問がある。

江野尻　障害者がその生活に必要な支援を受けるということが，応益負担が想定するところの「受益」にそもそも当たるのか。それは受益ではなく，社会的障壁の除去に過ぎないのではないか。

橋爪　報告では，利用者負担の根拠を何に求めるかという検討の一環として，対概念である応能負担とともに応益負担の考え方を取り上げたものであり，利用者は上乗せの利益を受けているから応益負担が必要であると主張したわけではない。

西村　サービス利用者の負担能力や個々のサービスの種類・特徴にまできめ細かく立ち入ることなく，障害者福祉・医療・介護・保育という制度別・対象者別の分類レベルの比較で利用者負担の在り方を論ずる意味はどこにあるのか。

橋爪　障害者福祉サービスだから利用者負担はこうあるべきだということが一義的に導かれるわけではないので，複数の制度・サービスを比較し，各サービスの特徴のどの要素が当該サービスの利用者負担に結び付くのかにつき分析・抽出を試みたものである。

井上従子（慶応義塾大学 SFC 研究所）　現

在の障害者福祉サービスにおいて応益負担はサービスの適正利用を促すうえで有効に機能していると評価しているのか。

橋爪 現在の障害者福祉サービスにおける利用者負担については，どちらかというと，応益負担ではなく，応能負担にかなり近い形で制度設計がされていると評価している。

江野尻 報告では，サービスの利用者負担をいかに軽減するかという点よりも，利用者負担をどのように根拠づけるかという点に重点が置かれていたように思われるが如何か。

新田秀樹（中央大学） 橋爪報告では，サービスの利用者負担の在り方も広義の所得保障の一環として捉えた上で，現行の利用者負担制度が抱えている課題を，できる限り現状に即して法学的ないし政策学的に分析することに重点を置いた。

利用者負担の軽減の可否や軽減の在り方を検討する前提として，そもそも現在の利用者負担はいかなる根拠に基づきどのように取られているのかを解明することが重要な研究課題と思われたので，橋爪会員にはそうした観点からの報告をお願いした次第である。

長岡・青木 医療ニーズは一時的なものであり患者負担は一時的な負担であると説明されたが，精神障害者や難病による障害者にとっては医療は一時的なニーズとは言えないのではないか。また，各報告を通じてであるが，大なり小なり特別な医療ニーズを抱えている障害者の生活保障を分析するときに，医療の負担をどの程度考慮に入

れていたのか。

新田 橋爪報告では，障害者福祉サービスの比較対象として主に急性期医療を念頭に置いていた。他方で，今回想定しなかった更生医療・育成医療・精神通院医療といった障害に起因し長期にわたる医療に係る患者負担については，障害福祉サービスに係る利用者負担とのアナロジーが成り立つと考える。橋爪報告で想定していた医療がどのような医療であったかにつき，もう少し明確に述べた方がよかったかもしれない。

◆新田報告について

秋元美世（東洋大学） 年金・手当等の支給を「プラスを増やす社会保障」と，また，サービスの利用者負担の補塡等を「マイナスを減らす所得保障」と整理されたが，前者は所得保障それ自体が目的となっているのに対し，後者は現金給付は手段であって所得保障が直接的な目的となっていないことからすれば，両者を同じレベルで論ずるのは妥当とは言えないのではないか。

新田 目的が異なるというのは御指摘のとおりであるが，それらが果たす機能という点に着目すれば，いずれも手元に残る金銭が増える効果を持つという点では共通するところがあるので，両者を対比的に取り上げたものである。

秋元 社会保障法学で所得保障という場合には，通常は稼得能力の低下等に対しての生活権の保障方法という意味で用いるということも踏まえておく必要がある。

シンポジウム　障害者の所得保障

　新田　本シンポジウムでは敢えて広義の
所得保障ということで議論の枠組みを広げ
ることも試みたわけであるが，御指摘を踏
まえ，今後さらに検討を進めていきたい。

＊同趣旨の質問については質問者名を列記した。

個別報告

企業年金制度における「受託者責任」
——イギリス法からの示唆——[1]

川 村 行 論
（北海道大学）

I 問題の所在

　少子高齢化が進展する今日，年金制度を如何にすべきかが論じられている中で，年金財産の適切な管理運用についても問題となっている。これについて我が国の年金制度をみると，管理運用に関する行為準則として「受託者責任」[2]が規定されている。この準則は，当初，企業年金制度において論じられてきたが，公的年金制度においても採用されるに至っている。[3]

　現在では，この「受託者責任」について問題点が指摘されている。具体的には，忠実義務や善管注意義務といった義務の内容の明確化が必要である，と

---

1) 本稿は2017年10月14日の日本社会保障法学会（於：小樽商科大学）における個別報告の内容を見直し，加筆修正したものである。
2) 本来であれば，信託法における受託者が負う義務（善管注意義務，忠実義務，分別管理義務など）と義務違反の法的責任（損失塡補責任，原状回復責任，利得の吐出し責任など）が，「受託者の義務と責任」として考えられる。
　　しかし，我が国の企業年金法制では，忠実義務と善管注意義務について便宜的に「受託者責任」と呼称している。本稿が検討対象とする確定給付企業年金法における「受託者責任」・忠実義務について，同法の国会審議において説明されている。第151回国会衆議院厚生労働委員会議録13号（2001年5月23日）22頁（辻哲夫政府参考人発言）。
3) 1997年に公表された「年金自主運用検討会報告書」において，公的年金制度における積立金の運用について行為準則を設ける必要があること，その際には英米や我が国の企業年金制度において採用されている「受託者責任」を参照することが提言されている。そのような経緯もあり，公的年金制度においても「受託者責任」が問題となる。報告書について，厚生労働省のHPにおいて掲載されている（http://www1.mhlw.go.jp/shingi/s0901-1.html）。
4) 例えば，AIJ事件を契機に，厚生年金基金制度などの資産運用などが問題視され，↗

いったことである。確かに，これらの義務の解釈論的な意味や具体的に問題と
なる局面について明らかにすることは必要である。しかし，それ以外にも，「受
託者責任」を論じる上で，重要な問題がある。それが「受託者責任」の主体で
ある。後述するように，我が国の確定給付企業年金法（以下，「確給法」と記す）
において，忠実義務の主体として，事業主，資産管理運用機関（信託銀行・信託
会社，生命保険会社，投資顧問業者），基金理事が規定されている。これらについて
一見して問題がないように思われる。しかし，事業主についてみると，信託関
係においては委託者に過ぎないにもかかわらず，忠実義務が課せられている。
これについて結論を先取りすると，事業主には「受託者責任」が問題となりえ
ないと解する。事業主が関わる規約型の制度は，基金型とは異なり，企業外積
立方式[5]による運用しか認めていない。このため，事業主が運用を担う余地はな
く，したがって，事業主には「受託者責任」がそもそも問題となりえない。ま
た，後述するように，受託者の選任についても，確給法では事業主のみが確定
できる仕組みを採用していないため，「受託者責任」を課す基礎を欠く。この
ようなことから，事業主に忠実義務を課すことには理論的な問題がある。

　本稿では，この問題について，イギリス法を取り上げ，法理論的な観点から
検討する。イギリスでは信託制度をスキームとして職域年金制度（我が国の企
業年金制度に相当する）が運営されてきた。そのことから，年金財産の管理運用
は信託法上の受託者が担ってきた。しかし，1990年代に社会問題化した Max-
well 事件を契機に，受託者以外の者に対する規律が課題となり，その中で，
事業主を受認者として扱い，「受託者責任」を課すべきかどうかが問題とされ[6]

　その中で，善管注意義務と忠実義務の明確化が説かれている。「厚生年金基金等の資産
運用・財政運営に関する有識者会議報告書」（2012年）2-3頁。同報告書は厚生労働省の
HP に掲載されている（http://www.mhlw.go.jp/stf/shingi/2r9852000002ekia.html）。

5)　企業外積立方式とは，企業年金制度を実施する事業主は信託銀行・信託会社，生命保
険会社に対して年金財産の管理運用を委託しなければならないという方式である。この
方式が導入されたのは，適格退職年金制度の実施当初からである。この歴史的経緯につ
いて，増井良啓「退職年金等積立金の課税」日税研論集第37号（1997年）219-245頁
（なお，同論文では「社外積立方式」と記述している）。

6)　ある二当事者が存在し，一方が他方に依存するような関係にある場合，一方を受認者とし
て，他方に対して信託法上の受託者と同様の義務と責任を課すことがある。これが信認関
係である。詳細について，道垣内弘人『信託法理と私法体系』（有斐閣，1996年）21-23頁。

た。結果として1995年年金法（以下，「95年法」と記す）では受託者に対する規律を中心とし，事業主に対する規律については規定がないものの，判例法理による規律に委ねている。このような体制は現在に至るまで維持されている。

このようなイギリスの動向は，我が国における事業主と「受託者責任」という問題について考えるにあたり有益であるため，本稿では，イギリス法を取り上げて検討する次第である。具体的には，イギリス社会において信託制度をスキームとする職域年金制度が形成される経緯について確認する（Ⅱ）。次に，95年法の立法過程について，受託者と事業主に関する議論状況と95年法の内容について検討し，イギリス法の特徴を明らかにする（Ⅲ）。その上で，我が国において，事業主に対して「受託者責任」を課すことの問題点を検討し（Ⅳ），本稿の検討結果をまとめる（Ⅴ）。

Ⅱ　イギリス職域年金法制の生成過程

19世紀のイギリスにおいて，退職後の老後の貧困が問題視されるようになると，退職した従業員の老後の生活のために，退職年金を支給する企業が現れた。当初，この年金は事業主の恩恵という側面が強かったものの，次第に年金制度として整備され，職域年金制度が形成される。

その中で，年金の原資を積み立てる企業も存在したが，企業倒産が生じた場合には，積立金の保全が困難になるため，そのあり方が問題となった。この問題への対応として，信託を利用した職域年金制度が実施された。信託関係は次のように設定される。信託を開始する委託者は，利益を給付しようとする受益者のために，受託者に財産の管理運用を委託する。この関係が設定されると，基本的には委託者は当該関係から離脱し，受託者・受益者間の関係が残る。受託者は財産を運用して受益者に対して利益を給付し，その際には，受託者は受益者に対して忠実義務や注意義務等の義務及び義務違反の責任を負うことにな

---

7)　L. Hannah, *INVENTING RETIREMENT*, Cambridge University Press, 1986, 9.

8)　*Id.* at 12.

9)　*Id.* 18 and 19.

個別報告

る。また，信託関係の形成に伴い，委託者から受託者に対して譲渡された財産
について，完全権を有する者が存在しなくなる結果，信託財産について差し押
さえることができなくなる（倒産隔離）。このような信託の特徴を活かして，職
域年金制度が運営されるようになる。

一方，信託以外にもツールが存在した。保険である。当時のイギリスにおい
て，アメリカから団体生命保険が導入されていたこともあり，この方式を利用
して職域年金制度を実施する企業も現れたという。

20世紀前半になると，信託と保険という2つの方式により職域年金制度が運
営されていた。もっとも，両者の間には異なる点も存在した。それが税制上の
優遇措置であり，信託を利用した場合には，そのような税制上の措置が認めら
れていなかった。この税制上の措置について，1921年財政法により解決するこ
とになる。同法により，信託をスキームとする職域年金制度において，従業員
が支払う掛け金について所得控除が認められ，また，積立金の運用益について
課税されないことになった。ただし，あくまで税制上の取り扱いを定めたにす
ぎず，職域年金制度における年金財産の管理運用に関する規制・監督を定めた
わけではない。このため，基本的には，管理運営について信託法による規律に
委ねられていた。

イギリスでは信託と保険という2つのスキームが存在しつつも，信託を利用
したスキームが広く利用されるようになる。そして，このような社会的状況
が，以下で述べる95年法の立法に影響を与えることになる。

10）　以上の信託の特徴について，D. J. Hayton, *The Law of Trusts*, 4th ed, Sweet &
　　Maxwell, 2003, 3-6.
11）　L. Hannah, *supra* note 7, 34 and 35.
12）　*Id.* 19 and 20.
13）　同法以降，イギリスにおいて職域年金制度が普及していくことになる。この過程にお
　　いて，イギリスにおいて特徴的な事象も現れる。信託をスキームとした職域年金制度に
　　おいて，受託者が年金財産の運用方法として，保険を利用する場合（マネージド・ファ
　　ンド）も生じていたとされる。樫原朗『イギリスの企業年金』（生命保険文化研究所，
　　1987年）30-31頁。

Ⅲ　95年法の立法過程とその内容

1　Maxwell 事件による信託制度における問題の顕在化

　信託をスキームとする職域年金制度が普及していくことになるが，そのような制度設計をとることの問題点が明らかになった。1990年代に社会問題となったMaxwell 事件である。この事件を契機に，政府レヴェルにおいて職域年金制度のスキームとして信託を利用することの是非が問題となった。

　事件の概要はこうである[14]。イギリス国内において，Maxwell グループはマス・メディアを中心とした巨大企業グループを形成していた。同グループにおいて実施されていた職域年金の運用は，グループ傘下の投資顧問業者に信託されていた。この会社の取締役には Maxwell グループの経営者たる R. Maxwell とその一族が就任していた。Maxwell らは年金財産を企業の買収をはじめとした経営資金に利用していた[15]。しかし，経営に行き詰まり，多くの資金が回収不能となった結果，年金の支給が不可能な事態に陥っていた。これについてマス・メディアなどで明らかにされ，社会問題化したのである。

　この事件の要因に，前述した以外の信託の特徴がある。信託関係を設定する委託者は自由に制度設計をすることができる。そのため，委託者自身が受託者となる場合や，本来であれば信託関係を設定した後には無関係となる委託者が信託財産の管理運用について関与することも可能となる[16]。また，法的責任についてみると，通常，受託者は忠実義務や注意義務などの義務に違反した場合に厳格な法的責任が問われる。しかし，職域年金制度の開設の際に作成される信託証

---

14)　事件の概要について，D. Blake, *Pension Schemes and Pension Funds in the United Kingdom,* Second ed, OUP, 2003, 340-350.

15)　Evans v. The London Co-operative Society, The Times, 6. July. 1976において，結論として信託違反であると判断されたものの，自社への貸し付け自体が利益相反であると明示的に判断されたわけではなかった。このようなことから，この判決において，受益者の利益が守られるのであれば，自己投資が許容されると解されている。R. Nobles, *PENSIONS, EMPLOYMENT, AND THE LAW,* Clarendon Press Oxford, 1993, 183-185.

16)　D. J. Hayton, *supra* note 10, at 135.

個別報告

書あるいは受益者の同意により，賠償責任の免責を認めることが可能である[17]。

このような信託の特徴から，Maxwell 事件では法的な責任が何ら問題とされることなく，また，委託者たる事業主の意図に従って年金財産の管理運用がなされ，巨額の損失を与える事態となったのである。こうしたことから，年金財産の管理運用に関するルールとして信託法が適切なのかどうかが問題とされ，政府レヴェルにおいて問題とされるようになる。

2　年金法検討委員会における検討と報告書

(1)　年金法検討委員会の基本的な姿勢

この事件を受けて，職域年金制度に対する法的規律について検討したのが年金法検討委員会である。同委員会では，事件の要因が信託法にあると考えたこともあり，職域年金制度に対する規律として信託法によることの是非を検討することとした（こうしたこともあり，生命保険などの他のスキームによる職域年金制度は対象外とされた）。

もっとも，検討結果として公表された報告書によれば[18]，信託制度によることの問題点について示しつつも[19]，信託制度を職域年金制度の運営スキームとして利用し続けることを明示している。報告書では，倒産隔離をはじめとしたメリットが存在することを強調し，問題点については修正しつつも，引き続き信託制度をスキームとして利用すべきことを説く[20]。具体的には，新たに立法される年金法では，Maxwell 事件を踏まえて，受託者による年金財産の管理運用に適切ではないと解されるファクターの修正を明言する[21]。

このような基本的姿勢から，報告書では年金財産の管理運用に関わる主体の規律について以下のように提言されている。

---

17)　A. J. Oakley, *The Modern Law of Trusts*, 9th ed, Sweet & Maxwell, 2008, at 893.

18)　PENSION LAW REVIEW COMMITTEE, *Pension Law Reform*, 1992-1993, Cm 2342.

19)　例えば，Maxwell 事件後，マス・メディアにより信託法が中世以来の法であり，現状に対応できないことが問題として指摘されていた。これについて，報告書でも「中世的な信託法」(trust law as medieval) と表現して，問題があると認めている。*Id.* para. 4.1.9.

20)　*Ibid.*

21)　*Id.* para. 4.1.14.

(2) 受託者に対する規律について

信託を制度の運営スキームとしたため，従来通り，制度の運営に関する責任主体は信託法上の受託者となる。

そこで，受託者の規律について，受託者が負う義務をはじめとして様々な検討をしているが[22]，本稿では，後述する事業主の問題との関係で，受託者の選任について問題視している点を取り上げる[23]。

Maxwell 事件のように，職域年金を実施する企業以外の企業が受託者となったとしても，その役員等に事業主が就任している場合には，実態として事業主が受託者であることには変わりがない。また，前述のように，事業主が関与していない場合でも事業主の影響が及ぶ者が関与しているような場合であれば，受益者たる加入者・受給権者・受給者の利益が図られない可能性もある。

このような問題について，報告書は労使双方による受託者の選任を説く[24]。これにより事業主側の意向による恣意的な運用を制限するとともに，年金制度の最大の利害関係人たる従業員側の意向を反映させるように図っている。

(3) 事業主に対する規律について

また，報告書では，受託者以外にも運用に関与する者の規律について問題視している[25]。具体的には，事業主，会計監査人，数理人などである。そして，特徴的なのは，これらの者の中で，事業主については受認者として扱い，受認者の義務（忠実義務等）を課すべきかどうかを問題にしている点である[26]。事業主を受認者とすべき法理論的な理由について報告書は明言していないため推測になるが，次のようなことが考えられる[27]。

これまで見てきたように，事業主は信託をスキームとする職域年金制度にお

---

22) *Id.* paras 4.5.1-4.5.5.65.

23) *Id.* para 4.5.15.

24) *Id.* para. 4.5.25.

25) *Id.* para 4.5.14.

26) *Id.* paras. 4.2.15 and 4.2.17.

27) 95年法の実務解説によれば，受託者の選解任権について，古い裁判例（Re Skeats' Settlement（1889）42 Ch D 522, Re Shortidge［1895］1 Ch 278）によれば受認者の権限であると判断されたことが指摘されている。しかし，現在において，とりわけ商事信託において，その判例法理に従い判断することに疑問が示されている。Freshfields, *The Guide to the Pensions Act 1995*, Tolley Publishing, 1995, at 375.

個別報告

いては委託者の地位に立つ。信託法理論によれば，基本的に，委託者は信託関係の設定後，当該関係から離脱することになる。しかし，離脱後も一定の権限を有し，信託関係に影響を及ぼすことがある。その権限で問題となるのが，委託者による受託者の選任権と指図権であり，これらの権限行使に関連して受認者としての義務が問題になる[28]。

前者は，受託者が辞任などにより不在となった場合，委託者が新たな受託者を選任する権限を有すると信託証書に定めることで認められる。この場合には，判例法理[29]により，委託者は受認者の義務を負うことになる。これは，受益者の利益を図り選任しなければならないことが理由とされる。

後者は，受託者に対して運用について指図する権限である。本来であれば，受託者が運用について自身の知見に基づき判断することになる。しかし，信託証書の定めにより，このような受託者の判断権を受託者以外の者が有することも可能である。このような権限を有するのが指図権者である。受託者が果たす機能を指図権者が果たすことになるため，判例法理[30]により，受認者として扱われ，受認者の義務が問われることになる。

以上の場合を想定して，委員会では事業主には受認者の義務があるとして検討したものと解される。これが事実とすれば，単純に「事業主」という属性に着目して，「事業主を受認者とすべき」と説いたわけではないといえよう。

3　95年法による規律

報告書の提案を受け，白書が公表され，基本的には報告書の提案に従うことが明らかにされた[31]。このような経緯により立法されたのが95年法である。同法では，受託者を年金財産の管理運用に関する責任主体とし，賠償責任の免責を制限する[32]など，従来の信託法理を修正している。もっとも，問題がないと考え

---

28)　これについて，木村仁「指図権者等が関与する信託の法的諸問題」法と政治64巻 3 号（2013年）88-90頁において，詳細に検討されている。
29)　Re Skeats' Settlement（1889）42 Ch D 522.
30)　Vestey's（Lord）Exectors v. IRC［1949］1 All ER 1108.
31)　*Security, Equality, Choice : The Future for Pensions volume I*, Cm 2594-Ⅰ, 1994, para. 1.13.
32)　95年法36条において，受託者の賠償責任に関する免責を制限している。

られる部分については，従来通り，信託法理の規律に委ねている。第一次的に
95年法により規律され，二次的に信託法理により規律される。

それでは，同法において，事業主の受託者の選任権と指図権について，いか
なる対応がなされているのか。

(1) 受託者の選任

受託者の選任について，95年法では，事業主と従業員の双方から選任しなけ
ればならないと規定した（16条）。事業主が恣意的にすべての受託者を選任す
ることができなくなったのである（ただし，従業員側選出受託者数は総受託者数の
3分の1にとどまるという限界もあった〔16条6項〕）。

また，受託者に対する選任・解任に関連して，不適格な受託者の罷免と新た
な選任について職域年金監督機構が関与することとなった（5条，6条）。報告
書では職域年金制度に対する行政監督の不十分性が問題視されたが[33]，それを受
けて職域年金監督機構が設立された（1条）。同機構は制度に対する様々な監
督を行うが，とりわけ，問題のある受託者の罷免と新たな受託者の選任につい
て関与することになったのである。

このように，受託者の選任についてみると，受託者として選任されるべき者
が法定され，また，問題のある受託者が解任された場合における新受託者の選
任については職域年金監督機構が関与することとされた。その結果，この場合
には，委託者が関与できないため，委託者による新受託者の選任は問題になり
えず，事業主を受認者とするかどうかも問題にはなりえない。

もっとも，問題を起こしていない受託者が辞任した場合（通常の辞任の場合）
の選任について規定がない。このため，委託者たる事業主が新たに選任するこ
ととされている場合には，信託法理に従った処理がなされることになる。この
場合の規定がない理由について明らかではないが，信託法理の規律に問題がな
いため，それに委ねることにしたものと解される。

(2) 指 図 権

一方，指図権について規定がない。これに関する説明はないが，信託法理に
よる規律に委ねるとしたものと考えられる。

---

33) PENSION LAW REVIEW COMMITTEE, *supra* note 18, paras 4.1.31-4.1.35.

個別報告

4 イギリス法の特徴

以上がイギリス法の概要である。イギリスでは制度の運営スキームとして信託型と保険型という2つの類型が存在した。しかし，Maxwell 事件が要因となり，信託型の職域年金制度のみを制定法により規律することとした。後述するように，この点については，我が国とは異なる制度設計となっている。

また，「受託者責任」の主体として第一次的に受託者とし，二次的に事業主を責任主体として扱うものと解される制度設計となっている。そこでの事業主はあくまで受託者の選任権と指図権という権限との関係で責任主体として扱われる。

95年法制定後，同法に対して規制監督や補償制度のあり方が問題視されるようになり，それらを解決するために2004年年金法が立法されているが，「受託者責任」の主体について，95年法の枠組みは維持されている。

イギリスにおいても信認法は存在する。しかし，信認法・信認関係を論拠として責任主体の拡大を行うことはせず，[34] あくまで信託法理論に従って限定的に責任主体の設定を行っていることが特徴である。

IV 日本法における問題点

1 日本における「受託者責任」論の形成と問題点

前述のように，我が国の確給法では，事業主，資産管理運用機関，確定給付企業年金基金の理事に対して忠実義務が課せられている。「受託者責任」は元来，信託法上の義務と責任であることから，信託関係上の受託者，すなわち，資産管理運用機関の中で信託銀行・信託会社において問題となるはずである。しかし，我が国では，受託者以外の主体についても，「受託者責任」が問題とされる。

---

34) もっとも，検討委員会において，アメリカの ERISA について検討されていることからすると，ERISA における受認者のあり方について，イギリスにおいて全く理解されていなかったわけではない。報告書では注意義務に関連した投資判断について，ERISA を取り上げて検討している。PENSION LAW REVIEW COMMITTEE, *supra* note 18, paras 4.9.7 and 4.9.8.

182

この背景には，我が国ではアメリカの ERISA を参考にして制度設計を行ったことがあると考えられる[35]。ERISA では，信託法に由来する信認法に基づき，年金財産の管理運用を担う主体を受認者と位置づけ，これに対して「受託者責任」を課している。具体的には，制度の運営について裁量権を有する者という基準の下で，指名受認者，信託受託者，保険会社，投資アドバイザーなどを受認者とする[36]。信託法上の受託者にのみ「受託者責任」を問題とするわけではない。

この ERISA を参考にして，企業年金法制が立法された経緯があり，信託関係にはない主体に対しても忠実義務を課すことになったのであろう。

しかし，我が国では信託法は存在するものの，信認法・信認関係という法概念は存在しない。そのため，信認関係を論拠とする前に，信託法理を基礎として「受託者責任」を課すという法律構成が検討されなければならないはずであるが，そのような試みがなされたのかどうかは明らかではない。

そこで，これまでのイギリス法の検討を踏まえ，事業主に「受託者責任」が問題となるのかどうかを，我が国の信託法理論から検討する。その際には，イギリス法の検討から得られた，委託者の受託者選任権と指図権という2つの観点から検討したい。

2　イギリス法の視点による分析

まず，確給法の構造を確認する。規約型の確定給付企業年金制度において，事業主は制度の開設者として位置づけられ，年金財産の管理運用について資産管理運用機関に委ねなければならない立場にある。信託制度を利用する場合に限定すると，事業主は信託銀行・信託会社を受託者とし，受給権者を受益者とする信託関係を設定しなければならない（確給法施行令38条1項）。また，委託

---

35) 「厚生年金基金の資産運用に係る受託者責任ガイドライン研究会報告書」において，「米国のエリサ法（1974年従業員退職所得保障法）におけるフィデューシャリー（fiduciary）の定義，義務，責任等は，我が国でも参考になる点が多く，その基本的な考え方や精神は，最大限参考とすることが望ましい。」と明示されている。報告書は旧厚生省のHP において確認できる（http://www1.mhlw.go.jp/shingi/s9703/s0331-1.html）。
36) ERISA 3条21項(A)，38項，402条等。

個別報告

に際して，運用について特定の指示をしてはならない（確給法69条2項2号）。更に，受託者の選任についてみると，規約の作成・変更における従業員側の同意を必要としている（同法3条，4条）ことから，委託者たる事業主は自身のみで自由に受託者の選任・決定をすることができない。

次に，以上の法令の定めを前提として，事業主が「受託者責任」を負うことについて検討する。

第一に，事業主による受託者の選任の観点から検討する。これについて，我が国の信託法理論によれば，受託者の選任について，その権限を有する者が忠実義務や善管注意義務を負うべきと明確化されているわけではない。そうであるから，イギリスのように，受託者の選任権について「受託者責任」が問題となるかどうかは明らかではない。仮に信託法で問題になるとしても，前述の確給法の構造から，「受託者責任」は問題になりえない。確給法では事業主が受託者を選出したとしても，それについて従業員側の同意が必要となる。同意がなければ，規約の承認が得られない。この結果，事業主は受託者の選出は可能であるものの，従業員側の同意が必要であることから，単独で受託者を決定することはできないことになる。

このようなことから，委託者による受託者の選任に着目して，委託者たる事業主に「受託者責任」を課すことはできない。

第二に，事業主の指図権の観点から検討する。我が国の信託法理論において，委託者が指図権者となること，そして，そのような場合には当該指図権者に受託者と同様の義務と責任が問題となることは認められうる。[37]

しかし，企業年金制度では事業主による運用の関与を認めない観点から企業外積立方式を採用しており，[38]また，このような考えから，確給法においても指図の禁止が明記されている。この結果，委託者たる事業主に指図権は観念できず，忠実義務を課す理由づけを導きえない。

以上の理由から，事業主に忠実義務を課すことには理論的に問題がある。このような結論から，我が国では，法理論以外の政策的考慮により，事業主に対

---

37) 道垣内弘人『信託法』（有斐閣，2017年）173-174頁。
38) 増井・前掲注5）219-245頁。

して忠実義務が課せられているといえる。ただし，それが具体的にいかなる考慮なのかは明らかではない。

Ⅴ　ま　と　め

本稿では事業主に焦点を当て，「受託者責任」が認められるのかどうかについて検討した。イギリスでは，受託者の選任権と指図権から，委託者たる事業主に受認者としての性格が認められ，その結果，「受託者責任」が課せられることになった。一方，我が国では，委託者による受託者の選任権に関連して「受託者責任」が課せられるのかどうかは明確ではなかったものの，確給法の仕組みから認めることが困難であった。加えて，指図権については，イギリスと同様に，委託者たる事業主に受託者としての性格が認められるが，上記と同様に，確給法の仕組みから，事業主には「受託者責任」が問題となりえないことを明らかにした。この結果，我が国では何らかの政策論的考慮から「受託者責任」が規定されている可能性があるものの，それが明らかではないことも示した。

以上の本稿における問題意識及び検討について，疑問を抱かれることもあろう。確給法はあくまで公法上の規制を課す目的で設計されているのだから，信託法・信認法といった私法とは異なった対応がなされたとしてもそれには問題がないはずである，と考えられるからである。しかし，我が国の法体系には存在しないにもかかわらず，受認者や信認関係といった法概念を参考にして制度設計をすることを明示し，実際に設計しているのであれば，その論拠を一層明確にする必要があろう。そうしなければ，「受託者責任」という概念について，法理論と立法趣旨との間に離齬が生じ，理論的な混乱が生じることになる。[39] その結果，当初の意図とは異なるファクターが付け加わり，過剰な規制に

---

39)　このような事態は，他の法分野においても同様であり，立法者による見解と法理論との間で離齬が生じていることが指摘されている。松元暢子「金融分野における『フィデューシャリー・デューティー』の用語法についての一考察」能見善久・樋口範雄・神田秀樹編『信託法制の新時代──信託の現代的展開と将来展望』（弘文堂，2017年）223-244頁。

個別報告

至ることも十分に想定できる。そのような事態が望ましいとは思われない。

　年金は老後の生活の糧となるため，その原資となる財産の管理運用について厳格に規律しなければならないことには異論がない。しかし，そうであるからといって明確な基準なしに，「受託者責任」という高度の行為準則を課すことには問題がある。本稿で検討した事業主以外にも，例えば，保険会社に対して「受託者責任」を課すことに疑問が示されている[40]ことからすると，我が国の（企業）年金制度における「受託者責任」の主体について，依然として理論的な問題があると理解できよう。

　「『受託者責任』を課すとしても，如何なる者がその主体となるのか。」という基準について明らかにすることが必要であり，その検討が今後も課題となる。

　　［付記］　本稿は，科学研究費補助金（若手研究(B)「『受託者責任』の主体に関する日
　　英比較法研究」：課題番号17K17566）による研究成果の一部である。

---

40)　生命保険の運用について信託性を認めることに難点があるとの指摘がなされている。
　　江頭憲治郎ほか「シンポジウム　生命保険契約法の改正」私法61号（1999年）132-133
　　頁［山下友信発言］。

追　悼

小川政亮先生の生涯と研究——人権と尊厳を掲げて——

井　上　英　夫
（金沢大学）

I　はじめに

　2017年5月7日朝，日本社会保障法学会名誉会員である小川政亮先生が，逝去された。私は8日に伺った。お顔はやすらかで今にも起き上がり，叱咤激励していただけそうであった。享年97歳。死因は，老衰，まさに大往生である。

　ご家族と教え子そして医療・介護等公的サービスを駆使したケアを受けてのご自宅での最後であった。在宅生活のモデルを示され，地域包括ケアのあり方について私たちに宿題を残されたように思う。

　すでに御覚悟もされ，エンディングノートも準備されていた。先生のご最後は尊厳ある死，といえるであろう。しかし，「せめて死ぬときは尊厳をもって死にたい」などという矮小化された尊厳死ではない。生まれてから亡くなるまで，そして死後も尊厳をもって「生きる」という，そのための人権であり社会保障である，その主張そのものの生であり死であった。

　5月11日には御家族葬がとりおこなわれた。先生ご希望のマーラーの交響曲第5番，葬送行進曲が流れるなか，しみじみとした，先生のお人柄を表したご葬儀であった。

　なお，11月5日，御茶ノ水のホテル東京ガーデンパレスにおいて「小川政亮先生を偲び，社会保障を語る会」が開催された。

　私は，早稲田大学の法学部学生，大学院生として小川先生の社会保障法の講義を受け，社会保障法学会等の学会，私の社会保障学校である社会保障研究会や社会保障裁判等々において日常的に先生に研究・実践の両面でご指導をいただいてきた。そして，金沢大学法学部，老人福祉問題研究会，生存権裁判支援全国連絡会ではいずれも先生に後任を託された。

　本稿では，その立場から先生の人間そのものにも触れ，社会保障法学，とくに小川権利論についてその特徴と意義について述べたい。

　時がたつにつれ，公私ともに先生の死により失われたものの大きさを痛感せずにはいられない。しかし，朝鮮戦争・再軍備期に続く憲法・社会保障の戦後第二の危機を眼前

にしてたじろいではいられない。改めて，ご冥福をお祈りするとともに，その御遺志を
継いで，人権としての社会保障確立のために尽力したいと強く願っている。

Ⅱ　小川政亮先生の人と人生

　小川政亮先生は，私たちの記憶に残り，それだけでなく蘇り，平和，民主，人権を築
くために何をなすべきか，穏やかにかつ厳しく問いかけてくる，そんな方だったと思
う。
　この点，ゆたかなくらし2017年11月号の「特集　小川政亮先生を偲ぶ」をごらんいた
だきたい。
　以下，先生自ら作成の略歴[1)]とエンディングノートを紹介しておきたい。先生のお人
柄，研究に対する姿勢が見て取れるからである。

1　略　　歴
(1)　出　　生
1920年1月25日（父 小川恂臧，母 小川清），埼玉県北足立郡大門村，武蔵野学院松風寮
(2)　学　　歴
　①1939年3月　武蔵高等学校文科乙類卒業
　②1941年12月　東京帝国大学法学部法律学科（ドイツ法）卒業，1941.12.8 太平洋戦争
　　　　　　　　勃発に伴う最初の繰上卒業
　　　　　　　　2年の時，軍事扶助法適用家庭訪問調査（今でいう学生アルバイト）
　　　　　　　　3年　少年工調査（同）直前に風早八十二「日本社会政策史」読み，感
　　　　　　　　銘，エンゲルス「19世紀英国労働者階級の状態」を原著で若干読
　　　　　　　　む
(3)　職歴（兵役も含む）
　①1942. 1　理研工業株式会社（勤労課）就職
　　1945. 8　同社解職
　②この間，1942.2.1より1945.9まで軍隊，1942.2.1 現役兵として近衛歩兵第3聯隊，予
　　備士官学校を経て，原隊復帰，千葉県柏の東部第83部隊を経て，近歩2聯隊，この時
　　東京大空襲，翌4月伊勢警備隊同大隊副官，1945.8.15 終戦（陸軍中尉）
　③1945. 11　恩賜財団軍人援護会就職
　　1946. 3　恩賜財団同胞援護会に転ず，1947.1 広島を経て長崎出張，原爆の惨禍を知
　　　　　　る
　　1947. 3 日本社会事業専門学校創設に協力，同会退職
　④1947. 4　同校主事，のち教授，法律学概論・社会事業法制担当

追　悼

　　1947. 9. 1　岸美代子と結婚
　　1950. 3　学制改革により日本社会事業短期大学助教授
　　1958. 4　学制改革に伴い日本社会事業大学助教授
　　1961. 5　同大学教授
　⑤1980. 4　金沢大学教授（法学部），社会保障法，雇用保障法担当
　⑥1985. 4　日本社会福祉大学教授（特別任用）
　　1990. 3　同上退職
　⑦1993. 4　埼玉大学教育学部非常勤講師，社会保障法担当
　　2001. 3　同上退職

(4)　所属学会及び社会における活動

　1948年 日本法哲学会会員，1950年 社会政策学会会員，1954年 日本法社会学会会員，1954年 日本社会福祉学会会員，1957年 民主主義科学者協会法律部会会員，1965年 日本労働法学会会員，1969年 日本医事法学会会員，1970年 日本教育法学会会員，1973年 社会事業史研究会（1998年 社会事業史学会），1983年 日本財政法学会会員

　このように学会活動は多岐にわたっている。日本社会保障法学会については，1981年の選出運営委員に始まり，2013年名誉会員となられ，その間，理事，代表理事を務められた。前身の社会保障法研究会の時代から，有泉亨，沼田稲次郎，佐藤進，荒木誠之，高藤昭等の諸先生とともにその創設，発展にかかわり，理論と組織の両面でリードされてきたことは，衆目の一致するところである。

(5)　小川政亮先生がかかわった社会保障裁判

　(a)　原告側（刑事事件では被告人側）証人として証言したもの（括弧内は証言期日）

　①朝日訴訟控訴審（東京高裁，1963年 4 月12日）

　②生活保護「不正受給」事件

　　ア，O さんの事件（高松高裁，東京高裁での出張法廷，1970年 9 月30日）

　　イ，G さんの事件（東京地裁八王子支部，1973年 9 月10日）

　　ウ，足立事件（東京地裁，1971年12月15日）

　　エ，秋田事件（W さんの事件）（秋田地裁，1971年11月15日）

　③牧野訴訟（老齢福祉年金夫婦受給制限）（東京地裁，1967年12月26日）

　④宮訴訟（老齢福祉年金，文官恩給併給制限）（東京地裁，1973年 2 月22日）

　⑤第 1 次藤木訴訟（世帯単位原則不当拡張他）（東京地裁，1971年 3 月27日，1972年 7 月17日）

　⑥第 2 次藤木訴訟（弁護士費用を保護費から）（東京地裁，1977年 3 月11日）

　⑦石田原爆訴訟（原子爆弾被爆者医療法による認定申請却下処分取消）（広島地裁，1975年 5 月13日）

　⑧出入国管理令による退去強制処分取消訴訟（仙台地裁，1972年 4 月19日）

　⑨塩見訴訟（在日朝鮮人，日本に帰化後も障害福祉年金を認められず）（大阪地裁，1977年 6

月21日，1978年2月22日）

⑩永井訴訟（児童扶養手当法，当局の周知徹底義務）（大阪地裁，1992年11月20日）

（b） 意見書を提出した訴訟

①塩見訴訟第2審（大阪高裁，1983年9月）

②保育所入所措置訴訟（東京高裁，1988年11月）

③加藤訴訟（生活保護）（秋田地裁，1991年12月）

④林訴訟（野宿生活者，生活保護）（最高裁，1988年12月）

⑤Nさんの訴訟（近親婚禁止規定にふれる女性の遺族厚生年金請求事件）（東京地裁，2003年
5月）

（c） 審査請求補佐人として意見陳述したもの

①東京保育料増額変更処分審査請求事件（東京都庁，1978年1月28日）

（d） 訴訟対策団体の一員として

①朝日訴訟中央対策委員会委員

②藤木訴訟対策協議会会長

③堀木訴訟（障害福祉年金と児童扶養手当の併給制限事件）中央対策協議会会長

④玉野事件（言語障害者の公職選挙法による法定外文書頒布事件）玉野ふいさんを支援する
会（東京）代表世話人

⑤全国生活保護裁判連絡会代表委員

⑥生存権裁判を支援する全国連絡会会長（2007年5月―2010年6月まで）

2　エンディングノートと尊厳ある死

先生の最後は，ご自宅での老衰死でありまさに大往生であった。亡くなる2年前に左
右の大たい骨を骨折され，厳しいリハビリを続けての退院そして在宅生活であった。

先にも述べたように，ご自宅で，介護保険，医療等の公的サービスを十分活用され，
そのうえでご家族，教え子等のケアを受け，最後まで国の責任による在宅サービスのあ
るべき姿を示され，天寿を全うされた。「せめて死ぬときは尊厳をもって」というよう
な矮小化された尊厳死ではなく，尊厳ある生を貫かれた。

そして，亡くなる4年前の2013年にはエンディングノート「旅立ちの準備ノート」を
残されている。そこに小川先生の人となりが見事に表れているのでいくつか紹介してお
こう。

①　小・中学校で嫌いな科目を聞かれて，教練，武道，体操をあげ，「大嫌い」と回
答している。1942年2月から45年9月まで召集され，近衛兵として伊勢神宮警護にも当
たっているのであるが，戦争・軍隊を徹底的に憎んでいた。

②　奥さんを選んだ理由を聞かれ，「意気投合」と答えている。現在，先生は，金沢
の野田山にある小川家の墓地にある2人の墓に眠っているのだが，そこには「わが最高

の伴侶美代子，そして私」と刻まれている。先に逝かれた奥様の墓参りに行ったときに，そのわけを伺ったら「小川家と一緒では美代子がかわいそうだからね」と照れながらおっしゃったのが目に浮かぶ。

　まさに対等な人間として意気投合したから，結婚した，そして家庭でも妻まして嫁ではなく，むしろ同士であったのではないか，それゆえ，対等な民主的関係に他ならなかったと思うのである。憲法24条は戦前の家制度から人々を開放し，個人の尊厳と両性の本質的平等を謳い，「婚姻は，両性の合意のみに基いて成立し，夫婦が同等の権利を有することを基本として，相互の協力により，維持されなければならない。」と規定しているが，その模範とも言うべき生き方であった。この間の事情は，小川政亮編『わが最高の伴侶たりし——小川美代子追悼・遺稿集』（文芸社，2005年）に詳しい。

　③　これからの夢，については，「自伝をとにかく完成させたら，いつ死んでもよい」とあった。その自伝は，父との二代にわたる伝記として2015年に完成し，刊行されている[2]。小川先生の生き方は武蔵野学院・浪速少年院の院長で，戦前に民主的教化を実践した父恂蔵の影響が大きかった。

　その伝記の表題が「光りなき者とともに」とされていることで多くの説明は必要としないであろう。

　今思えば，私が「100歳までいきましょうね」と言ったとき，「僕はもう疲れたよ」とおっしゃり始めたのが，自伝完成後のころからであった。

　④　介護が必要になった場合，どのような場所でしてほしいか。「自宅を中心とした介護を希望するが，状況によっては施設での介護もやむをえない」。さらに，「自宅で死を迎えたい」にチェックが入っているのであるが，「ホスピスなどの終末医療を行う施設で迎えたい」との項にチェックし，後で消した跡がある。逡巡されたのであろうか。

　⑤　亡くなった後は，「家族葬で，偲ぶ会をやるなら社会保障を語る会」をということであった。そこで，2017年11月5日，「小川政亮先生を偲び，社会保障を語る会」を開催した。先生のご遺志をうけての会は，小川政亮を偲ぶにとどまらず，社会保障そして私たち，この国の過去，現在，未来を語る会として企画された。

　法学，経済学，社会保障学，社会福祉学等の研究者，労働，社会運動・活動・実践家，弁護士・医師・社会福祉士，介護福祉士等の専門職の人々，裁判等の原告・支援者，さらに教鞭をとられた社会事業大学，金沢大学，日本福祉大学の同僚，同窓生など多様な方にご参加いただいた。その人的な広がりもまた，小川理論の礎である。とくに，いわば正式に教えを受けたのではない，著書，講演などを機会に私淑しているという方々が日本全国に沢山いらっしゃるということに改めて驚かされたのである。

　小川先生というと温厚でやさしくて私たち教え子はほとんど叱られたことがない，と思うのであるが，偲ぶ会では，その先生が烈火のごとく怒り，叱ったという話を伺っ

た。講義中，居眠りをしている，内職している学生に「私がいのちをかけて講義しているのに，眠るとは何ですか」と怒ったそうである。大学院時代，2，3人の受講生の中でしばしば居眠りをしていた私は，冷や汗が出たものである。

Ⅲ　小川権利論の形成と展開

1　小川権利論の形成

　小川権利論は，社会保障裁判の動向につれて，三期にわたって形成され，その後発展してきたといえよう。第一期は，朝日訴訟の時期，すなわち1950年代から60年代後半であり，第二期は，堀木訴訟の時期，70年から80年代，第三期は，社会保障裁判，第三の波の時期であり，とくに90年代以降ということになる。

　小川権利論の萌芽は，最初の本格的論文，「社会事業における人権」（大阪社会事業短期大学ほか編『社会事業講座　第一巻』福祉春秋社，1950年）にみられる。既に，研究生活の最初の段階で人権に関心を持っていたことに留意しておきたい[3]。

　そして64年の『権利としての社会保障』（勁草書房），『家族・国籍・社会保障』（勁草書房），『社会事業法制概説』（誠信書房）の三部作で，小川権利論は骨格を表す。名著『権利としての社会保障』のはしがきにおいて「私たちは誰しも『人間たるに値いする生活を営む権利』をもっている。この権利の観点から社会保障の問題に取り組む必要は特にも今日大きなものがあると考えられる」と述べている。如何なる理論も時代の制約があり，その意義も歴史的条件の中で評価されるべきであるが，最後のセーフティネットといわれる生活保護が機能しないなかで，各地で餓死事件すら報じられている現在，小川権利論の視点と方法の必要性，重要性がますます高まっている。

　そして，その謝辞が，研究者と並んで，生活と健康を守るために闘っている数多くの人々に向けられ，朝日茂氏に同書が献呈されていることも，小川権利論の真骨頂であり，誰のための研究であるか明確に示している。

　ベヴァリッジが，社会保障計画を「平時，戦時の政府の目的が支配者や民族の光栄ではなく，普通一般の人々の幸福であるという信念の表徴[4]」としたことが想起される。

2　小川権利論の展開──『権利としての社会保障』から『小川政亮著作集』へ

　小川理論は，人々の生活実態を踏まえ，社会保障についての国民の権利と国の保障責任の構造を解明するという権利論の代表であるが，1960年代の朝日訴訟を端緒として形成され，『権利としての社会保障』を産み出し時代をリードしてきた。21世紀人権の世紀を迎え，さらに必要性，重要性を増している。その膨大な研究と運動，人生の足跡は，明治学院大学に開設された小川政亮文庫に収録されている[5]。

192

とりわけ，裁判資料はじめ貴重な一次資料が収録されているので，ご利用いただきたい。

そして，小川権利論の主要な著作は，2007年，小川政亮著作集編集委員会の編集により『小川政亮著作集』全8巻として大月書店より刊行された。以下，刊行の趣旨である。長くなるが御一読いただきたい。

「日本においては，社会保障『構造改革』により，社会の格差＝貧困・不平等はますます拡大し，人々の生活困難と不安が増大している。国際的にも先進国の福祉国家・福祉社会は困難な時代を迎えている。

しかし，地球規模では，人権保障は大きく発展し，二一世紀は人権の世紀と言われている。

こうした中で，二一世紀の社会保障を展望するとき，社会保障を人権として確立することこそ喫緊かつ最重要な課題である。

小川理論は，一九六〇年代の朝日訴訟を端緒として形成され，名著『権利としての社会保障』を産み出した。その後も，一貫して，社会保障を必要とし，受給している人々のための権利論の立場から社会保障法学を構築してきたことは周知の通りである。とりわけ八〇年代以降は，さらに発展した人権論を展開している。

時代をリードしてきた小川理論が，人権の世紀を迎え，さらに輝きを増している。小川理論こそ，人権としての社会保障の確立という日本そして世界の課題に応えうるものといえよう。

そこで，膨大な業績の中から，そのエッセンスを『小川政亮著作集』として刊行するものである。したがって，本著作集は，単に個人の過去の業績を回顧するものではない。むしろ現在及び将来にわたって，社会保障の発展に不可欠の理論を提供するものである。

小川理論は，朝日訴訟，堀木訴訟に代表されるような多くの裁判，そして社会保障を守り発展させるための運動に参加した社会保障を必要とする多くの人々の力による所産に他ならない。その意味では，小川政亮は，『権利としての社会保障』の産婆役であったともいえよう。この事が，小川理論の最大の特徴である。

小川理論は，まさに，『人類の多年にわたる自由獲得の努力』（日本国憲法第九七条）の一つであるとともに，憲法と人権を保持するための『不断の努力』（同一二条）を続け，なお発展しているものである。

私たちは，『小川政亮著作集』が，人権としての社会保障の確立に寄与し，人々に豊かな生活と一層の安心をもたらすものとなることを確信し，刊行する次第である。」

著作集の構成は以下のとおりである。

第一巻　『人権としての社会保障』（解題・木下秀雄）
第二巻　『社会保障法の史的展開』（解題・笛木俊一）
第三巻　『社会保障の権利と組織・財政』（解題・大山博・河合克義）
第四巻　『家族・子どもと社会保障』（解題・秋元美世）
第五巻　『障害者・患者・高齢者の人として生きる権利』（解題・矢嶋里絵）
第六巻　『戦後の貧困層と公的扶助の権利』（解題・唐鎌直義）
第七巻　『社会保障権と裁判』（解題・鈴木勉）
第八巻　『社会保障と平和・国籍・被爆者』（解題・藤原精吾）

　さらに，著作集の完成を機に，小川先生を代表とする社会保障法権利論の意義と課題を明らかにした連載「21世紀の社会保障法研究に問われるもの──権利論の再構築の観点から」を法律時報に組んだ。

第1回　井上英夫「人権としての社会保障と小川権利論」法律時報2007年4月号
第2回　木下秀雄「『権利の体系としての社会保障』の意義」同7月号
第3回　笛木俊一「小川権利論における歴史研究の現代的意義」同8月号
第4回　河合克義「社会保障の権利と組織・財政について──社会保障構造改革の問題点」同9月号
第5回　秋元美世「家族・子どもと社会保障法──家族と国家の関わり方をめぐって」同10月号
第6回　矢嶋里絵「障がいのある人の生きる権利と法」同11月号
第7回　唐鎌直義「生活保護は何を守るべきか」同12月号
第8回　山本忠「社会保障裁判運動と権利論」同2008年1月号
最終回　藤原精吾「平和」同2月号

　これだけ見ても小川先生がいかに多岐にわたり，現代の社会保障の課題に取り組み，その理論が21世紀の社会保障に生きるものであるかご理解いただけるであろう。
　以下，法律時報連載第1回の私の論稿をもとに小川理論の意義と特質，課題について論じてみたい。

IV　小川権利論の意義と特徴

　繰り返し述べているように，小川権利論は，朝日訴訟，堀木訴訟に代表される多くの裁判，そして社会保障を守り発展させるための運動に参加した多くの人々の力により「運動の中から」産み出されたものである。その意味では，小川政亮は，まさに「権利

追　悼

としての社会保障」の産婆役であり，主権者としての主体性の確立，自己決定，参加の促進の支援者でありアドヴォケイトであった。このことが，小川権利論の最大の意義であり特徴である。

1　社会保障の権利の構造

　小川権利論では，社会保障の権利は，Ａ：憲法的ないし前憲法的な基本的人権とＢ：法律的な権利とに分けられる。Ａの権利は，「規範づける権利」であり，生存権保障のために必要にして充分な社会保障立法の定立と，運用のために必要かつ十分な行財政措置を国に対して要求する権利である。Ｂは，「規範化される権利」であり，社会保障立法によって具体的に一定内容の給付を請求しうる権利である。こうして，恩恵でなく権利としての社会保障というとき，権利については明確に人権をも含み上位概念としての憲法的権利＝人権Ａと法律的権利Ｂとの相互作用によって生存権を保障するというダイナミックな構想が描かれていたのである（『権利としての社会保障』127頁以下）。

　さらに，Ｂの意味での社会保障の権利は，①実体的給付請求権，②手続的権利，③自己貫徹的権利の3つからなるとする。②と③の権利を掲げていることも，小川権利論の真骨頂であり，誰のための研究であり，理論であるかを明確に示している。

　ことに，実体的給付請求権を中心とするいわゆる社会保障法体系論にない特色が顕著に表れている。

　従来，法体系論は，制度別体系，給付内容別体系，目的別体系等に分類され議論されてきたが，多くの場合，給付の側面が中心であり，実体的権利請求権の解明に比重がある。これに対して，「人間らしい生活」の保障を中心としながらも，そこにとどまらず，「人間らしく保障せよ＝人格の尊厳を尊重する」という手続的権利を掲げたこと，また，自らの権利実現のためのいわば手段的権利としての自己貫徹的権利を掲げたことは，小川権利論の先見性を示すものである。ここに，自己貫徹的権利とは，異議申し立て，審査請求さらに行政訴訟の権利にとどまらず，社会保障の管理・運営，行政訴訟への行政参加の権利，さらには，団結権や団体交渉の権利をも含んでいる。現在，権利主体としての自己決定，参加そして主体性の形成等が説かれているが，小川理論のパースペクティブの広がりが顕著に見られる。

2　小川権利論の特徴

　そのほか簡単に，小川権利論の特徴をあげておこう。

　第一に，小川権利論は，明治期以来の救貧法，さらに家族制度等の綿密な歴史研究の基礎の上に構築されている。

　第二に，徹底して，人々の生活実態を踏まえていることである。既に東大法学部の学

生時代に，厚生省から委託を受けて軍事扶助法適用世帯の調査や少年工の調査をしていることに象徴されている[6]。

　第三に，綿密な立法過程，政策分析である。議会資料はもちろん膨大な行政関係資料の収集と分析は他を圧倒するものである。

　第四に，社会保障組織，財政法を社会保障法の構成要素としてあげているように，早くから財政，保険料負担，利用者負担の問題に取り組んできた。1993年の小川ほか編著『社会福祉の利用者負担を考える』（ミネルヴァ書房）はその成果の１つである。

　第五に，裁判研究である。単なる判例評釈，批評ではなく，問題が如何なる生活実態と法制度，行政の運用とのギャップの中から，如何なるニーズをもって生じたのか，そこからの研究である（小川編著『社会保障裁判』〔ミネルヴァ書房，1980年〕参照）。単に，裁判運動の「成果」としての判決文を使い，高みから「客観的」「観照的」にあるいは「中立的」に解釈するのみではなく，自ら原告の権利行使を支援し，社会保障の権利実現に寄与する。その意味で，先頭に立って裁判を創造してきた。そもそも，社会保障については，国・自治体対国民あるいは事業者対利用者は非対等な関係にあり，中立ということは，力の強い者になお力を貸すことになりかねない。裁判こそ小川権利論にとって理論形成のための苗床であり，有効性検証の場である。

　第六に，外国法研究である。ドイツを中心に，近年は，北欧さらにコスタリカをフィールドにしている。小川権利論における外国研究は，常に日本問題の解決のためのそれである。その意味では，外国法研究として客観性に欠けるという批判もあるが，研究のための研究ではない。

　第七に，研究の対象が子ども，家族，そして女性から障害のある人，患者，高齢者，外国人，被爆者等，社会保障を必要とするすべての人に及んでいることである。

　第八に，小川権利論は，社会保障を必要とする働く人々の人権保障という実践的目的をもち，とりわけ裁判で闘うための実践的な解釈の学である。しかし，同時にそこで提起された理念，原理，原則そして規範としての基準は，立法，行政についての指針となる。その意味で，小川権利論は，解釈学であると同時に立法政策の学でもある。また90年代以降，自治体社会保障行政に計画行政が導入されているが，早くも1962年に，「自治体における社会保障行政の長期計画」（月刊自治研６月号）を執筆し，この研究が1997年の小川編著『福祉行政と市町村障害者計画』（群青社）に結実する。

　このように形成された小川理論の意義は，何より「権利としての社会保障」を提唱，普及させ，人々の主権者，権利意識を高めたことであろう。

　その影響の大きさは，社会保障に止まらず，「権利としての……」は福祉，教育，住居，最近では，権利としてのプライヴァシー，陪審裁判，住民参加等についても主張されていることに明らかである。

追　悼

V　小川権利論の課題

　もちろん，小川権利論は，「不磨の大典」ではない。如何なる理論も時代の制約をまぬかれない。「権利主義的」「運動論的」あるいは「イデオロギー的側面」などという非科学的な批判はともかく，社会保障法学だけでなく，経済学，財政学，さらには立法，行政等他分野からの批判にも耳を傾け，議論する必要がある。とりわけ，行政に対しては，積極的に政策提言し，議論し，人権としての社会保障確立のために協力すべきところは協力していかなければならない（2006年の日本社会保障法学会50回記念大会シンポジウム「社会保障の法と政策：学際的な検討に向けて」社会保障法22号〔2007年〕，辻哲夫厚労省事務次官と井上の対談「社会保障の将来を語る」賃金と社会保障1433・1434号〔2007年〕はこうした試みである）。

　さらに，国際的な人権，社会保障の発展と，国内で拡大，発展してきた社会保障の成果を踏まえ，なおかつ現代の社会保障のおかれた厳しい状況に対応し，生存権，社会保障権の根拠をより明確に提示すること，憲法の制定過程にさかのぼって，憲法25条の規範的構造を明らかにすること，そして，人間の尊厳の理念，平等，自己決定・選択の自由の原理（自由の契機と言っても良いが）や諸原則を含めた立体的，総合的，統一的な「権利論」の構築が小川権利論のみならず社会保障法学の課題といえよう。

　私自身は，さらに，憲法22条の居住移転の自由や憲法25条の社会保障の権利を核にした，住み続ける権利を提唱している。

　その際，憲法25条の複合的構造——生命権，生存権，生活権，健康権，文化的権利の保障——を解明し，最低限度にとどまらず，社会保障を必要とする他の人々と等しい十分な水準の生活を保障するよう豊かに発展させること，さらに，社会保障制度改革の名のもと生活保護・年金・医療はじめ水準の引き下げ・削減，負担の増大が続くなか，25条2項の「向上・増進義務」についての研究が急がれる。

　そして，津久井やまゆり園事件に象徴されるような，優生思想，劣等処遇意識による生命権侵害が続く今こそ，その克服と社会保障制度改革推進法（2012年）に代表される自助・共助・公助論に対するイデオロギー批判が喫緊の課題である。

　私の編著書『住み続ける権利』（新日本出版社，2012年），『新たな福祉国家を展望する』（旬報社，2011年），『生きたかった——相模原障害者殺傷事件が問いかけるもの』（大月書店，2016年），『社会保障レボリューション——いのちの砦・社会保障裁判』（高菅出版，2017年）は，先生から頂いた宿題にお応えするささやかなレポートである。

VI　おわりに——平和，民主，人権の確立に向けて

　憲法97条は，「この憲法が日本国民に保障する基本的人権は，人類の多年にわたる自由獲得の努力の成果であつて，これらの権利は，過去幾多の試錬に堪へ，現在及び将来の国民に対し，侵すことのできない永久の権利として信託されたものである。」と謳っている。ここにいう「努力」は英文では struggle，たたかいである。「権利のための闘争」こそ人権の本質である。さらに，憲法12条は，「この憲法が国民に保障する自由及び権利は，国民の不断の努力によつて，これを保持しなければならない。」と，国民に憲法・人権保持のための厳しい努力（endeavor）義務を課しているのである。
　小川理論を発展させ人権として社会保障を確立するための社会保障裁判をはじめとする「たたかい」こそ，この国が，第二次大戦後の朝鮮戦争，再軍備・社会保障予算大削減の時代に匹敵する危機を迎えている現在，必要なのではないだろうか。

　　1)　小川政亮『光りなき者とともに——恂藏・政亮　父子二代の記』（福祉のひろば，2015年）352頁以下。
　　2)　前掲注 1)。
　　3)　小川政亮「特別講演　朝日さんに出会うまで」社会保障法18号（2003年）118頁参照。
　　4)　山田雄三監訳『ベヴァリッジ報告・社会保険および関連サービス』（至誠堂，1975年）265頁。
　　5)　明治学院大学図書館「小川政亮　戦後日本社会保障資料」目録（https://www.meijigakuin.ac.jp/library/collection/document/ogawa_masaaki/）。
　　6)　前掲注 3 ）119頁。

書　評

台豊著『医療保険財政法の研究』

(日本評論社，2017年)

新　田　秀　樹
(中央大学)

　Ⅰ　社会保障法学においては，「国民の生存権を確保するための社会的・公的生活保
障給付の関係を規律する法」(傍点は評者)との荒木誠之の社会保障法の定義にも示され[1]
るとおり，従来は給付の権利構造の解明に研究の重点が置かれてきた。これは，生存権
の確保が，具体的には金銭給付やサービス給付の保障によって実現が図られるものであ
る以上，必然であったともいえよう。

　しかし，当たり前のことであるが，給付はそれを裏付ける財源が確保できなければ画
餅に帰す。したがって，社会保障給付を行うに当たり，誰にどのような理由でどのよう
な財政負担を求めるべきかという社会保障負担に係る規範的根拠(社会保障財政法)の分[2]
析及び分析を踏まえた構築も社会保障法学の重要課題というべきであるが，学会の実際
の動向を見る限りでは，給付を裏打ちする社会保険料や租税といった社会保障財源の法
的構造の解明が後手に回っていたとの感があったことは否めない。

　本書の著者である台豊もそうした問題意識の下，社会保障財政の中でも特に医療保険
財政に焦点を当て，その「拠出」の側面における経済的な諸負担の法的性質等につい[3]
て，法案を通すために作文された「あとづけの理屈」ではなく「そもそも」「ほんとう
のところは，どうなんだ」という観点からの考究を続けてきた。本書は著者のそうした
これまでの研究成果の集大成である。

　Ⅱ　本書は6つの章により構成されている。「第1章　医療保険料(被保険者負担)に
関する考察(1)」では，医療保険料のうちの被保険者が負担(拠出)する部分を取り上
げ，①これと保険者による給付との間に対価性は存在するか，②対価性のある給付とな
い給付との間には給付の権利性に差異が存在するかという問題につき検討を行ってい
る。著者は，社会保障法学や財政法学・租税法学の領域にとどまらず，保険法学や民法
学(契約総論)の領域にまで視野を広げて，これらの問題に関連する学説・判例を丁寧
に分析し，ⓐ医療保険料(被保険者負担)と「(被保険者の)保険給付を受け得る地位」(保
険法学でいう「保険者による危険負担」)との間に対価性が存在する，ⓑ(対価性のある給付に
おける)受給要件としての拠出は，給付請求権の財産権的性格を強める(具体的には，逸

失利益性や相続財産性の肯定等）という点で，対価性のない権利とは権利性に差異がある，との結論を導いている。また，①から派生する論点として，医療保険料（被保険者負担）と租税法律主義の関係についても言及している。

「第2章　医療保険料（被保険者負担）に関する考察(2)」では，①健康保険における標準報酬月額及び標準賞与額の上限，②国民健康保険料（税）における基礎賦課額（基礎課税額）の限度額，③国保料（税）における応益割といった医療保険料（被保険者負担）における応益負担的な要素に焦点を当て，その意味や存在理由について，立法趣旨や行政解釈，裁判例，学説等を丹念に整理・分析した上で考察を行っている。そして，①については，受益と負担の乖離の防止を想定したものではなくて単なる「事務の簡素化と能率化」の結果に過ぎず，応益原則の現れとは言えない旨，②については，国保税導入の際に限度額が規定され「利益の限度を越えない」という「目的税の原則」が付着する結果を生じたものの，限度額設定の真の理由は執行可能性の確保である旨，また，現在の限度額は応益原則からかけ離れたものとなっている旨，③については，「受益に見合う負担」又は「所得把握の不完全さを補う手段」との説明では正当化は難しい旨などの指摘を行っている。

「第3章　医療保険料（事業主負担）に関する考察」では，健保の保険料における事業主負担を取り上げ，立法関係者の認識や裁判例，学説を通覧・比較検討し，事業主が健保制度から生じる外部的便益を享受していることは明らかであり，事業主負担は事業主の健保制度へのフリーライドを防いで「利益の平均」を図るものであるから，事業主負担の法的性質は受益者負担と言えるとした上で，さらに，事業主負担の限度が事業主の受ける特別の利益までとされていないことや，健保の保険料は統治団体たる国・地方公共団体が賦課するものではないことから，事業主負担は「公用負担の一種たる受益者負担金」でも「受益者負担金的性格を有する目的税」でもない「非典型の受益者負担」と解すべきとの主張を行っている。加えて，当該主張のインプリケーションとして，健康保険料事業主負担と租税法律主義の関係及び健康保険料事業主負担を規律する法原理について，考察を加えている。

「第4章　医療保険法における財政調整に関する考察」では，後期高齢者医療制度及び前期高齢者の財政調整制度並びにそれらの前身と言える老人保健制度及び退職者医療制度を考察の対象としている。そしてまず，日本の医療保険制度における最初の本格的な財政調整制度である老人保健制度における財政調整（老人医療費拠出金）の法的性質について，立法関係者の説明や先行研究を批判的に分析しながら検討を進め，①老人医療費拠出金の制度設計は受益と負担の間の逆相関を積極的に意図して行われていて，受益者負担とは言えないこと，②老人医療費拠出金の納付不履行は老人医療費交付金の不交付等をもたらさないという意味で拠出と給付の牽連関係が存在しないので，出再保険

料とも言えないこと，③社会保険診療報酬支払基金による老人医療費拠出金の徴収は，統治団体としての国から老人保健法による特別の委任を受けて行われる行政事務と解し得ることなどを理由として，老人医療費拠出金は租税に該当すると結論付けている。そして，これをベースとして，後期高齢者支援金，前期高齢者納付金，退職者医療制度における療養給付費等拠出金の法的性質も租税であると述べ，さらに，これらの拠出金等に係る被保険者の負担は保険者に賦課された租税の転嫁と捉えるべき等の指摘を行っている。

「第5章 医療保険における公費負担に関する考察」では，解釈論に重きを置く他の章とは少し趣を異にして，公費負担を「租税又は公債を財源として統治団体が保険者に交付する資金」と定義し，健保制度，国保制度及び後期高齢者医療制度における主な公費負担について，主として立法関係者の説明に拠りながらその趣旨を，①制度導入時の奨励助長，②被保険者負担の軽減，③制度・保険者運営の安定，④保険者間格差の調整，⑤被保険者間格差の調整，⑥準公的扶助的性格，さらに，より遡ってⓐ生活保障責任（医療保障責任），ⓑ最低生活保障責任，ⓒ公平原則，ⓓ国家・地方公共団体の受益と整理・体系化した上で，㋐公費負担を規律する法原則としては，生活保護法の医療扶助（最低生活保障）が機能する限りにおいて，基本的に財政に関する憲法的規律（財政民主主義）が優先すべき，㋑どの程度の公費負担を行うかは，原則として，財政民主主義の下での政策決定に委ねられるべき，㋒都道府県間の格差を残したまま，都道府県に，都道府県調整交付金による域内の財政調整機能を負わせることは不合理である，㋓国保の事務費の一般財源化は，国も国民の医療保障責任を負っていること，国保は「国策」としての皆保険体制の基盤となっていることを考慮すれば妥当ではなかった，㋔一部負担金の独自軽減を行っている市町村及び保険料収納割合が一定水準以下の市町村に対する国庫負担の減額等は公平原則の趣旨から正当化される，等々の立法論・政策論を展開している。

「第6章 利用者負担（一部負担金等）に関する考察」では，医療保険財源の一部を実質的に構成している利用者負担の中核をなす健保・国保・後期高齢医療の被保険者が保険医療機関に支払う一部負担金につき，現行規定の概要と沿革を述べた後，立案関係者の説明・学説・裁判例の整理・分析を行い，一部負担金の法的性格は「保険者による公法上の徴収金」ではなく「医療機関に対して支払われる診療契約上の対価（私法上の債務）」と解すべきであると結論付け，その制度設計に当たっては，利用者間及び利用者と非利用者間の水平的な公平と垂直的公平（応能負担的要素）の両方を考慮すべきと述べている。さらに，その系として，①保険医療機関は一部負担金を減免できる，㋑水平的公平の見地からは一部負担金をゼロにすることは望ましくない，㋒水平的公平の観点からは応益負担が，垂直的公平の観点からは応能負担が正当化される等の主張を行って

いる。

　Ⅲ　以上見てきたとおり，本書は，制度史研究を基軸としながら，学説や裁判例にも
目を配りつつ，各章で設定した研究対象の趣旨や法的性格を明らかにした上で，そのイ
ンプリケーションとして解釈論や立法政策論を展開するという構成になっている。

　各章を通じて看取できる，①様々な資料や文献を丹念に読み込んで精緻な分析・検討
を加え事実関係やその時々の法解釈を抽出していく手法や，②用語の意味やコンテキス
トのニュアンスを厳密に分析して明確に論じようという姿勢は，本書の特色と言え，高
く評価できる。ただ，時として，分析がやや穿ちすぎではないかと思われるところや学
説等の評価の論調が辛辣な印象を与えるところもないわけではないが，これも分析の緻
密さや批判の切れ味の鋭さの反映と解すべきであろう。

　評者自身としては，①健康保険の標準報酬月額・標準賞与額の上限は，受益と負担の
乖離の防止を意図したものではなく，事務の簡素化・能率化の結果に過ぎないと解すべ
きこと，②医療保険料における事業主負担は「非典型の」受益者負担と解すべきこと，
③後期高齢者支援金等に係る被保険者の負担は保険者に賦課された租税の転嫁と捉える
べきことなど，本書から今後の研究の刺激となる多くの新たな知見を得ることができた
ことを著者に感謝したい。

　もちろん，著者の分析や主張が評者のそれと完全に一致するものではなく[4]，また，
やや表現がわかりにくい箇所も散見される[5]が，これらは本書の全体的価値を損なうも
のではない。本書は，今後医療保険財政法の研究を進める者が必読すべき重要なマイル
ストーンとなる一書と言えよう。

　1)　荒木誠之『社会保障の法的構造』（有斐閣，1983年）31頁。
　2)　因みに，碓井光明『社会保障財政法精義』（信山社，2009年）における社会保障財政
　　　法の定義は「社会保障に特有な資金調達と管理及び社会保障給付［の］ための経費に
　　　関する法」となっている〔同書18頁〕。
　3)　著者が社会保障の中でも特に医療への関心を強く持っているのは，医師であった父
　　　君の影響が大きいという〔本書はしがきⅲ頁〕。
　4)　例えば，老人医療費拠出金の法的性格が後期高齢者支援金などと全く同じ「租税」
　　　と言えるかどうかについては，評者としては，本書の指摘も踏まえつつもう少し考え
　　　てみたい。
　5)　例えば，国保料（税）における基礎賦課額（基礎課税額）の現在の限度額について
　　　の「限度額を上回る受益が大規模に発生しており，『利益の限度を越えないという目的
　　　税の原則』（奥野）なるものが空文化している」〔本書62頁〕といった評価は少し難解
　　　である。

書　評

松本勝明『社会保険改革』

（旬報社，2017年）

田　中　秀　一　郎

（岩手県立大）

　Ⅰ　社会保険の仕組みは，最近，国保の財政運営を都道府県化し，短時間労働者の厚生年金適用を拡大するなど目まぐるしく変貌している。学界においては，倉田聡『社会保険の構造分析』（北海道大学出版会，2009年）刊行後，2011年には国民皆保険・皆年金施行50年に関する様々なシンポジウム・論考が学際的に発表され，菊池馨実編『社会保険の法原理』（法律文化社，2012年），加藤智章『社会保険核論』（旬報社，2016年）といった社会保険を大枠で捉えようとする書籍が出版されている。本書は，『ドイツ社会保障論Ⅰ～Ⅲ』（信山社，2003-2007年）以来，同三部作後に発表された論文を中心にまとめた単著である。

　Ⅱ　本書は，第1章から第4章において社会保険の組織・構造・機能に関する問題を，第5章から第7章において社会保険の財政に関する問題を，第8章から第10章において経済・雇用情勢などの変化による影響を取り上げている。

　第1章「皆保険・皆年金と連帯」では，まずEUの社会保護相互情報システム（MIS-SOC）を用いてヨーロッパ諸国の医療保険（疾病現物給付）及び年金保険（老齢給付）にかかる強制加入の動向を示す。そのうえで，国民皆保険・皆年金の仕組みを導入しているスイスとオランダの制度を紹介する。スイスは1996年から，オランダは2006年から国民皆保険を導入した。両者の共通点としては，①すべての居住者に公的医療保険の加入義務を課し，②被保険者は保険者を自由に選択でき，③保険者は加入希望の被保険者を拒むことができず，④リスク調整を採用していることが挙げられる。このことから著者は「同一保険者に加入する被保険者の間の連帯」から「保険者の枠を超えた被保険者間の連帯」へと発展したと評価する（皆年金については後述）。

　第2章「社会保険と民間保険の収斂」では，ドイツの民間医療保険の仕組みを説明している。2009年1月以降，ドイツに居住している者は，ドイツの医療保険に加入することが義務付けられ，公的医療保険に加入していない者は民間医療保険（「代替医療保険」）に加入することになった（公的医療保険と代替医療保険の加入者割合は約9：1）。代替医療保険に加入しているのは，自営業者，官吏，年間労働報酬限度超過（2016年5万6250ユーロ／年）の被用者などである。代替医療保険の特徴は以下のとおりである。すなわち，①加入希望者は医療保険会社との契約によって保険に加入するが，②保険会社は保険契

約締結を拒むことが認められており，③家族の保険料負担が生じ，④費用負担は償還払い方式を用い，⑤給付はすべて保険料で賄っている。

第3章「民間保険会社の参入」では，まずドイツの公私における二元的医療保険システムの問題点として，①医師は公的医療保険の患者より民間医療保険の患者から高い診療報酬を得られること（そのため診察までの待期日数は病気の重さでなく加入する医療保険に左右される），②公民いずれの医療保険に加入するかの選択は実質的に認められていないこと等を挙げる。そこで，一元的医療保険システムへの転換を図るため「国民保険」構想を紹介し，「提供する保険について必要な法的規制を行うこと」により，民間保険会社が「公的医療保険の保険者」となることは可能であると結論づける。

第4章「社会保険における選択と競争」では，公的医療保険において①被保険者が保険者を選択でき（1992年），それに伴う保険者間の公平な競争を支えるため，②リスク構造調整が導入され，③選択タリフ（2007年）や追加給付（2011年）を新設することによってより保険者間の競争を促進し，④医療供給者と保険者間との間でも，特定の分野では個別の保険者と医療契約者が契約（選択的契約）を締結することを認めるようになったことが示されている。

第5章「税財源投入の考え方」では，国庫補助を例に社会保険の財源に関する政策は必ずしも理論的な根拠に基づいて行われてこなかったことを明らかにしている。そのうえで，社会保険の給付等のうち，税財源により賄うべきもの（保険になじまない要素）と社会保険料財源により賄うべきものを区分する考え方が提示されている。2005年ドイツ政府の専門家委員会によれば，1300億ユーロ程度（社会保険給付費支出〔4460億ユーロ〕の29％に相当）が「保険になじまない要素」とされ，そのうち連邦が実際に負担している額は600億ユーロ強にすぎない。ではこの残りの「誤った財源調達」（650-700億ユーロ）を税で賄うべきかというと話はそう単純ではない。なぜなら，そうすることで当該給付の性格が変わってくるからである。

第6章「社会保険料にかかる基本原則の変更」では，2005年7月には被保険者のみ傷病手当金のための特別保険料（0.9％）を負担させ，労使折半の原則を修正するとともに，（健康基金から配分される資金だけでは赤字である疾病金庫が被保険者から徴収する）追加保険料の導入によって「所得に応じた保険料」の原則を変更していることを明らかにする。

第7章「子の養育に配慮した社会保険料」では，介護保険における子の養育の有無に応じた保険料負担に差異を設けるかどうかを論じている。2001年4月3日連邦憲法裁判所決定は，年金保険と同様，介護保険も「世代間契約を基礎とした賦課方式によるシステム」と解し，「介護保険制度内部」での子を養育する者としない者との間の保険料負担の公平に配慮する必要があるとした。具体的には23歳以上の（子を養育していない）被保険者に対し，0.25％の保険料加算を行うことにした。

第8章「非正規労働者の増加などへの対応」では，僅少労働（ミニジョブ）及びミディジョブの歴史的流れとともに「被用者に類似した自営業者」に触れている。

　第9章「社会保険と最低生活保障」では，基礎保障を取り上げる。

　第10章「国際的な経済連携による影響」では，EU 域内において他国で医療給付を受けられることの可否について論ずる。①他の EU 加盟国に一時滞在中病気になった場合には滞在加盟国の給付主体から，②加入する疾病金庫の事前承認を得て治療目的で他の EU 加盟国に行く場合には，同国の給付主体から，それぞれ現物給付を受けることができ，③疾病金庫の事前承認なしに，他の EU 加盟国で医療を受けた場合は償還払いを受けることができることとされた。また医師・看護師・薬剤師等の専門職は，EU 域内市場において国境を越えてサービスを提供する相互承認が認められる。さらに，個別の疾病金庫または疾病金庫連合会と製薬企業間で締結される薬剤の値引き契約等にも EU のルール（公共発注ルール）が適用される。

　Ⅲ　最後に若干のコメントを付したい。第1に，ヨーロッパの国民皆保険・皆年金を整理し，スイス及びオランダの医療及び年金制度の紹介をしたことは大変興味深い。とりわけ，①スイス老齢・遺族保険の保険料（労使折半）各4.8％につき保険料支払額の上限及び下限を設けていないことや②オランダ年金保険の所得に応じた保険料徴収にもかかわらず，給付はフラットであるという仕組みを採用したことは再分配が強く働くことになろう。というのも，前者については，日本でも2016年に健康保険及び厚生年金保険において1等級のみ標準報酬の下限基準を追加した。また後者については，厚生年金は報酬比例の給付を行っているものの，所得再分配という観点から高所得者への給付減額の議論が続いている。スイスやオランダでは，立法者はどのような根拠を基に，どのような議論がなされて改正したのか，被保険者に反発はなかったのか，他国（例：フランス）の影響はあったのか興味は尽きない。

　第2に，家族に関する保険料負担である。ドイツでは，介護保険において子を養育していない場合，保険料を加算する仕組みが導入されているのに対し，公的医療保険では，子の養育の有無で保険料負担に差異はなく，また家族に関する保険料負担は無料である。他方，日本では，介護保険にドイツと同様の仕組みはないのに対し，市町村国保においては均等割があるため家族数が保険料負担に反映されている一方，被用者保険では反映されていない。つまり，国や制度に応じて家族に関する保険料負担の考え方が異なっている。

　今回取り上げられた各テーマに関し，著者の初出論文よりも早く発表された論文は少なくない。しかしながら，著者が社会保険を横断的に1冊の書籍として出版したことは高く評価できる。本書は近年のドイツ社会保険研究を紐解く契機となる一冊である。

社会保障法第33号（2018）　205

判例回顧

社会保険系

川 久 保 　 寛

（神奈川県立保健福祉大学）

　本稿で紹介する判例は，平成29年内に刊行された雑誌に掲載されたものである。な
お，医療過誤および労災民訴は扱わない。また，介護事故は社会福祉系で取り上げる。

Ⅰ　医療保険

　①東京地判平28・4・28（判時2319・49）は，歯の審美的治療を行った歯科医師の説明
が問題となった事案である。本件では曲がった差し歯の治療に訪れた原告が，複数の歯
の治療を行うと受けられる割引のために計6本の歯の治療を受けたものの，歯肉炎や差
し歯の脱落が起き，問題がなかった天然歯も削られた。本判決は，歯肉炎や差し歯の脱
落が治療によるものではないとしたものの，審美目的での歯の治療では医師または歯科
医師は通常よりも丁寧に説明し，患者が十分な情報を基に熟慮の上決断できるよう配慮
すべき義務を負うとしたうえで，治療を提案したその日に実施する即日施術においては
必要な説明および配慮が尽くされていないことが少なくないために通常よりも厳格に事
情を評価するとし，本件では天然歯を削ったことについて十分な説明がなされなかった
として33万円の賠償責任を認めた。

　②東京地判平28・8・30（判時2337・12）は，精神保健医が指定取消処分および2か月
間の医業停止処分を受けたことについて争った事案である。本件では，同じ病院の勤務
医が精神保健医の申請に虚偽の書面を添付し，指導医として本件原告が確認の証明文を
付けたことに対して，精神保健医の指定取消処分と医業停止処分がなされた。本判決
は，精神保健福祉法にもとづく厚生労働大臣の指定取消処分権限の行使にあたって裁量
権の逸脱又はその濫用があったとは認められないとして棄却し，医師法にもとづく医業
停止処分については期間徒過を理由に請求を却下した。

　③大阪地判平28・2・17（判自420・70）は，柔道整復師が行った施術を受けた原告ら
が大阪市が減額した療養費分を請求した事案である。国民健康保険法は，柔道整復師が
施術を行った場合，患者が療養費を受け取ることができる旨規定している。一方，実務
では受診の際に患者は自己負担分のみを支払い，自己負担分を除いた療養費の請求を柔
道整復師に委託することが多い。本件でも同様であったが，請求を受けた大阪市は，本
件原告らに対する施術は適正に行われたものの，本件柔道整復師らが本件原告ら以外の

者に行った施術および療養費の請求に誤りがあったとして，費用を減額して支払った。本判決は，本件原告らが有する療養費の支払いがなされたとは認められず，そもそも大阪市に本件原告らにかかる療養費を減額する権限がなく，本件原告らが療養費の支払いについて署名した書面にも権限を与える意思表示がなされたとは認められないとして原告らの請求をすべて認めた。

Ⅱ　年金保険

　④仙台高判平28・5・13（判時2314・30）は，別居中の夫の死亡に伴い，妻が未支給だった夫の年金を請求したところ，生計同一要件を充たしていないとして不支給処分を受けたことが問題となった。遺族年金および未支給年金の請求に必要な生計同一要件は，別居中の配偶者が請求する場合，別居中の経済的援助の状況や別居が解消される可能性などを考慮し，別居に至った理由や別居中の音信の状況といった実情で判断される。原審（⑤仙台地判27・10・5（判時2314・35））は，原告の夫が女性問題を抱え，かつ原告に暴力をふるったことなどから別居解消の可能性がなく，4年にわたる別居期間中の音信もごくわずかであったこと，夫から原告への援助も少額であったことから，生計同一要件を充たしていないとした不支給処分を妥当なものとした。本判決は生計同一要件を踏まえつつ，事実的要素によってのみ判断するのではなく，当該夫婦の個別的具体的事情を勘案し，婚姻費用分担義務の存否その他の規範的要素を含めて判断すべきとした。そのうえで，本件では経済的な援助が行われており，夫の病状さえ許せば別居を解消する可能性もあったとして生計の同一性を認め，不支給処分を取り消した。

　⑥東京地判平28・2・16（判時2320・27）は，国民年金保険料の滞納に対する差押えを行った日本年金機構の対応が問題となった事案である。本件では，差押えを行った際に債務者に送付しなければならない差押調書謄本について，発送した事実を特定することができず，発送の事実を記す書類の記述態様の信用性にも疑いが残るとして，差押処分の違法事由にはならないが，配当処分の違法事由になるとして配当処分の取消しを認めた。

　⑦東京地判平28・9・30（判時2328・77）は，遺族厚生年金の受給に関する社会保険事務所職員の説明ないし回答に誤りがあったことが問題となった。本件では昭和62年9月に遺族厚生年金の受給について原告が相談したところ，当時年金支給事務を担当していた社会保険事務所職員は，原告が死亡した元夫と離婚していることを主な理由に受給できない旨説明し，原告は遺族厚生年金の請求を行わなかった。また平成4年にも原告は年金について相談したものの，やはり同様の説明を受けて請求に至らなかった。平成22年に原告が遺族厚生年金の請求を行ったところ，支給が認められたが，昭和62年9月から平成17年7月までの遺族厚生年金については消滅時効が完成しているとの理由で支給

されなかった。本判決は，平成4年に行った年金相談で遺族厚生年金の受給可能性がある旨説明すべきであったとして国賠責任を認め，本人が受給した老齢厚生年金分を控除したうえで，昭和62年9月から平成17年7月までの遺族厚生年金相当額を賠償するものとした。

　⑧最二小平29・4・21（判時2340・64）は，厚生年金法附則8条にもとづく老齢年金，いわゆる特別支給の老齢年金について問題となった事案である。厚生年金法附則8条は，老齢厚生年金の支給開始年齢引き上げに伴う経過措置を定めており，60歳以上65歳未満の者が要件を満たした場合，いわゆる特別支給の老齢年金を受給できる旨定めている。また，特別支給の老齢年金を受給していた者が65歳に到達すると，規定上，特別支給の老齢年金受給権（基本権）は消滅し，改めて法42条にもとづく老齢年金受給権（基本権）が生じる。そして，特別支給の老齢年金を受給している間に稼働して厚生年金の保険料を支払っている場合，法42条にもとづく老齢年金を受給する際にこの期間を含めて年金額を計算し直す，いわゆる退職改定が行われる。実務上，年金額の計算をし直すために1か月の待機期間を必要とし，その月も退職改定を受けるためにはその時点でも特別支給の老齢年金の受給権（基本権）があること，すなわち65歳未満であることが求められる。本件では，特別支給の老齢年金を受給していた原告が平成23年8月30日に退職して翌31日に被保険者資格を喪失し，直後の9月17日に65歳に達して特別支給の老齢年金受給権を失ったために待機期間を経過しておらず，平成23年9月分について退職改定がなされないまま老齢年金が支給された（なお同年10月以降の老齢年金については退職改定が行われている）。⑨原審（東京高判平27・9・9（掲載誌なし））および⑩第一審（東京地判平26・11・13（掲載誌なし））は，本件については9月分から退職改定を行うべきとして，原告の求め通りに9月分も退職改定を行った金額を支給すべきと判示した。一方，本判決は，規定の文言上，待機期間経過後に老齢年金の受給権を有していなければ退職改定の対象にはならず，9月分は退職改定の対象にはならないとして原審および第一審を取り消し，原告の訴えを棄却した。

　⑪大阪高判平28・7・7（賃社1657・24）は，老齢基礎年金の受給と時効が問題となった事案である。本件では，平成20年4月に老齢基礎年金の請求を行った原告に対して，社会保険庁長官は原告が65歳に達した平成8年9月を受給権発生年月としつつ，同年10月から平成15年1月までの年金給付について時効消滅したものとして，平成15年2月分以降の老齢基礎年金を支給する決定を行った。そこで本件原告は，年金記録の訂正がなされた場合に当該年金にかかる消滅時効が完成していても給付を行う年金時効特例法の規定にもとづいて，本件でも平成15年2月に原告の年金番号の統合が行われていることから，本件でも時効消滅しないと主張して本件決定の取消しを求めた。⑫原審（大阪地判平26・12・19（賃社1675・19））は，年金時効特例法の規定が，年金記録の訂正に伴い受

208

給権を満たしていることが新たに判明して年金受給権の裁定を受ける場合か，年金受給権の裁定を受けていた者が年金記録の訂正に伴って裁定そのものを訂正する場合に当てはまり，本件原告は年金番号の統合にとどまりいずれにも当てはまらないとして，請求を認めなかった。本判決は，本件原告が平成8年および平成9年に複数回年金事務所を訪れて相談していたにもかかわらず年金の受給に至っていないのは，年金事務所職員から記録がない旨の不適切な回答があったためであり，そのために年金受給に至らなかった本件原告について時効消滅を主張することは許されないとして，原審を取り消し，受給権発生年月以降で給付されなかった年金相当額の支払いを認めた。

III　介護保険

⑬横浜地判平27・10・7（判自416・42）は，指定取消しを受けた指定居宅サービス事業者が指定取消処分の取消しと，指定取消しに伴う介護報酬の返還請求および加算金の請求取消しを求めた事案である。本件では，管理者として届け出されていた者が常勤・専従の状態になかったこと，それを知りながら指定更新時にそのまま届け出をしたことが虚偽の申請であり不正の手段にあたるとして指定が取り消され，介護報酬の返還および加算金が請求された。本判決は，管理者であるとされた者が常勤ではなく，管理者の配置を定める人員基準の違反を知りながら更新したことは不正の手段により指定更新を受けたことにあたるとして，いずれの請求も認めなかった。

⑭福岡高判平28・5・26（判自422・72）は，介護報酬の不正請求があった介護老人保健施設等の指定取消処分が問題となった事案である。本件では，介護老人保健施設や訪問介護事業所等を運営する事業者が，介護老人保健施設で入所定員を超える者を入所させかつその者たちを利用して架空の入退所を行い，介護報酬を請求したことが問題となり，すべての施設について指定取消しを受けた。⑮原審（熊本地判平26・10・22（判自422・85））は，行政手続法14条にもとづく処分理由の付記が不十分であることから指定取消処分を取り消したものの，損害賠償責任は認めなかった。本判決は，違反行為の期間が特定され行為態様も具体的に示されていることなどから処分理由の付記は十分にされており，処分取消しにはあたらないとして原審を取り消し，あわせて損害賠償請求も認めなかった。

IV　労災保険

⑯最三小判平29・3・21（判時2341・65）は，地公法にもとづく遺族補償年金の支給要件と憲法14条が問題となった。⑰第一審（大阪地判平25・11・25（判時2216・122））が違憲判決を出したために注目を集めた事案の最高裁判決である。本判決は，遺族補償年金を社会保障の性格を有する制度として認めつつ，男女間で異なる支給年齢を定める地公法

の規定は憲法14条に違反しないと判示した。

⑱東京地判平成29・1・31（労経速2309・3）は，労災保険の保険料賦課について問題となった事案である。労災保険では，被災した労働者の事業場に賦課される保険料が次年度以降に増加する（メリット制）。本件でも労災事故の発生によって保険料が年間約700万円増額されたものの，いわゆる労災民訴において因果関係が否定されたことから，使用者が保険料の増加について争うに至った。本判決は，使用者に行訴法上の原告適格を認める一方で，保険料の決定処分それ自体は是認した。また，傍論ではあるものの労災支給決定処分について原告適格を認めており，実務への影響を含め新たな論点を提供する裁判例である。

この他，労災保険では多くの裁判例があるため簡単な紹介に留める。被災労働者の業務上の傷病について争う裁判例として，⑲大阪高判平28・11・30（判時2329・3，学習塾職員の交通事故），⑳名古屋高判平29・3・16（労判1162・28，臨床検査技師の精神障害）がある。また，被災労働者の死亡について争う裁判例として，㉑東京高判平28・9・1（判時2342・75，コンビニエンスストア店長の精神疾患と自殺），㉒福岡地判平28・1・21（判自418・32，地方公務員の自殺），㉓東京地判平28・2・29（判自420・54，公立小学校教諭のうつ病自殺），㉔東京地判平28・4・22（判自423・49，消防士の心筋梗塞），㉕さいたま地判平28・7・20（判自425・66，公立小学校教諭の心膜中皮腫）㉖東京地判平28・7・14（労判1148・38，警備員の脳出血発症），㉗東京高判平29・2・23（労判1158・59，新任教諭のうつ病自殺），㉘東京地判平28・12・21（労判1158・91，身体障害のある技術者のうつ病自殺），㉙名古屋地判平29・3・1（労判1159・67，高校教諭のくも膜下出血死），㉚名古屋高判平29・2・23（労判1160・45，うつ病にり患していた自動車部品組立工の心疾患死），㉛名古屋高判平28・12・1（労判1161・78，営業職のうつ病自殺）がある。

社会福祉系

常 森 裕 介

（四天王寺大学）

I　社会福祉
1　社会福祉法人
①東京高判平29・1・31（判時2335・28）は，期間満了により退任した社会福祉法人の理事の地位について，事件当時の社会福祉法の規定に鑑み，会社法等を類推適用することはできないとしつつ，理事兼常務理事としての地位を否定されたことについての慰謝

料請求を認容した。

②広島高判平27・10・28（判タ1433・107）は，社会福祉法人における仮理事の選任（社福39条の3）について，③一審広島地判平27・4・27（判タ1433・112）が，退任した理事の原告適格を否定したのに対し，退任した理事は社会福祉法人の事務が遅滞することにより損害を受けるおそれがあるため，選任処分の取消を求める法律上の利益があるとして，原審に差し戻した。

④東京地判平27・10・9（判時2303・81）は，社会福祉法人の理事が行った契約について，理事会による承認決議を経ていないことについて，相手方に過失はないとして，民法110条の類推適用により社会福祉法人が責任を負うとしたが，控訴審である⑤東京高判平28・8・31（判時2315・23）は，相手方が，理事会の承認等について，裏付けを得る努力を怠ったとして，社会福祉法人側の請求を一部認容した。

2 障害者福祉

⑥名古屋高判平28・8・4（判時2314・64）は，リハビリテーション中に利用者が骨折した事故について，利用者の骨密度の低下等を指摘し，看護師の注意義務違反を否定した⑦一審名古屋地判平28・3・4（判時2314・67）を支持し，控訴を棄却した。

⑧名古屋高裁金沢支決平28・11・28（判時2342・41）は，障害者の入所していた施設を運営する社会福祉法人について，社会福祉法人として通常期待されるサービスの程度を超え，近親者の行う世話に匹敵すべきものだったと認定し，特別縁故者（民958条の3第1項）に当たるとして，相続財産の分与を認めた。

⑨横浜地判平28・4・27（判自422・67）は，精神保健相談記録を開示することで，相談業務の目的達成を著しく困難にするおそれがあるため，不開示処分は適法とした。

⑩東京地判平28・8・30（判時2337・12）は，申請者である医師が関与していない症例を記したレポートに署名したとして，指導医であった医師が，精神保健指定医の取消処分と医業停止処分を受けたことにつき，職務の重要性等に鑑み，裁量の逸脱・濫用はないとした。

3 児童福祉

⑪大阪地判平28・6・3（判自424・39）は，あざや衣類の異臭などから，児童虐待を受けたと思われる児童に当たり，児童相談所長による一時保護決定は違法ではないとして，取消請求を棄却した。

⑫東京高判平29・1・25（賃社1678・64）は，保育所への入所を希望しているにもかかわらず入所不承諾処分がされたことは違法であるとする主張に対し，児童福祉法は改正前後を通じて，保育の必要性がありながら保育所へ入所できない児童が生じるという事態を想定しており，需要超過を理由に入所不承諾処分が行われても児童福祉法24条1項の義務に違反したとはいえないとして，⑬一審東京地判平28・7・28（賃社1678・61）と

同じく，国家賠償請求を棄却した。

　4　高齢者福祉

　⑭大阪地判平29・2・2（判タ1438・172）は，利用者がトイレで転倒して死亡した事故について，当該利用者はトイレに行く際ナースコールを使わない者だったことから，離床センサーを設置すべきであったのに設置しなかったことが，結果回避義務違反に当たるとして，施設側の損害賠償責任を認めた。

II　生活保護

　⑮水戸地判平28・1・28（判自414・42）は，生活保護の担当であった職員が，被保護者に対するわいせつ行為で懲戒免職処分を受けたことにつき，非違行為の存在を認めたうえで，処分の原因となった事実の記載が全くないとして，手続の点から処分は違法だとして，取消請求を認容した。

　⑯東京高判平27・7・7（判時2318・154）は，恫喝的な振る舞いをする被保護者に注意したところ，職員が被保護者から暴行を受けた事案において，謝罪を求める等の職員の行為は，相当な範囲にとどまる限り適正な職務に含まれるとして，被保護者側の控訴を棄却した。

　通院移送費に係る本案訴訟との関連で，生活保護ケース記録に対して証拠保全の申立てがなされた事案において，⑰一審奈良地決平28・8・29（賃社1675・8）が，開示した際に問題となった記載が見当たらなかったこと等から申立を却下したのに対し，⑱控訴審大阪高決平28・10・5（賃社1675・10）は，ケース記録に空白があるのは不自然で，過去の相談時期が明らかになることを嫌って記録の一部が隠匿，改ざんされるおそれがあるとして，原決定を取消し，地裁に差し戻した。

　⑲大阪地判平28・7・28（判自424・47）は，障害者加算の障害認定の誤りにより生活保護費の過支給が生じたことにつき，療育手帳を国民年金証書等と同等の資料として扱うとの解釈もあり得ないわけではなく，歴代所長に重大な過失はなかったとして，賠償命令を求める旨の請求を棄却した。

　⑳大阪地判平27・11・19（判自415・60）は，ケースワーカーが生活保護法に基づく通院交通費に関して教示を行わなかったという被保護者の主張に対して，通院交通費に関して教示を行い，申請を援助すべき義務はなかったとして，国家賠償請求を棄却した。

　㉑東京地判平29・2・1（賃社1680・33）は，福祉事務所職員の過誤により，児童扶養手当の収入認定，冬季加算の削除処理がなされていなかったことを理由に行われた返還決定（生保63条）は，処分行政庁側の過誤を被保護者に転嫁する面があると指摘し，返還金額決定処分を取消した。

　㉒さいたま地判平28・11・16（判自426・90）は，企業年金の受給権は「資力」にあた

るから保護費返還命令処分（生保63条）は違法ではないとして，国家賠償請求を棄却した。

㉓京都地判平28・1・21（賃社1673・74・84）は，配偶者と別居したことにより3人世帯となったのはいつの時点かという論点につき，平成19年3月1日から4月24日までの期間，3人世帯として保護を実施しなかったことの違法性を認め，㉔控訴審大阪高判平28・7・22（賃社1673・74・98）もこれを維持した。

㉕さいたま地判平28・9・21（判自425・81）は，入金された金銭等を申告しなかったことは「不実の申請その他不正な手段」（生保78条）にあたるとして，徴収決定処分に対する取消請求を棄却した。

㉖大阪高判平29・3・17（賃社1691・43）は，長男の就労収入を申告しなかったことを理由とする費用徴収決定（生保78条）は適法であるとしつつ，不正な手段により保護を受けた額を決定するにあたって，基礎控除額を控除しなかったことは違法だとして，一審を一部変更した。

㉗大阪地判平28・8・26（判自426・86）は，外国人である被保護者が転居費用の支給を申請したが却下されたことにつき，外国人は生活保護法に基づく受給権を有しないから，却下処分は適法だとした。

㉘さいたま地判平29・3・1（賃社1681・12）は，無届宿泊所事業者が食事や衣服を提供する代わりに入所者の生活保護費を受けとることを内容とする契約は，生活保護法や社会福祉法の趣旨に反し，公序良俗違反で無効だとして，無届宿泊所事業者に対する損害賠償請求を認容した。

Ⅲ　そ　の　他

㉙鳥取地判平27・9・9（判時2314・70）は，隔離規定の改廃を含めハンセン病患者に対する立法上の対応が差別につながったとして，立法上の不作為，厚生大臣の違法な職務行為について国家賠償法上の違法性及び過失を認めた。

㉚長崎地判平28・2・22（判時2333・10）は，被爆者援護法にいう「身体に原子爆弾の放射能の影響を受けるような事情の下にあった」（1条3号）か否かの判断において，生活環境中に存在する放射性物質が体内に取り込まれる可能性が高かったとして，一部地域の住民が上記の要件に該当すると認めた。

学会関連情報

立法紹介

地 神 亮 佑
（大阪大学）

第193回国会（平成29年1月20日―平成29年6月18日）

○雇用保険法等の一部を改正する法律（平成29年法律第14号）

　雇用保険法の改正によって，保険給付の拡充と費用負担の軽減が行われることとなった。いずれも，雇用情勢が良好であり雇用保険積立金が一定程度確保されていることを前提とするものである。まず給付の拡充についてであるが，基本手当について，賃金日額の上限・下限の引上げや30歳以上45歳未満の者の一部について所定給付日数の拡充が行われた。また，中長期的なキャリア形成を支援する「専門的実践教育訓練」にかかる教育訓練給付の拡充や，育児介護休業法の改正により育児休業期間が最長2年（保育所に入所できない場合）に延長されたことに伴う育児休業給付金の拡充も行われている。費用負担の軽減としては，労使の保険料率と国庫負担のいずれもが引下げとなっている（3年間の時限措置）。その他，特定理由離職者（雇止めをされた有期雇用労働者等）の特定受給資格者（倒産・解雇等による離職者等）みなしについての暫定措置を5年間延長した。

○住宅確保要配慮者に対する賃貸住宅の供給の促進に関する法律の一部を改正する法律（平成29年法律第24号）

　住宅確保要配慮者に対する賃貸住宅の供給の促進に関する法律にいう「住宅確保要配慮者」とは低額所得者，被災者，障害者，子供を養育している者等を指すところ，同法はそうした要配慮者の賃貸住宅への円滑な入居の促進を目的としている（住宅セーフティネット機能）。同法の改正により，住宅確保要配慮者の入居を拒まない賃貸住宅（住宅確保要配慮者円滑入居賃貸住宅）の登録制度が導入され，登録住宅についてはその改修費を住宅金融支援機構の融資対象となることとするなど，総人口の減少により発生する空き家の活用がはかられることとなった。また，登録住宅に入居する生活保護の被保護者が家賃の請求に応じないような場合に代理納付（生活保護法37条の2）を推進する規定も設けられている。

○地域包括ケアシステムの強化のための介護保険法等の一部を改正する法律（平成29年法律第52号）

　介護保険法等の改正により，大きく分けて①地域包括ケアシステムの強化と，②介護保険制度の持続可能性の確保がはかられることとなった。

①については，第一に，介護予防（重度化防止）・自立支援の推進と，データを用いた事業計画の策定を通じた保険者機能の強化を目的とした改正がある。具体的には，市町村介護保険事業計画に介護予防・自立支援の事項を盛り込むべきことを定めたほか，国が市町村に対し自立支援等施策の支援やそのインセンティブ付与のため交付金を交付することとした。また，国の公表するデータに基づく計画策定も求められることとなった。第二に，主として長期にわたり療養が必要である要介護者に対して長期療養のための医療と介護を一体的に提供する介護保険施設である「介護医療院」が創設されることとなった。第三に，障害児・障害者にかかる障害福祉サービス事業者等の指定を受けている者がその事業所について介護保険におけるサービス事業者としての指定を受ける場合，「共生型居宅サービス事業者」としてその指定基準が緩和されることとされた。

②については，現役世代並み所得者の一部について，一部負担金の負担割合を2割から3割に引き上げるとともに（平成30年8月施行），第2号被保険者の保険料にかかる介護納付金について総報酬割を導入した（平成32年度までに段階的に全面総報酬割とする）。

その他，医療法等の一部を改正する法律（平成29年法律第57号），児童福祉法及び児童虐待の防止等に関する法律の一部を改正する法律（平成29年法律第69号）が成立している。

学術会議だより

丸 谷 浩 介

（九州大学）

日本学術会議は，科学が文化国家の基礎であるという確信に立って，科学者の総意の下に，わが国の平和的復興，人類社会の福祉に貢献し，世界の学界と提携して学術の進歩に寄与することを使命としています（日本学術会議法前文）。

2017年9月末に終了した学術会議の第23期の2016年度の提言・勧告は，全部で58本でした。このうち日本社会保障法学会に関係するものとしては，法学委員会社会と教育におけるLGBTIの権利保障分科会の「性的マイノリティの権利保障をめざして―婚姻・教育・労働を中心に―（2017年9月29日）」がありました。同提言では，①立法府・政府に対し，差別解消のための根拠法の制定と包括的な法政策の策定，②民法改正や「性同一性障害者の性別の取扱いの特例に関する法律」の名称変更と要件緩和などの法改正，③教育における権利保障，④雇用・労働に関する権利保障について，政府をはじめとす

る関係省庁へ改善を求めました。

　学術会議では委員会に分科会が設けられ，公開シンポジウムなどを開催しています。昨年は「セーフティ・ネットのあり方を考える」分科会（廣瀬真理子委員長，石橋敏郎会員，井上英夫会員，島田陽一会員，和田肇会員ら）がオランダの経済学者であるレイ・デルセン・ラドバウド大学経営学部准教授を招聘し，「アクティベーション改革と福祉国家」を開催しました。シンポジウムでは，日本の労働法学者と社会保障法学者からの報告を受け，日欧のアクティベーション改革の影響とこれからの社会保障のありかたについて検討されました。また，水島郁子会員が幹事を務める法学委員会ジェンダー法分科会（浅倉むつ子会員，廣瀬真理子会員）では「ジェンダーの平等政策の今を問う」と題し，現政権の女性活躍施策が多くの女性からすると「ちょっとずれている」との認識の下，専門家たちがわかりやすくその違和感の原因を分析し，より適切なジェンダー平等のための施策が提案されました。

　そして，2018年10月より第24期の活動がスタートしました。24期の会長には山極壽一会員（京都大学総長）が選出され，副会長には法学分野から三成美保会員（奈良女子大学副学長）が選出されました。

　24期の会員として，本学会からは廣瀬真理子会員と和田肇会員が任命されました。また，連携会員として浅倉むつ子会員，石橋敏郎会員，緒方桂子会員，岡田正則会員，川口美貴会員，小島妙子会員，島田陽一会員，豊島明子会員，名古道功会員，本多滝夫会員，丸谷浩介会員，水島郁子会員が任命されました。

　さらにこの分野別委員会の下に幹事会の承認を受けて設置される法学委員会の分科会には，2018年末現在で①「グローバル化と法」分科会，②ジェンダー法分科会，③IT社会と法分科会，④「学術と法」分科会，⑤社会と教育におけるLGBTIの権利保障分科会，⑥「市民性」涵養のための法学教育システム構築分科会，⑦大規模災害と法分科会，⑧「セーフティ・ネットのあり方を考える」分科会があります。

　日本社会保障法学会がこの一翼を担う学術団体として貢献できるよう精進する所存です。どうぞよろしくお願い申し上げます。

出版案内

伊藤周平『社会保障のしくみと法』（自治体研究社，2017年）

　生活保護，年金，社会手当，医療保障，社会福祉，労働保険の法制度の歩みを跡づけ，判例を踏まえて現状の問題点を指摘。国民の「健康で文化的な最低限度の生活を

営む権利」（日本国憲法25条1項）に準拠して社会保障のあり方を問う。財源問題にも
踏み込んで，社会保障全般にわたる課題と社会保障法理論の課題を展望する。

井上英夫・藤原精吾・鈴木 勉・井上義治・井口克郎編『社会保障レボリュー
　　ション──いのちの砦・社会保障裁判』（高菅出版，2017年）
　公的社会保障が縮小し，「買う福祉」が横行する現在，朝日訴訟，堀木訴訟という過
　去の社会保障裁判に関わった人々の記録と現在の社会保障裁判を闘う人々の現状を取
　り上げ，人権・生存権を守るための社会保障裁判について学べるよう書かれた。詳細
　な社会保障裁判年表も載せる。

加藤智章『社会保険 核論』（旬報社，2016年）
　社会保険とは何か？ 日々の生活の中で当たり前のように存在する「社会保険」が，
　人口構成の超高齢社会化，労働者構成における非正規雇用労働者の増加のなか，重大
　な岐路に差しかかっている。本書では，当然の前提とされている強制加入に着目し，
　保険制度の骨格ともいうべき保険者，被保険者および保険料に焦点を当てる。

加藤智章編『世界の診療報酬』（法律文化社，2016年）
　仏，独，英，米と日本の5カ国の診療報酬制度を包括的に考察。医療提供制度と医療
　財政制度を結びつけている診療報酬について各国の独自の医療保障法制を整理のう
　え，制度および実態までも踏まえ比較的な視点を考慮のうえ分析を試みる。時代の要
　請に応えるべく改定される診療報酬制度を相対的に考察する視座を提供する。

芝田文男『「格差」から考える社会政策──雇用と所得をめぐる課題と論点』（ミネル
　　ヴァ書房，2016年）
　いま，「格差」はますます拡大傾向にあるといわれ，様々な政策が賛否の意見を伴い
　ながら施行されている。本書は，格差問題に関わりの深い雇用・福祉・所得保障政策
　をめぐる主要課題について，統計データを示しながら，様々な論点をわかりやすく解
　説。読者自身が考える手がかりとなる情報を提供し，諸課題とその関係性を理解す
　る。

台豊『医療保険財政法の研究（青山学院大学法学叢書第4巻）』（日本評論社，
　　2017年）
　医療保険財政における各種の費用負担，すなわち医療保険料（被保険者負担），医療保
　険料（事業主負担），財政調整のための拠出金，公費負担，利用者負担のそれぞれにつ

いて，その法的性質を考究するとともに，当該考究から得られる解釈論上または立法論上のインプリケーションを論ずる。

久塚純一『「ありよう」で捉える社会保障法——社会保障の法現象』(成文堂，2016年)
社会保障法の有する規範的独自性を描き出す一冊。「意思」，「責任」，「関係」のような，複数の枠組みを設定して考察することによって，現代日本における「社会保障の法現象」がいかなるものか位置付ける。

本澤巳代子編『家族のための総合政策Ⅳ　家族内の虐待・暴力と貧困（総合叢書21）』(信山社，2017年)
家族内の虐待・暴力と貧困問題を，女性と子どもの問題を中心に検討。第1部では東アジア諸国と欧州の虐待・暴力に関する法制度を概観。第2部では精神医学等の広い視野から虐待・暴力の予防，被害者救済，加害者矯正に関する議論を紹介。わが国の家族関係に関する諸政策が，大人中心の子育て支援に偏りすぎる傾向への警鐘。

松本勝明『社会保険改革——ドイツの経験と新たな視点』(旬報社，2017年)
今日，社会保険は人口高齢化，雇用情勢の変化，国際的な経済活動と人の移動など，社会経済の構造変化がもたらす様々な課題に直面している。これらに対応するためドイツの社会保険における議論や改革を検討することをとおして，固定的な観念にとらわれず柔軟な発想のもとで日本の社会保険を考える新たな視点を提示する。

吉永純編著／全国公的扶助研究会監修『Q&A　生活保護手帳の読み方・使い方（よくわかる　生活保護ガイドブック1）』(明石書店，2017年)
公的扶助研究会会長でもある吉永純・花園大学教授が編著者となり，生活保護実践の「骨」である生活保護手帳・実施要領の原理・原則のポイントを解説するとともに，可能な運用法，実践にあたって間違いやすい解釈などの「勘どころ」を43のQ&Aで示した入門書。

吉永純・衛藤晃編著／全国公的扶助研究会監修『Q&A　生活保護ケースワーク支援の基本（よくわかる　生活保護ガイドブック2）』(明石書店，2017年)
自治体で生活困窮者支援の最前線を経験した編著者たちが，生活保護実践の「肉」となるケースワークについて，ケースワーカー・福祉関係者が実務で使えるよう，事例をもとに50のQ&Aでわかりやすく解説。教育・研修用にも最適で，支援する力の向上に寄与する実践書。

学会関連情報

学会事務局からのお知らせ

1 学会誌バックナンバー

日本社会保障法学会は，日本社会保障法学会誌『社会保障法』を第32号まで発行しています。

(1) 内容と在庫部数（第1号〜第31号，2018年3月現在）

学会誌第1号（1986年5月） 2冊在庫
第7回大会報告「社会保障法における家族と個人」
第8回大会報告「社会保障制度の再編成―権利論をめぐって―」

学会誌第2号（1987年5月） 在庫なし
第9回大会報告「社会保障制度の再編成―権利論をめぐって―(2)」
第10回大会報告「社会保障制度の再編成―権利論をめぐって―(3)」

学会誌第3号（1988年5月） 在庫なし
第11回大会報告「社会保障制度における労働災害法制」
第12回大会報告「社会保障法と財政」

学会誌第4号（1989年5月） 在庫なし
第13回大会報告「地方自治と社会保障法」
第14回大会報告「社会福祉施設と人権」

学会誌第5号（1990年5月） 2冊在庫
第15回大会報告「国際化と社会保障法の現代的課題」
第16回大会報告「社会保障における手続過程と権利」

学会誌第6号（1991年5月） 在庫なし
第17回大会報告「社会保障法学の総括と課題」
第18回大会報告「社会保障法学の総括と課題(2)」

学会誌第7号（1992年5月） 2冊在庫
第19回大会報告「福祉法改正の課題と展望」
第20回大会報告「生活保護制度の今日的課題」

学会誌第8号（1993年5月） 2冊在庫
第21回大会報告「女性の社会的進出・家族形態の変化と社会保障法」
第22回大会報告「経済・社会・政治体制の変化と社会保障法」

学会誌第9号（1994年5月） 2冊在庫
第23回大会報告「医療保障の国際比較」
第24回大会報告「健康権と高齢者の医療保障」

学会誌第10号（1995年5月） 2冊在庫

社会保障法第33号（2018）　219

第25回大会報告「社会保障法と行政法の課題」

第26回大会報告「年金制度改革」

学会誌第11号（1996年5月） 2冊在庫

第27回大会報告「障害者の雇用・就労保障，所得保障，福祉サービス及び生活環境整備をめぐる諸問題―障害者の自立生活に向けての権利保障の視点から―」

第28回大会報告「介護保障とわが国の介護保険構想の問題点」

学会誌第12号（1997年5月） 在庫なし

第29回大会報告「社会保障法と家族―子ども・女性・高齢者―」

第30回大会報告「社会保障制度審議会勧告と社会保障法学の課題」

学会誌第13号（1998年5月）

第31回大会報告「社会保障法の法政策」

第32回大会報告「災害と社会保障」

学会誌第14号（1999年5月）

第33回大会報告「社会保障制度における法主体」

第34回大会報告「『成年後見』と社会保障法制」

学会誌第15号（2000年5月）

第35回大会報告「高齢者と社会保障法」

第36回大会報告「社会福祉基礎構造改革の法的検討」
「雇用崩壊・不安定化と社会保障」

学会誌第16号（2001年5月）

第37回大会報告「社会福祉基礎構造改革の法的検討パート2」

第38回大会報告「社会保障争訟の現代的課題」

学会誌第17号（2002年5月）

第39回大会報告「変容する高齢者福祉―介護保険一年の軌跡―」

第40回大会報告「医療制度改革―サービスの質と効率の視点から―」

学会誌第18号（2003年5月）

第41回大会報告「社会保障法学の到達点と社会保障法の課題」

第42回大会報告「社会保障法学の到達点と社会保障法の課題 PartⅡ」
「司法制度改革と社会保障法教育」

学会誌第19号（2004年5月）『介護保険と福祉契約』

第43回大会報告「介護保険法の課題と展望―施行5年後の改正をめざして―」

第44回大会報告「社会福祉と契約」

学会誌第20号（2005年5月）『年金改革とグローバリゼーション』

第45回大会報告「年金改革の課題と展望」

第46回大会報告「グローバル化と社会保障法」

学会誌第21号（2006年5月）『ホームレス施策と社会保険の現代的課題』

第47回大会報告「現代のホームレス施策の動向と公的扶助法の課題」

第48回大会報告「社会保険の変容と社会保障法」

学会誌第22号（2007年5月）『「自立」を問う社会保障の将来像』

第49回大会報告「社会保障法と自立」

第50回大会報告「社会保障の法と政策：学際的な検討に向けて」

学会誌第23号（2008年5月）『次世代育成を支える社会保障』

第51回大会報告「『若者』と社会保障―その法的検討に向けて―」

第52回大会報告「育児支援と社会保障法」

学会誌第24号（2009年5月）『社会保障のモデルチェンジ―ADR／ハルツ改革／生活保護／通勤災害―』

第53回大会報告「社会保障法における裁判外紛争解決」

第54回大会報告「雇用・社会保障法制の交錯と新展開―ドイツハルツ改革に見る示唆―」

「生活保護受給者に対する自立支援プログラムの意義と問題点」

「通勤災害保護制度の意義と今後の展開」

学会誌第25号（2010年5月）『これからの障碍者自立支援・高齢者福祉』

第55回大会報告「障害者自立支援をめぐる法的課題―障害者権利条約を契機として―」

第56回大会報告「供給体制からみた福祉サービス」

学会誌第26号（2011年5月）『虐待・暴力に対する法制度／医療制度改革』

第57回大会報告「近親者からの虐待・暴力に対する法制度の課題―各国比較をふまえて―」

第58回大会報告「医療制度改革の到達点と今後の課題」

学会誌第27号（2012年5月）『地方分権改革／職業生活中断と社会保障』

第59回大会報告「地方分権改革における社会保障の在り方」

第60回大会報告「職業生活の中断と社会保障」

学会誌第28号（2013年5月）『社会保障 迫られる改革／欧米の動向と震災日本』

第61回大会報告「英米における自己決定支援―成年後見制度を手がかりに―」

第62回大会報告「震災と社会保障」

学会誌第29号（2014年5月）『ジェンダー・雇用と社会保障法』

第63回大会報告「社会保障法とジェンダー」

第64回大会報告「失業・求職者の生活保障制度の検討」

学会誌第30号（2015年5月）『転換期の障害者法制・診療報酬制度』
　　第65回大会報告「転換期にある障害者法制の課題と展望」
　　第66回大会報告「診療報酬による医療保障の規律―国際比較と日本の対応―」
学会誌第31号（2016年5月）『社会保険の事業主責任と年金の課題／日韓比較社会保障法』
　　第67回大会報告「老齢年金法の基本問題」
　　第68回大会報告「社会保険における事業主の責任」
　　　　　　　　　　「日韓社会保障比較―医療保障法制の視点から―」
学会誌第32号（2017年5月）『子ども支援／遺族年金／引退と所得保障』
　　第69回大会報告「子ども支援のあり方と社会保障法」
　　第70回大会報告「遺族年金の国際比較」
　　　　　　　　　　「被用者の引退と所得保障」
(2)　価格と購読方法

　本体価格は第1号から第12号が2,858円，第13号が3,700円，第14号が3,300円，第15号が3,800円，第16号が3,700円，第17号が3,500円，第18号が3,900円，第19号が3,300円，第20号から第22号が3,500円，第23号が3,000円，第24号が3,900円，第25号が3,700円，第26号が3,300円，第27号が3,700円，第28号から第29号が3,800円，第30号が3,500円，第31号が3,500円，第32号が3,600円です（いずれも税別）。

　購読申し込みは，第12号までは日本社会保障法学会事務局へ，第13号からは法律文化社へ，それぞれお願いいたします。また品切れの節はご容赦ください。

2　入退会者（順不同，敬称略）

〈入会者〉

　小島妙子（仙台弁護士会），篠原一生（TMI総合法律事務所），阿部理香（九州大学院），佐藤みなと（東京大学院），藤藪貴治（福岡地方裁判所），チャパタナグン・ノラパン（首都大学東京院），三田尾隆志（立命館大学院），松本由美（大分大学），柳澤武（名城大学），土屋武（新潟大学），榎本芳人（北海道大学），井川志郎（山口大学），高波千代子（医療法人稲生会／北海道大学院），日野啓介（株式会社産労総合研究所），安部敬太（安部敬太社会保険労務士事務所／早稲田大学院），杉田浩子（早稲田大学院）

〈退会者〉

　本多朱里，河合克義，金澤由佳，高谷よね子，渡部克哉，岡田義晴，一之瀬高博，香川孝三，田端博邦，堀勝洋，渡邊かおり，西山裕，辻村昌昭

3　学会事務局連絡先

　　〒047-8501　北海道小樽市緑3丁目5-21

学会関連情報

小樽商科大学商学部　片桐研究室気付
Tel/Fax　0134-27-5367
E-mail　katagiri@res.otaru-uc.ac.jp
URL　http://www.jassl.jp/

学会誌編集委員会からのお知らせ

日本社会保障法学会誌『社会保障法』への投稿論文募集

当学会学会誌『社会保障法』第34号への投稿論文を，下記の要領で募集します。皆様の力作の投稿を期待しております。奮ってご応募ください。

学会誌『社会保障法』投稿規程

1　投稿者は，本学会員に限ります。

2　投稿する原稿は，他に未発表のものに限ります。

3　投稿された原稿は，論文審査委員に，投稿者の氏名を伏して審査を委嘱します。論文審査委員は，論文審査委員会が内容を考慮して選出します。論文審査委員の審査結果に基づき，論文審査委員会が採否を決定します。採用された原稿の掲載方法等については，編集委員会で決定します。

4　採用にあたっては，より一層の内容の充実を図るために，補筆や修正等をお願いすることがあります。また，学会誌編集の都合上，枚数等の調整をお願いすることがあります。

5　原稿の分量は，原則として，14,000字（200字詰め原稿用紙で70枚）以内とします。

6　執筆要領は，別にお渡しします。応募御希望の方は，学会事務局まで請求してください。なお，公正な審査を行うため，執筆者を特定・推定させるような表現はお避けください。たとえば，注の中で投稿者自身の執筆論文・著書を引用する際には，『拙稿』といった表現は用いずに，他の執筆者の論文等の引用と同じスタイルで引用してください。

7　英文タイトルおよび英文要約（200語）をつけてください。

8　原稿は，コピーを含めて3部提出してください。提出された原稿は，採否にかかわりなく，返却いたしません。

9　締切は，2018年5月31日（必着）とします。

10　投稿原稿は，学会事務局気付「論文審査委員会」宛に，簡易書留にてご送付ください。

11　学会事務局の所在地については，本誌の奥付を参照してください。

学会誌購読確認のお願い

　ご所属の図書館・資料室への学会誌配架へのご協力ありがとうございます。学会誌第19号までは『社会保障法第○号』として発刊しておりましたが，学会誌第20号以降は共通タイトルを付する形にしております。その関係で，図書館・資料室での継続購入が途絶えている場合があるようです。あらためてご確認いただき，継続購入していただけますようお願いいたします。

SUMMARY	

Reform of the Public Assistance Act 1950 and a Right of Claims

KOKUBO Tetsuro

In Japan, all citizens have the right to claim for public assistance. Nevertheless, it becomes prevalent the word "The strategy of water's edge". It means that welfare officer says something wrong about claim, and a person requiring public assistance gives up the claim.

This article discusses about the issues by way of case analysis as attorney. It contains about presence or absence of claim, obligation to supply information, breach of obligation, and its legal result.

This article considers what kind of responsibility the administrative agency is responsible if the private commissioned company do the wrong thing for persons in poor and needy that has been in effect April 2015.

The Right of Foreigners to Receive Welfare in Japan

OKUNUKI Hifumi

This paper will review scholarly opinion and jurisprudence in order to take a fresh look at the legal standing of the right of foreigners to receive welfare in Japan. Although the Supreme Court's July 18, 2014, ruling in the Oita foreign welfare case sets a major precedent for this issue, much remains unresolved.

The number of foreigners in Japan has grown steadily since bottoming out in the aftermath of the financial shock of 2008 and the Great East Japan Earthquake that hit on March 11, 2011. The increase in foreigners who make or wish to make Japan their home on a more permanent basis is evident from the statistics. Although international marriages have declined since 2009, today *multicultural families* and *multinational families*, with members of more than one nationality living under one roof, are no longer rare.

Despite this social transformation, the legal principle remains entrenched that foreigners do not enjoy the right to receive welfare, due to the so-called *nationality clauses* (Articles 1 and 2) of the Public Assistance Act. A 1954 letter from the head of the Welfare Ministry's Social Division instructed regional offices to treat "welfare as effectively available (to foreigners) only as an administrative measure." This established the *mutatis mutandis* application of welfare eligibility to foreigners.

This paper will look critically at the thinking maintained by the courts in the face of generational change and at the soundness of treating in a uniform manner foreigners of many different stripes.

Public Assistance Standard and Administrative Discretion

TOYOSHIMA Akiko

The purpose of this report is to consider the way of the judicial review of the discretionary decision to make the public assistance standard that the Minister of Health, Labour and Welfare performs. This theme becomes more and more important while the policies aiming at the reduction of the public assistance standard are promoted.

Recently, the Supreme Court came to show the judgment using a new control method in suits for the reduction of the public assistance standard. This method is the so-called decision making process control. This is very useful, but includes a lot of problems that are not yet solved. The problems are as follows:

· What kind of character is the discretionary power that the Minister uses?
· What kind of "decision making process control" should be used?
· How should there be the density of the judicial review?
· What is the grounds to improve the density of the judicial review?

As a result of consideration, it was revealed that the specialized technical aspect of the discretionary power should be emphasized than the political one of the discretionary power.

Legal Issues Regarding the Regulation on the Utilization of Working Ability

YOSHINAGA Atsushi

Regarding the requirement of the Public Assistance Act to utilize working ability, this report presents a proposal to revise guidelines for implementing public assis-

SUMMARY

tance——specifically, to eliminate the second factor of the three, namely, working ability, will of utilization, and places of work, due to the numerous issues it poses. This proposal, based on the performance of recent legal precedents, operates with the interpretation that the requirement to utilize working ability is a regulation to impede entitlement (a regulation to nullify already enacted rights to receive public assistance).

Legal Content of Social Casework

MARUTANI Kosuke

It is increasing the importance of the casework in Japan. I examine the feature and perspective of the casework in Public Assistance Act 1950.

There are five aspects of casework and law relationship. It covers the all public assistance recipient, starts without agreement, starts at the same instant, has a clarity of legal purpose, is inseparable the casework and public assistance payment.

The feature of the casework is quite widespread. It includes information collection, an investigation, a judgement and guidance for public assistance recipients. A caseworker does these independently. But the Public Assistance Act doesn't set a way of casework, it relies on discretionary order.

Agreement of support, information collection and decision of a support plan are important in a process of casework. Agreement between a caseworker and a recipient should be indispensable. This agreement means support contract. Support contract doesn't have an influence on public assistance payment.

It is necessary to put a text about casework in the Public Assistance Act and establish a new general act of casework about future legislation.

The Benefit Level of Disability Pensions

MOMOSE Yu

This study aims to examine, first, the rationale and relevance of the benefit level provided by disability pensions, based on historical data and the status of beneficiaries. Second, it aims to discuss the relationship of the benefit level provided by disability pensions to work income, and other related schemes, such as disability allowances and public assistance. Third, the impact of the macro-economic slide formula and premium level fixation method introduced as a part of the 2004 pension reform on the benefit level of disability pensions have been examined. Fourth, based on the aforementioned considerations, key points of interest regarding the future prospects of disability pensions have also been summarized.

Finally, four points were suggested as possible directions for future revisions in regard to disability pensions: 1) There is a need to discuss further increasing the basic disability pension without compromising its balance with the old-age pension; 2) There is a need to consider providing an allowance outside the existing pension scheme to compensate for the differences in income security needs between elderly persons and persons with disabilities; 3) There is a need to reconsider the significance of the group 3 disability employees' pension, which was downsized during the 1985 revision; 4) There is a need to consider introducing a method to adjust the disability pension amount according to the work income earned by the beneficiary.

Fundamental Rights and Disability Determination in Disability Pensions

FUKUSHIMA Go

This article discusses whether the constitutional fundamental rights guarantee the existence of disability pensions and what the disability requirement of disability pensions, the list of grades of disabilities and the criteria for determining the intellectual disability and mental disorder are.

The disability pensions realize the right to exist rather than the right to property. However, the disability pensions are payed in the public pension insurance system, so that intergenerational equity justifies lower benefit level of disability pensions by the demographic slide. Therefore, the right to exist requires benefits which complement the disability pensions when the legislature reduces the benefit level.

The disability pensions are paid when persons with disabilities come to fall under grades of disabilities. The grades of disabilities are specified by a list. In accordance with the list of grades of disabilities and the criteria for determining the in-

SUMMARY

tellectual disability and mental disorder, the disability pensions are payable when the daily life capacity is reduced because of disabilities. The daily life capacity is distinguished from the earning capacity. Therefore, the list of grades of disabilities from the viewpoint of daily life capacity is not justified by the purpose of disability pensions which guarantee the income of persons with disabilities when they are unable to earn, so that the grades of disabilities are reviewed from the perspective of earning capacity.

Employment Support and Income Security for People with Disabilities

HIROTA Kumiko

This paper makes a study on the legal issues in decision procedure for providing employment support in the Comprehensive Services and Supports for Persons with Disabilities Act and Vocational Rehabilitation Services.

The right to work of persons with disabilities in the Convention on the Right of Persons with Disabilities includes the right to the opportunity to gain a living. However the incomes of persons with disabilities in work activities in welfare facilities are lower than those of other person.

There are some problems in Law related to employment support, especially uncertain criterion for evaluation of providing employment support and information for service selection that reflect differences of contents.

In regard to income security system design for the person who receives employment support, it is necessary to reflect the difference in employment support.

How Should be the User Charge in Welfare Services for Persons with Disabilities ?

HASHIZUME Sachiyo

Some persons with disabilities who need to use welfare services have a special payment for them. However some people does not have enough pension and some people does not earn a sufficient income by working. Therefor sometimes lightening the user charge for welfare services is important for keeping their stable life.

While at the same time financial resources for welfare services are limited and a fairer distribution is demanded. Setting the appropriate user charge is necessary for not only financial allocation but also encouraging their independent consciousness. Firstly, it shows the transition of the user charge in each system such as health care, long-term care, childcare services and welfare services for persons with disabilities by tracing the history of them. Secondly, it finds out the differences of each services by comparing the users' characters, their circumstances and financial resources. In conclusion, should be required more special consideration for welfare services of persons with disabilities to guarantee the availability because the system of income security is not always working for their needs for services and adequate working environment is not created for them yet.

Income Guarantees for Persons with Disabilities: A Summary

NITTA Hideki

In the various reports delivered at this symposium, the need for providing guaranteed income for persons with disabilities was clarified. This can be observed by considering 1) the special and unique needs and expenditures thereof, arising due to individual disabilities; and 2) that there are many persons with disabilities for whom it is difficult to create resources for providing a stable support for themselves due to a lack of income from work. It should also be added that the diversity in the needs of persons with disabilities clearly appears when we look at them individually. This implies, specifically, that we should, 1) in terms of income, view them in a way that considers the differences among their disabilities and their severities, registering whether they have a pension or other benefits, their capacity for labor and differences in the resulting income from work, and whether they have supporters and/or assets; this also implies that we should, 2) in terms of expenditures, view them from a perspective that accounts for the differences in services and expenses for healthcare, caregiving, and employment support required due to the differences in their disabilities and the severities thereof.

It has once again been confirmed, concretely and empirically, that we are as yet unable to respond to diverse needs requiring special expenditures among the persons with disabilities, due to a lack of balance and consistency in terms of benefits

SUMMARY

and policies among current income assurance and employment assurance measures for the persons with disabilities.

In the future, we must 1) make employment support the primary policy for those among the persons with disabilities who have a high employment potential and combine that support with supplementary benefits and other supplementary income assurance; we must also 2) focus on income assurance as a social insurance benefit that includes pensions for the persons with disabilities with a low employment potential, while working on ensuring welfare employment.

Fiduciary Duties in Japanese Corporate Pensions Law: Suggestion from UK Law

KAWAMURA Takanori

Why does Japanese Defined-Benefit Corporate Pension Act (DBCPA) impose employers on the duty of loyalty?

This paper tries to reveal the theory of "Fiduciary" is confused and we have problems with it. To show it, we analyze and compare Corporate Pensions Law in the UK.

In the UK, 1995 Pensions Act (PA) is based on trust law and, according to precedents, employers as settlers are treated to be fiduciaries, only when they are authorized to select new trustees and instruct them to manage and invest trust funds by a trust deed.

On the other hand, Japan is different from UK. Surely, Japanese trust law is closely like UK trust law. But there is room for discussion to treat settlers as fiduciaries in selecting trustees. Nevertheless, DBCPA thinks employers as the settler to be fiduciaries and imposes them to the duty of loyalty. It is likely that Lucking proper thought of fiduciaries will lead to confusion and thereby DBCPA will decide to do so.

For these reasons, we conclude employers don't have to owe the duty.

編集後記

　当33号は，長く務められた西田前委員長から新委員長へと交代し委員も半数近くが新しい委員に代わった新体制で編集に臨みました。不慣れな委員長の下で，学会当日の業務や刊行に至るまでの様々な業務について，多少の混乱はありながらも，何とかこれまでと変わりない誌面で刊行できる運びとなりました。まずは，編集委員のみなさまをはじめ，各執筆者のみなさま，そして法律文化社の担当，小西様に，改めてお礼申し上げます。

　さて，2017年度は，第71回春季大会（於：京都産業大学）で「現代の生活保護の法的検討」，第72回秋季大会（於：小樽商科大学）では「障害者の所得保障」というテーマでそれぞれシンポジウムを開催し，いずれも活発な議論が行われました。しかしこのように年2回開催されてきた社会保障法学会は転機を迎えることになります。次年度より，年1回（春季）の大会へと様変わりすることとなり，これにあわせて，学会誌『社会保障法』も刷新されます。これまで掲載してきた各種情報は学会HPや会報で提供してくこととし，学会誌本体では，報告者の執筆分量をできるだけ確保していきたいと考えています。また，ご執筆いただく会員の原稿の「鮮度」を保つため，年内（12月）の刊行とし，編集スケジュールについては大きく前倒して変わることになります。会員のみなさまのご理解とご協力を，なにとぞよろしくお願いいたします。

（2017年12月　国京則幸／記）

〈編集委員（順不同）〉

　三輪まどか，平部康子，永野仁美，濱畑芳和，脇野幸太郎，田中伸至，棟居徳子，
　橋爪幸代，川久保寛，国京則幸（編集委員長）

執筆者紹介 （執筆順）

片桐 由喜	小樽商科大学商学部教授
尾藤 廣喜	京都弁護士会
小久保哲郎	大阪弁護士会
奥貫 妃文	相模女子大学人間社会学部准教授
豊島 明子	南山大学大学院法務研究科教授
吉永 純	花園大学社会福祉学部教授
丸谷 浩介	九州大学大学院法学研究院教授
福島 豪	関西大学法学部教授
百瀬 優	流通経済大学経済学部准教授
廣田久美子	福岡県立大学人間社会学部准教授
橋爪 幸代	東京経済大学現代法学部准教授
新田 秀樹	中央大学法学部教授
川村 行論	北海道大学大学院法学研究科協力研究員
井上 英夫	金沢大学名誉教授，佛教大学客員教授
田中秀一郎	岩手県立大学社会福祉学部准教授
川久保 寛	神奈川県立保健福祉大学保健福祉学部講師
常森 裕介	四天王寺大学経営学部講師
地神 亮佑	大阪大学大学院法学研究科准教授

現代生活保護の法的検討／障害者の所得保障
社会保障法 第33号

2018年5月20日発行

編集兼
発行者　日本社会保障法学会

〒047-8501　北海道小樽市緑3丁目5-21
小樽商科大学商学部片桐研究室気付
Tel/Fax　0134-27-5367
E-mail　katagiri@res.otaru-uc.ac.jp
URL　http://www.jassl.jp/

発売所　株式
会社　法律文化社

〒603-8053　京都市北区上賀茂岩ヶ垣内町71
TEL 075(791)7131　FAX 075(721)8400
URL:http://www.hou-bun.com/

印刷：共同印刷工業㈱／製本：酒本製本所
装幀　石井きよ子
ISBN978-4-589-03930-9

成文堂

〒162-0041　東京都新宿区早稲田鶴巻町514
電話03(3203)9201(代)・FAX 03(3203)9206（価格は税別）
http://www.seibundoh.co.jp

◆最新刊
「ことば」と社会保障法
久塚純一 著

四六並製／260頁／2900円

「ことば」を手掛かりに、社会保障法の規範的独自性を探る試み。

◆好評書
「考え方」で考える社会保障法
久塚純一 著

四六並製／254頁／2900円

「社会保障法とはどのような考え方から成り立っているのだろう」という「問い」を発しながら、社会保障法を構成している諸々の要素とそれについての「考え方」について考える。

「ありよう」で捉える社会保障法
久塚純一 著

四六並製／262頁／2900円

「ありよう」という枠組みを使用することで、現代日本における社会保障の法現象がどのような状態にあるのかについて位置付け、社会保障法の持っている法的特色を捉えようとする。

「議事録」で読む社会保障の「法的姿」
久塚純一 著

四六並製／266頁／2900円

戦前・戦時下、戦後、そして現在まで、社会保障に関する法律がどのように語られてきたかを、実在するモノ（＝議事録）から探し出すことで、社会保障の「法的姿」を描き出す。

比較福祉の方法
久塚純一 著

A5並製／304頁／3200円

「比較福祉の現状」を踏まえ、具体的な事柄を取り上げながら解説する「比較福祉」の方法論。

社会保障の
しくみと法

伊藤周平著　　定価（本体 2700 円＋税）

生活保護、年金、社会手当、医療保障、社会福祉、労働保険の法制度の歩みを跡づけ、社会保障判例を踏まえて現状の問題点を明らかにする。国民の「健康で文化的な最低限度の生活を営む権利」（日本国憲法25条1項）に即して社会保障のあり方を問う。ひるがえって財源問題を中心に社会保障全般にわたる課題と社会保障法理論の動向を展望する。

E-mail:info@jichiken.jp　**自治体研究社**　http://www.jichiken.jp/
Tel.03-3235-5941 Fax03-3235-5933　　　　　　〒162-8512 東京都新宿区矢来町 123

社会保障法研究

最新刊 第7号　岩村正彦・菊池馨実 責任編集

【特集1】社会的包摂・社会統合と社会保障——東アジア社会保障法フォーラム
中国における非典型労働者の権益保護——労働法と社会保障法の視点から［謝 増毅（仲 琦 訳）］
台湾における短時間労働者をめぐる法的諸問題—労工保険制度の適用を中心に［徐 婉寧］
日本における失業者・非正規労働者の社会的包摂—近年の政策展開を中心に［嵩さやか］

【特集2】世代間の公平と社会保障——アジア法の視点から（その2）
台湾2013年金制度改革におけるいくつかの法学的考察［孫 迺翊（王 能君監訳・岸上 惰訳）］

【特集3】社会保障と家族（その3）
家族介護者に対する経済的支援の方向性［津田小百合］

【特集4】平等・差別禁止・ジェンダー（その3）
社会保険とジェンダー——同性カップルに対する社会保険の適用［増田幸弘］

◆立法過程研究◆
障害者総合支援法改正の立法過程［小川善之］
平成28年金制度改革の立法過程［石毛雅之］

◆判例研究◆〈JR東海認知症高齢者損害賠償事件〉
1 民法学の視点から［米村滋人］
2 社会保障法学の視点から［嵩さやか］

岩村正彦・菊池馨実 編集代表 定価1200円＋税

社会保障福祉六法

最新刊 待望の改訂

菊池馨実 編　稲森公嘉・高畠淳子・中益陽子

ブリッジブック 社会保障法〔第2版〕

最新刊

〈概観〉社会福祉法　伊奈川秀和

信山社　〒113-0033 東京都文京区本郷6-2-9 東大正門前
学術世界の未来を1冊1冊で
TEL:03(3818)1019　FAX:03(3818)0344
E-MAIL:order@shinzansha.co.jp

岩村正彦 編　丸山絵美子・倉田聡・嵩さやか・中野妙子
福祉サービス契約の法的研究

確井光明
社会保障財政法精義

新田秀樹
国民健康保険の保険者

伊奈川秀和
フランス社会保障法の権利構造

伊奈川秀和
社会保障法における連帯概念
—フランスと日本の比較分析

西村 淳
所得保障の法的構造

石川恒夫・吉田克己・江口隆裕編
高齢者介護と家族　民法と社会保障法の接点

松本勝明
ドイツ社会保障論　I 医療保険・II 年金保険・III 介護保険

田村和之編集代表
編集委員：浅井春夫・奥野隆一・倉田賀世・小泉広子・近藤正春・古畑淳・古田恒雄
保育六法〔第3版〕

神吉知郁子
最低賃金と最低生活保障の法規制

永野仁美
障害者の雇用と所得保障

生活困窮者支援で社会を変える	五石敬路・岩間伸之・西岡正次・有田 朗編	2400円
「子どもの貧困」を問いなおす　家族・ジェンダーの視点から	松本伊智朗編	3300円
〈自立支援〉の社会保障を問う　生活保護・最低賃金・ワーキングプア	桜井啓太著	5400円
生活保護の社会学　自立・世帯・扶養	嶋井佳広著	4600円
住宅扶助と最低生活保障　住宅保障法理の展開とドイツ・ハルツ改革	嶋田佳広著	7000円
障害とは何か　戦力ならざる者の戦争と福祉	藤井 渉著	4500円
人口減少を乗り越える　縦割りを脱し、市民と共に地域で挑む	藤原健太郎著	3200円
新・初めての社会保障論〔第2版〕	古橋エツ子編	2300円
年金保険法〔第4版〕　基本理論と解釈・判例	堀 勝洋著	7400円
18歳から考えるワークルール〔第2版〕　〔18歳から〕シリーズ	道幸哲也・加藤智章・國武英生編	2300円

法律文化社　〒603-8053 京都市北区上賀茂岩ヶ垣内町71
Horitsu Bunka Sha　☎075(791)7131　FAX 075(721)8400
http://www.hou-bun.com/　※表示価格は本体（税別）価格

日本社会保障法学会編

社会保障法
第32号

本体 3,600円 + 税
A 5 判／298頁

― 内 容 ―

はじめに　18期理事会における検討課題 …………………………………… 加藤智章

第69回大会
シンポジウム　子ども支援のあり方と社会保障法

シンポジウムの趣旨と構成 ……………………………………………………… 平部康子
社会保障法制における「子ども」のニーズの位置付けと変容 …………… 伊奈川秀和
社会保障給付における教育支援と子どもの発達 ……………………………… 常森裕介
社会福祉サービス供給体制における子どもの法的主体性保障のあり方 ……… 倉田賀世
　　　──サービス利用手続きの面からの日独法比較──
子育ち・子育ての経済的支援策の再検討──社会手当制度を中心に── ……… 福田素生
子どもに対する給付の形式 ……………………………………………………… 平部康子
個別報告　生活保護の財政責任──地方交付税制度からの検討── …………… 上原紀美子
個別報告　社会福祉サービスとしての公的後見制度の導入可能性 ………… 西森利樹
　　　──アメリカ公的後見制度を手がかりに──

第70回大会
ミニシンポジウム①　遺族年金の国際比較

シンポジウムの趣旨と比較検討の視点 ………………………………………… 嵩さやか
スウェーデンにおける遺族年金の概要と理念 ………………………………… 中野妙子
ドイツにおける遺族年金の概要と理念 ………………………………………… 渡邊絹子
フランスにおける遺族年金の概要と理念 ……………………………………… 柴田洋二郎
総括：各国比較に基づく遺族年金の理念の検討 ……………………………… 嵩さやか
記念講演　社会法としての社会保障法・再考 ………………………………… 河野正輝
　　　──社会福祉法研究を振り返って──

ミニシンポジウム②　被用者の引退と所得保障

引退過程世代の特徴と課題 ……………………………………………………… 関ふ佐子
引退過程と公的年金 ……………………………………………………………… 清水泰幸
引退過程と雇用保険 ……………………………………………………………… 嶋田佳広
引退過程と生活保護 ……………………………………………………………… 脇野幸太郎
報告の総括 ………………………………………………………………………… 清水泰幸

投稿論文　アメリカにおける合理的配慮とアファーマティブ・アクション …… 村山　佳代
　　　──判例と学説分析から見る両概念の比較──

追悼／奨励賞評／書評／判例回顧／学会関連情報／ほか

発行所　法律文化社